Michel Vincent mit Lars Amend
Der Verführungscode

PIPER

Zu diesem Buch

Wie schafft man es, Attraktivität auszustrahlen, sich nicht zu verbiegen und damit Erfolg bei Frauen zu haben? Du hältst die Antwort in deinen Händen. Es ist für jedermann möglich den souveränen Umgang mit Frauen zu lernen!

»Der Verführungscode« ist eine Anleitung zum Überwinden von Hemmungen und Selbstzweifeln. Und der Beweis dafür, dass jeder Mann die Kunst der Verführung beherrschen kann – unabhängig davon, wie gutaussehend, reich oder erfolgreich er ist.

Michel Vincent zeigt, wie man sein Selbstbewusstsein aufbaut und entspannt und humorvoll die schönsten Frauen verführt.

»Michel ist einer der Besten, die ich je live erlebt habe.«

Richard La Ruina

Michel Vincent ist einer der erfolgreichsten und gefragtesten Dating-Experten Deutschlands. Als renommierter Coach berät er unter anderem Persönlichkeiten aus Sport und Medien. Er ist regelmäßig in beliebten TV-Sendungen zu Gast, unter anderem bei Dieter Nuhr (Typisch Frau, typisch Mann) oder Kaya Yanar. Michel Vincent lebt in München.

Lars Amend ist Schriftsteller und Motivator. Sein Debüt »Bushido« schaffte auf Anhieb den Sprung auf Platz 1 der Spiegel-Bestsellerliste und wurde von Kultregisseur Bernd Eichinger verfilmt. Es folgten die Bücher »Rock Your Life« mit Rudolf Schenker/Paulo Coelho, das in mehrere Sprachen übersetzt wurde und »Mit einem Bein im Modelbusiness« mit dem Hamburger Topmodel Mario Galla. Aus seinem aktuellen Bestseller »Dieses bescheuerte Herz« ist ebenfalls ein Kinofilm in Planung. Lars Amend lebt in Berlin.
www.lars-amend.de

Michel Vincent mit Lars Amend

DER VERFÜHRUNGS CODE

So kannst du jede kriegen

PIPER
München Berlin Zürich

Mehr über unsere Autoren und Bücher:
www.piper.de

MIX
Papier aus verantwor-
tungsvollen Quellen
FSC® C083411

Originalausgabe
1. Auflage Oktober 2014
4. Auflage Dezember 2015
© Piper Verlag GmbH, München/Berlin 2014
Umschlaggestaltung: semper smile, München
Umschlagabbildung: Daniel M. Nagy/shutterstock
Satz: Uhl+Massopust, Aalen
Gesetzt aus der Minion Pro
Druck und Bindung: CPI books GmbH, Leck
Printed in Germany   ISBN 978-3-492-30546-4

All jenen gewidmet, die abenteuerlustig sind,
Regeln brechen und Initiative ergreifen!

INHALT

»In dem Augenblick, in dem man sich endgültig einer Aufgabe verschreibt, bewegt sich die Vorsehung auch. Alle möglichen Dinge, die sonst nie geschehen wären, geschehen, um einem zu helfen. Ein ganzer Strom von Ereignissen wird in Gang gesetzt durch die Entscheidung, und er sorgt zu den eigenen Gunsten für zahlreiche unvorhergesehene Zufälle, Begegnungen und materielle Hilfen, die sich kein Mensch vorher je so erträumt haben könnte. Was immer du kannst, beginne es. Kühnheit trägt Genius, Macht und Magie. Beginne jetzt!«

Johann Wolfgang von Goethe

EINLEITUNG

Du hältst dieses Buch in deinen Händen, weil du wissen möchtest, wie man schöne Frauen kennenlernt. Herzlichen Glückwunsch! Das wirst du in exakt einer Minute am eigenen Leib erfahren. Du wirst sogar mit ihnen reden, ihnen die Hand geben. Und sie werden dich anlächeln. Das verspreche ich dir. Vorher möchte ich dir aber eine Frage stellen: Was hat dich bisher davon abgehalten?

Denkst du vielleicht, du siehst nicht gut genug aus?

Glaubst du, du bist nicht reich oder cool genug?

Fühlst du dich nicht fit oder sexy genug?

Sind das die Gründe, warum du wenig Erfolg bei Frauen hast? Wir wissen beide, dass dem nicht so ist. Ob du es glaubst oder nicht, es gibt eine Menge Frauen, die dich so lieben, wie du bist. Du musst nichts an dir ändern, du musst sie nur finden. In Wahrheit hast du Angst vor der Suche. Habe ich recht? Es ist diese lähmende Furcht vor Zurückweisung, die dich im entscheidenden Augenblick davon abhält, sie anzusprechen. Ich kenne dieses Gefühl nur zu gut. Die Angst, als Mann zu versagen, ist immens. Allein die Vorstellung, von einer hübschen Frau einen Korb zu bekommen und sich womöglich zu blamieren, gleicht einem Albtraum. Doch wie sieht die Lösung aus: Nichts tun, so wie bisher? Wie viele Frauen wirst du auf diese Weise wohl kennenlernen? Du hast es erfasst: Keine!

Deshalb unternehmen wir beide jetzt gemeinsam einen ersten kleinen Schritt, um diese Angst auf der Stelle abzubauen. Bist du bereit? Nein? Das dachte ich mir, aber das macht nichts. Ich helfe dir. Du musst lediglich tun, was ich dir sage. Du stehst vermutlich gerade in einer Buchhandlung, also: Schau dich um, und suche dir eine dieser Schönheiten aus, die man stets in Buchhandlungen trifft, und sprich sie an – JETZT!

Ab sofort zählen keine Ausreden mehr.

Falls du keine findest, die dir gefällt, wechsle das Stockwerk und sieh dich in anderen Abteilungen um. Und, hast du sie entdeckt? Sehr gut. Jetzt gehst du mit dem Buch in der Hand zu ihr rüber, lächelst sie freundlich an und sagst:

»Hi, Verzeihung, dass ich dich einfach so anspreche. Hier in diesem Buch steht, wenn man eine Frau sieht, die einem gefällt und die eine besondere Ausstrahlung hat, ist es immer besser, man riskiert etwas und spricht sie an, bevor man es nicht tut und es am Ende bereut. Wie denkst du darüber?«

In den meisten Fällen wird sie lächeln, wahrscheinlich wird sie sich auch geschmeichelt fühlen, eventuell kurz über deine Worte nachdenken und dir auf jeden Fall zustimmen. Du hast jetzt nichts weiter zu tun, als entspannt zurückzulächeln, ihr deine Hand entgegenzustrecken und dich vorzustellen: »Umso besser/Das trifft sich gut/Da habe ich ja Glück gehabt … ich bin der …«

Schon bist du mit ihr im Gespräch!

Vielleicht wird sie dir nicht glauben, dass hier wirklich geschrieben steht, du solltest sie ansprechen. Dann halte ihr einfach das aufgeschlagene Buch hin oder lies ihr die Zeilen vor. In den meisten Fällen wird sie lächeln. Wie auch immer sie reagiert – positiv oder negativ –, dein Ziel war es nicht, sie von irgendetwas zu überzeugen, sondern lediglich, deine

Angst zu überwinden und mit ihr ins Gespräch zu kommen. Und das hast du geschafft. Bravo!

Was bedeutet es eigentlich, selbstbewusst zu sein? Wie schafft man es, Attraktivität auszustrahlen, zu sich zu stehen, sich nicht verbiegen zu lassen und damit auch noch Erfolg bei Frauen zu haben? Und kann man diese natürliche, selbstsichere Art wirklich lernen, die sich Frauen von Männern so sehr wünschen?

Du hältst die Antwort in deinen Händen.

Eines vorweg: In diesem Buch geht es nicht um Sex. Keine Panik! Du wirst, wenn du es zu Ende gelesen hast, jede Menge davon haben, und zwar mit den schönsten Frauen. Aber in Wahrheit geht es um etwas viel Größeres: um dich, das Gefühl von tiefster Zufriedenheit und die Verwirklichung deiner Träume.

Es geht um DEIN LEBEN!

Dieses Buch ist eine Anleitung zur Überwindung von Selbstzweifeln und Schüchternheit. Ich weiß, wovon ich rede, denn bis vor wenigen Jahren war ich selbst noch einer von denen. Du weißt schon, ein Durchschnittstyp mit einem Durchschnittsleben, bei dem das Glück irgendwie auf der Strecke blieb. Ich hatte einen mittelmäßigen Job, kaum Freunde, keine Freundin und – oh Wunder – keinen Sex. Wirklich Spaß hatten immer die anderen. Glaub mir, so schwierig dein Umgang mit Frauen zurzeit auch sein mag, meine Situation war um Längen schlimmer. Zum Glück liegt das alles in einer fernen Vergangenheit. Wenn ich zurückblicke, dann sehe ich nicht mich, sondern eine mir völlig fremde Person. Schon verrückt, wie ich so lange so blind sein konnte. Heute scheint in meinem Leben die Sonne. Ich habe den besten Job der Welt, wunderbare Freunde, die meine Lebenseinstellung teilen; derzeit date ich ein Fashion-Model, und wenn ich abends ausgehe, sitzen die hübschesten Frauen an meinem Tisch. Mein Sexleben? In einem Wort: Gigantisch!

»Diese Leichtigkeit, mit der du die Frauen um deinen Finger wickelst. Wie machst du das? Wo zauberst du diese Magie her?« Solche Fragen höre ich in meinen Seminaren immer wieder. Meine Antwort ist immer die gleiche: »Mit Zauberei hat das nichts zu tun. Auch du besitzt diese Magie. Alles, was du wissen musst, um Erfolg bei Frauen zu haben, trägst du bereits in dir. Du kommst an dieses Wissen jedoch nicht heran, weil die Stimme in deinem Kopf so viel Lärm macht. Sie hindert dich daran, du selbst zu sein.«

Nur die Ruhe! Das wird sich bald ändern. Es ist nämlich so: Die einzige Person, die dich daran hindert, deine Träume zu leben, bist du. Die einzige Person, die dich daran hindert, die wunderbarsten Frauen dieser Welt anzusprechen, bist du. Die einzige Person, die dich daran hindert, mit ihnen ins Bett zu gehen, bist du. Und ich verrate dir noch etwas: Es sind nicht die Frauen, die dich abblitzen lassen. Es ist deine eigene Unsicherheit. Woher ich das weiß? Ich habe es selbst erlebt! Doch damit ist jetzt Schluss! Den ersten Schritt haben wir bereits getan.

In den letzten zehn Jahren habe ich mit vielen tausend Frauen gesprochen, in Supermärkten, Clubs, Bars, Flugzeugen, Einkaufszentren, Hotels, Aufzügen, Schwimmbädern, auf der Straße, in meinem Bett, habe ihnen zugehört (wirklich zugehört) und von ihnen gelernt. Die Essenz aus diesen Gesprächen steht in diesem Buch. Ich bin kein Professor, kein Sexualforscher, kein Evolutionsbiologe, deswegen werde ich dich auch nicht mit pseudowissenschaftlichen Theorien über das weibliche Geschlecht langweilen. Dieses Feld überlasse ich anderen. Ich bin ein Mann der Praxis. Ich bevorzuge es, mit Frauen zu schlafen, anstatt Statistiken über sie zu führen.

Betrachte dieses Buch als Dialog. Nur du und ich.

Im Spiel der Verführung gibt es kein Schwarz oder Weiß, kein Richtig oder Falsch. Es gibt keine Gesetze, keine Strategien, keine auswendig gelernten Sprüche, die bei jeder Frau gleichermaßen funktionieren. Wer das behauptet, ist ein Märchenerzähler. Jede Frau ist einzigartig und muss als solche individuell betrachtet werden. Auch von dir! Aus diesem Grund richtet sich unser Hauptaugenmerk auch nicht auf die vielen wunderschönen Mädels, die nur darauf warten, meisterhaft von dir erobert zu werden, sondern wir konzentrieren uns ganz auf dich. Ja genau, du hast richtig gehört: Du spielst die Hauptrolle in diesem Film. Du bist der Star!

Bist du bereit für das Abenteuer deines Lebens?

DIE TRAUMFRAU VON DER AUTOBAHN

Vor einigen Jahren wurde ich vom Playboy nach Kitzbühel eingeladen, um Weihnachten nach »Art des Hauses« zu feiern. Mein Freund Michael und ich waren in einem superschönen Wellness-Hotel untergebracht, konnten tagsüber relaxen und abends mit den Bunnys die Hütte abbrennen. Na ja, was soll ich sagen? Wir feierten die wildeste Party des Jahres (ja, es war genauso, wie du es dir gerade vorstellst – sogar noch besser). Drei Tage später machten wir uns völlig zerstört wieder auf den Rückweg.

Auf der Party waren auch vier Typen gewesen, die jeden Abend an der Bar herumstanden, sich keinen Meter bewegten, auf supercool machten und den Bunnys sabbernd beim Tanzen zuguckten, während wir mit den Mädels den Spaß unseres Lebens hatten. Normalerweise hätte ich diese Situation bis ins Detail analysiert, was diese Jungs alles falsch machten und warum sie Abend für Abend alleine ins Bett gingen, aber mein Kater ließ keinen einzigen vernünftigen Gedanken zu. Ich hing völlig fertig auf dem Beifahrersitz, den Kopf an die Fensterscheibe gelehnt, die Sonnenbrille tief im Gesicht. Michi hatte einen österreichischen Radiosender eingestellt, der sinnbefreite Volksmusik spielte. Der perfekte Soundtrack, um wieder einzuschlafen. Nach einer Weile wurde ich ziemlich unsanft geweckt. Michi ließ den

Motor seines Sportwagens aufheulen wie einen hungrigen Wolf, der Jagd auf seine Schäfchen machte. Er beschleunigte, kicherte dabei vor sich hin und ging wieder vom Gas. Mein Kopf, der permanent nach vorne und wieder zurück knallte, bedankte sich mit stechenden Schmerzen.

»Alter, was machst du da? Willst du mich umbringen?«

»Da sind 'n paar lustige Mädels neben uns«, lachte er. »Die wollen ein Rennen fahren.«

Ich beugte mich nach vorne, nahm meine Sonnenbrille ab, schaute an Michi vorbei und erkannte drei gut gelaunte Frauen in einem roten Fiat Panda. Eine von ihnen winkte zu uns rüber. Ich schob mit dem Zeigefinger die Sonnenbrille wieder auf ihren Platz zurück und sagte leicht genervt: »Bin zu müde. Lass das Fenster runter, flirte, mach irgendwas, ich leg mich wieder hin.«

Wir fuhren ein paar Minuten nebeneinanderher, nicht schnell, vielleicht 100 km/h, und Michi kommentierte für mich, was gerade passierte. Ich döste wieder ein. Plötzlich tippte Michi mich an.

»Ey, wach mal auf. Ich glaube, die wollen irgendwas von dir.«

»Häh, was? Wieso von mir?«, murmelte ich.

»Die Blonde vom Beifahrersitz macht schon die ganze Zeit Handzeichen, dass ich dich mal antippen soll.«

Ich setzte mich aufrecht hin und schaute zu ihr rüber. Meine Gedanken: Nie wieder Alkohol! Sie winkte mir zu und lächelte. Ich erkannte nicht viel. Sie hatte lange blonde Haare, trug eine große schwarze Sonnenbrille, dazu ein weißes T-Shirt und fuchtelte mit ihren Armen herum. Wir ließen die Fenster runter und versuchten, ein Gespräch anzufangen, was sich schnell als unmöglich herausstellte. Wir lachten uns gegenseitig an, dann holte ich einfach mein Handy aus der Hosentasche, winkte damit, zeigte mit dem

Finger auf sie und hielt es mir ans Ohr. Sie begriff, was ich wollte, und begann, mit den Fingern ihre Nummer in die Luft zu schreiben. Ich sprach irgendwelche Zahlen laut vor mich her, konnte mich aber kaum konzentrieren.

Michi fiel vom Glauben ab.

»Wenn du jetzt mitten auf der Autobahn die Telefonnummer dieser Braut klarmachst, dann gehe ich sterben oder ins Kloster!«

Ich grinste, und das Mädel aus dem roten Fiat begann zu deuten: 0 – 1 – 7 – 2 … Anscheinend kannte sie aber ihre eigene Nummer nicht auswendig, überlegte immer wieder, wischte mit einer Handbewegung alles weg und fing von vorne an, was natürlich zu keinem Ergebnis führte. Wir schafften es nicht, unsere Nummern auszutauschen, und wegen des Verkehrs, der immer dichter wurde, verloren wir uns irgendwann aus den Augen. Michi atmete erleichtert auf: »Na, du großer Aufreißer, war wohl nichts, was? Gib's zu, das hättest du jetzt gerne gehabt!«

»Man kann nicht immer gewinnen«, grinste ich und machte es mir wieder in meinem Sitz gemütlich.

Eine Viertelstunde später hatte der Stau uns endgültig erwischt. Michi stellte den Motor ab und fluchte leise vor sich hin. Ich schnallte mich ab, um bequemer liegen zu können, als plötzlich meine Tür aufging.

»Ach, du heilige …«, rief ich völlig überrascht und lag schon halb auf der Straße. Mein Herz pumpte wie verrückt. Wer rechnet schon damit, dass mitten auf der Autobahn jemand von außen deine Tür aufmacht? Ich hob meinen Kopf, stützte mich mit einer Hand auf der Fahrbahn ab und sah den Umriss einer Frau, die mir einen Zettel zusteckte.

»Da, ruf mich an!«

Die Sonne blendete mich. Alles, was ich sah, war die Rückseite eines Mädels mit langen, blonden, geflochtenen

Haaren, lange Beine, die in einer knallengen Jeans steckten, und ein verdammt geiler Hintern. Das Wichtigste jedoch, ihr Gesicht, erkannte ich nicht. Ich lag immer noch völlig verdattert halb auf der Fahrbahn und musste mich erst mal sammeln. War das gerade wirklich passiert, oder lag es am Restalkohol der vergangenen Nacht? Als ich wieder vollständig im Auto saß, sah mich Michi fassungslos an.

»Das ist jetzt nicht passiert!«

Er drehte sich um, sah dem Mädel hinterher und flippte völlig aus.

»Das kann doch nicht die Wahrheit sein! Auf der Autobahn. Der Wahnsinn!!«

Als der Stau sich wenig später allmählich auflöste und wir gemächlich weiterfuhren, dachte ich mir: »Michel, warte nicht, sondern ruf sie direkt an.«

Ich wählte die Nummer, die auf dem Zettel stand.

Nach nur einem Klingeln nahm sie ab.

»Na, fremder Mann«, begrüßte sie mich mit einer süßen, heiteren Stimme. »Das hättest du nicht gedacht, was?«

»Nee, echt nicht.«

»Ich hoffe, du hast dir nicht weh getan, als du aus dem Auto gefallen bist.«

»Ich habe schon schlimmere Stürze überlebt«, lachte ich.

Es stellte sich heraus, dass sie Sina hieß, aus Rosenheim kam und mit ihren Mädels zu Ikea wollte. Und dass sie Single war. Leider war ihr Akku fast leer, jedenfalls behauptete sie das, aber sie versprach, mich abends zurückzurufen.

Am Abend rief mich Sina tatsächlich an. Sie wollte mich unbedingt wiedersehen. Ich fand ihre forsche Art, die Gesprächsführung zu übernehmen, ziemlich sexy. Ich hatte so etwas noch nie erlebt und fühlte mich ein bisschen wie in einem kitschigen Hollywoodfilm. Es imponierte mir einfach, wie viel Mühe sie sich gab und wie selbstsicher sie dabei wirkte. Keine Spielchen, sondern ehrlich und direkt! Das war außergewöhnlich und, um ehrlich zu sein, außergewöhnlich gut!

Ich wollte unbedingt herausfinden, was sie letztlich dazu bewegt hatte, den Schritt zu wagen, aus dem Auto auszusteigen und mir einfach so ihre Nummer zuzustecken.

Mir gingen diese Gedanken nicht mehr aus dem Kopf. Ich musste es wissen. Um zu lernen.

Wir verabredeten uns für das kommende Wochenende. Da sie kein Auto besaß, schlug ich vor, am Freitagabend zu ihr nach Rosenheim zu kommen. Zuerst war ich etwas überrascht, dass sie sofort einwilligte und mir ihre private Adresse nannte, aber dann auch wieder nicht, denn irgendwie passte das zu ihr. Sie war anders als die Frauen, die ich bis dahin kennengelernt hatte – völlig furchtlos.

Ich klingelte.

Sie öffnete die Tür.

Endlich sah ich ihr Gesicht. Große blaue Augen, ein noch größerer roter Schmollmund, lange blonde Haare, offen, leicht gewellt, super Brüste, 1,75 Meter groß – ein Traum von einer Frau. Sie trug eine sehr kurze, abgeschnittene, enge Jeans. Ihr Top war, wie schon auf der Autobahn, leicht bauchfrei. Mein Blick wanderte immer weiter nach unten, und als ich bei den Füßen angelangt war, bekam ich fast einen Lachanfall. Vor mir stand eine Traumfrau in einem supersexy Outfit und … Pumuckl-Plüschhausschuhen. Unglaublich. Jede andere Frau hätte sich vermutlich schnell richtige Schuhe angezogen. Sie nicht. Mit einer Selbstverständlichkeit stand sie da, als sei es das Normalste der Welt. Ich drehte mich nach allen Seiten um, weil ich für einen kurzen Moment ernsthaft dachte, dass mir vielleicht jemand einen Streich spielte und irgendwo die versteckte Kamera auf mich wartete.

Wir setzten uns in ihre Küche und fingen an zu reden. Sina öffnete eine Flasche Wein und begann, aus ihrem Leben zu erzählen. Der Abend lief perfekt, keine Haken, keine Sätze, die mit »Du, ich muss dir noch was sagen« begannen. Ich war überrascht, wie ehrlich sie war. Unter anderem erzählte sie mir von einem sehr reichen Mann, den sie ein halbes Jahr vorher kennengelernt hatte, der prominenten Umgang pflegte und sie jede Woche an die exklusivsten Orte einlud: Ibiza, Saint Tropez, Malediven. Sie fühlte sich aber in der Jetset-Gesellschaft unwohl und bemerkte schnell, dass das nicht ihre Welt war. Sie wollte nicht das hübsche Anhängsel sein, das sich von einem Millionär aushalten ließ. Sie arbeitete als Arzthelferin in einer kleinen Praxis und fühlte sich wohl damit. Sie wollte keines dieser bezahlten Partygirls sein, das auf Luxusjachten mit Champagner spritzte. Sie war ein normales Mädchen, und entsprechend wollte sie auch leben.

»Auf Dauer konnte ich da einfach nicht mithalten«, erklärte sie. »Mir ist es nicht wichtig, wie viel Geld jemand besitzt. Mir ist wichtig, was für ein Gefühl ich bei einer Person habe. Nur darauf kommt es an.«

»Das würde ich schon gerne mal wissen«, begann ich meine Frage, die mir seit unserer ersten Begegnung nicht mehr aus dem Kopf ging. »Welches Gefühl hattest du bei mir? Du magst mich, sonst hättest du mich nicht eingeladen, schon klar, aber das konntest du doch aus dem Auto heraus gar nicht wissen. Ich hätte auch ein Arschloch sein können.«

»Natürlich konnte ich das nicht wissen«, lächelte sie und goss uns Wein nach, »aber ich erkläre dir jetzt mal was.«

Sie atmete ruhig und gleichmäßig, trank einen Schluck Wein und schien völlig mit sich im Reinen zu sein. Ihre Aura war unfassbar, als ob sie nichts, aber auch gar nichts aus der Ruhe bringen konnte.

»Ich bin dreiundzwanzig Jahre alt«, erzählte sie weiter. »So wie ich jetzt aussehe, sah ich nicht immer aus. Ich hatte Krebs. Mit neunzehn wurde ich operiert, bekam Chemotherapie, lag ein Jahr im Krankenhaus. Meine Haare, na ja, du kannst es dir vorstellen.« Konnte ich nicht. Sie war zu schön, um wahr zu sein. »Ich habe mich durch meine Krankheit gekämpft und sie besiegt. Weißt du, was ich während dieser Zeit gelernt habe?«

Sie saß vor mir und redete wie ein Engel. Es fiel mir schwer, ihren Worten zu folgen, weil sie von Sekunde zu Sekunde immer hübscher wurde. Von ihr ging ein Zauber aus, der mit nichts zu vergleichen war.

»Ich habe gelernt, keinen Tag mehr zu verschenken! Ich bin so froh, dass ich das überlebt habe. Jeden Morgen schicke ich ein Gebet zum Himmel und bin dankbar dafür, einfach am Leben zu sein. Heute sehe ich die Welt mit anderen Augen. Wenn ich heute etwas sehe, das mir gefällt oder mich interessiert, dann zögere ich nicht mehr. Weißt du, das Leben findet immer in diesem Moment statt, im Jetzt, und kann schon morgen vorbei sein, deswegen habe ich mir geschworen, nichts Wichtiges mehr aufzuschieben.« Sie legte ihre Hand auf meine und streichelte sie sanft. Ich saß regungslos an ihrem kleinen Küchentisch und brauchte ein paar Sekunden, um ihre Worte zu verarbeiten. »So, wie du in dem Auto saßt, mit deiner Sonnenbrille und so, das sah einfach süß aus. Deswegen habe ich deinem Freund signalisiert, dass er dich antippen soll. Ich wollte deine Augen sehen. Dann hast du deine Sonnenbrille abgenommen und mich angesehen. Ich fand dich hübsch und wollte dich kennenlernen. Mir blieb eben keine andere Wahl, als aus dem Auto auszusteigen und dir den Zettel zuzustecken. Nur so konnte ich mit dir in Kontakt treten.«

Ich suchte nach passenden Worten, aber nichts hätte auch nur ansatzweise das widerspiegeln können, was mir durch den Kopf ging. Was für ein unglaubliches Mädchen! Sie erzählte mir von ihrer Krankheit, der Zeit im Krankenhaus, von Freunden und ihrer Familie, dass sie heute wieder völlig gesund sei und wie wichtig es sei, keine Chancen im Leben ungenutzt zu lassen.

»Das kann ich gut nachvollziehen«, lächelte ich und zog sie an mich heran. »Ich will auch keine Chance ungenutzt lassen.«

Dann küsste ich sie, sie küsste mich zurück, und es folgte eine der leidenschaftlichsten Nächte, die ich jemals erlebt habe.

Ich erzähle dir diese Geschichte nicht, um zu demonstrieren, was für ein toller Hecht ich bin. Nichts liegt mir ferner. Mich hat dieses Mädchen schlicht durch ihren Mut und ihr spontanes Handeln beeindruckt. Für eine Frau ist solch ein Verhalten ziemlich außergewöhnlich und mutig. Sie ist ein hohes Risiko eingegangen. Gleichzeitig hat sie mir damit ein unfassbar schönes Kompliment gemacht: Sie wollte mich kennenlernen und war bereit, in diesem Augenblick alles dafür zu tun. Genau darum geht es im Leben! Um dein Leben aufregend zu gestalten, musst du bereit sein, Risiken einzugehen. Die schönen Dinge gibt es nicht umsonst. Du musst etwas dafür tun. Ich weiß, die Angst vor einer Abfuhr ist groß. Wir alle fürchten uns davor, nicht gut genug zu sein oder nicht dazuzugehören. Wenn du aber bereit bist, anders zu sein; wenn du bereit bist, deine Komfortzone zu verlassen, werden dich deine Mitmenschen dafür bewundern. Aus genau diesem Grund war ich so von Sina beeindruckt. Es war ihre außergewöhnliche Persönlichkeit, die mich so in ihren Bann zog. Und hätte sie sich nicht getraut, diesen einen Schritt zu gehen, hätten wir uns vermutlich nie wiedergesehen.

Wenn du also das nächste Mal glaubst, eine Frau sei zu attraktiv für dich oder unerreichbar, denk daran: Es wird immer nur derjenige belohnt, der sich traut, über seinen Schatten zu springen. Wenn du nichts unternimmst, wirst du sie nie kennenlernen. So einfach ist das. Wenn du aber nur ein bisschen Mut beweist und für dich einstehst, stehen dir alle Türen offen. So wie Sina bei mir, oder ich bei jenen Frauen, die ich für unerreichbar hielt.

Das Geheimnis liegt in deiner Einstellung zum Leben. Es sind deine Gedanken, die zwischen Sieg und Niederlage entscheiden. Erst wenn du bereit bist, Risiken einzugehen, und du hundertprozentig davon überzeugt bist; wenn du es sehen kannst, dass die schönsten Frauen der Welt mit dir zusammen sein wollen, wird genau das eintreten. Es ist ein Naturgesetz. Wenn du nach den Regeln handelst, die du in diesem Buch lesen wirst, wirst du Erfolg haben. Und weil ich früher selbst unsicher war und nicht wusste, was zu tun ist, werde ich dir auch alle Fragen, die in deinem Kopf umherschwirren, beantworten und deine Zweifel ausräumen. Denn wenn es bei mir funktioniert, funktioniert es auch bei dir.

Der Hauptgrund, warum die meisten Männer Probleme haben, Frauen kennenzulernen, ist der, dass sie all die Möglichkeiten, die sie jeden Tag haben, einfach an sich vorbeiziehen lassen: Das hübsche Mädchen an der Ampel, im Café, in der Bäckerei. Sie stehen wie versteinert da und denken sich: »Was soll ich zu ihr sagen? Ich kann sie doch nicht ansprechen, einfach so. Und wie ich gerade aussehe! Ach, und außerdem: Sie ist so schön, dass sie garantiert schon einen Freund hat. Nee, das ist gerade der falsche Moment, um sie anzusprechen.«

Kennst du das? Kommen dir diese Gedanken und Ausreden bekannt vor? Willkommen im Hamsterrad! Du verschiebst dein Vorhaben, es endlich zu tun, dich zu trauen, deine Ängste zu überwinden, ständig in die Zukunft, wenn dir der Moment passender erscheint, und merkst dabei gar nicht, wie das Leben Tag für Tag an dir vorüberzieht. Wenn du aber begreifst, dass jeder Tag einzigartig ist und, lässt du ihn verstreichen, für immer verloren, wirst du erkennen, was du in den letzten Jahren alles versäumt hast. An jedem Tag geschehen Wunder, aber du siehst sie nicht, weil du in Gedanken überall bist, nur nicht in der Gegenwart, dort, wo dein Leben gerade stattfindet.

Ich sehe diese Wunder. Sie tauchen auf wie aus dem Nichts und zaubern mir augenblicklich ein Lächeln ins Gesicht. Sie kreuzen meinen Weg, und es liegt an mir, sie entweder vorbeiziehen oder ein Teil meines Lebens werden zu lassen. Diese Wunder haben Namen: Susanne, Sandra, Laura, Nathalie, Julia, Nicole, Sarah, Verena, … Die perfekten Bedingungen, nach denen du suchst, um diese blonden, brünetten und schwarzhaarigen Wunder anzusprechen, gibt es nicht. Du wirst immer Ausreden finden, es nicht zu tun – immer! Die Kunst besteht darin, dir bewusst zu machen, dass es einen Grund dafür gibt, hier auf der Erde zu sein, und diesen Grund solltest du in Ehren halten. Jeder Tag ist perfekt. Jeder Augenblick ist perfekt. Wenn die hübsche Rothaarige jetzt neben dir am Postschalter steht, dann sollte es so sein. Sprich sie an! Du hast nur diese eine Möglichkeit.

Ich kann deine Gedanken hören: »Aber was soll ich denn

sagen?« Soll ich dir ein Geheimnis verraten? Es ist egal, was du sagst. Wichtig ist vor allem, dass du etwas sagst!

Wenn du nicht fragst, heißt die Antwort immer Nein.

Heute Morgen war ich mit meinem Kumpel, dem Schriftsteller Lars Amend – mit dem zusammen ich dieses Buch geschrieben habe –, und seiner Freundin in einem Coffeeshop in Berlin verabredet. Die beiden saßen am Fenster und hatten einen Hocker für mich reserviert. In dem Café war es ziemlich voll. Da man sich seine Getränke selbst holen musste, begrüßte ich sie kurz und stellte mich an. Die Schlange vor dem Tresen reichte um die Ecke bis zu den ersten Tischen. Das Mädel, das dort saß, war ziemlich süß, kein Supermodel, aber auf ihre Art sexy. Neben ihr war ein freier Platz. Als sie ihr Handy weglegte und gelangweilt in die Luft schaute, bat ich die ältere Dame vor mir in der Schlange, kurz auf meinen Platz aufzupassen. Ich machte einen großen Schritt auf das süße Mädel zu und setzte mich neben sie.

»Bin gleich wieder weg«, sagte ich lächelnd. »Muss mich nur kurz ausruhen. Sag mal, ist das normal bei euch in Berlin?«

Sie lächelte zurück und fragte: »Was denn?«

»Na, dass man sich für einen normalen Milchkaffee einen halben Tag freinehmen muss. In München gibt's das nur beim Oktoberfest.«

»Kommst du aus München?«

Ich antwortete: »Die beste Stadt der Welt, wir gewinnen immer beim Fußball und haben das Oktoberfest erfunden.

Sie lachte und entgegnete: »Ja, das Oktoberfest hat was für sich, das stimmt. Ich war mal da vor zwei Jahren, und das war wirklich lustig.«

Ermutigt durch ihre positive Reaktion, fuhr ich fort: »Das ist ja klasse! Aber sag mir bitte, dass du im Dirndl da warst!«

Sie grinste: »Ja klar, extra gekauft. Wenn, dann schon richtig!«

Ich hob die Hand: »High five, dann bist du eine von uns!«

Sie lachte und schlug ein. Als wir die Hände wieder nach unten nahmen, hielt ich einfach dreist ihre Hand weiter und fragte sie nach ihrem Namen. Sie amüsierte sich und entgegnete mir: »Laura, und du?«

»Freut mich, Laura, ich bin der Michel.« Ich hielt immer noch ihre Hand, als sie sagte: »Passiert einem ja nicht so oft, so direkt angesprochen zu werden, finde ich gut.«

Und wieder ein Treffer. Laura war 23 und stellte sich beim Aufstehen als ziemlich gut aussehende große Sportlerin mit aufregenden Beinen heraus. Wir tauschten Nummern und verabredeten uns noch für denselben Abend.

Glückseligkeit pur, I just love my life!

Und um dieses Lebensgefühl dreht sich mein Buch. Es geht nicht darum, mit jeder Frau, die man trifft, ins Bett zu springen – das wäre vollkommen utopisch. Es geht darum, Freude am Leben zu haben. Freude über den eigenen Mut und die daraus resultierenden Erfolge.

Wenn sich dir eine Gelegenheit bietet, go for it! Wir alle werden eines Tages das Zeitliche segnen, worauf also warten? Auf einen besseren Job, eine bessere Figur, bessere Umstände? Sei kein Hamster, der sich immer nur im Kreis dreht. Am Ende des Tages geht alles auf die eine Erkenntnis zurück: Akzeptiere, wer du bist! Das ist der einzige Ratschlag, der dich wirklich nach vorne bringt, weil er eine ganze Kette von Ereignissen in Gang setzt, die dein Leben völlig auf den Kopf stellen wird. Bevor du dein wahres Ich nicht akzeptierst, kann es auch kein anderer tun. Der Schlüssel zum Glück liegt direkt vor deiner Nase, du musst nur zugreifen. Es kommt nicht darauf an, wie berühmt oder erfolgreich du bist, wie viel Geld du verdienst oder welchen gesellschaftlichen Status du besitzt, sondern darauf, dass du begreifst, wie einzigartig du bist. Es gibt acht Milliarden Menschen auf der Welt, aber niemanden, der so ist wie du. Du bist ein Rohdiamant. Was dir fehlt, ist lediglich der Feinschliff.

MEINE GESCHICHTE – WIE ALLES BEGANN

Mein früheres Leben ist in einem Satz erklärt: Ich war Anfang zwanzig, hatte einen Job in der Versicherungsbranche, ging einmal im Monat ins Kino, bestellte mir Pizza beim Lieferservice und traf mich an den Wochenenden mit meinen Kumpels zum Fußball gucken. Viel mehr war nicht los. Wenn ich attraktive Frauen traf, was selten genug der Fall war, kam es mir so vor, als gehörten sie einer fremden Spezies an. Wir gingen uns aus dem Weg. Nicht absichtlich. Es gab einfach keine Berührungspunkte. Eine fremde Frau ansprechen? Niemals! Diese Möglichkeit existierte in meinem Bewusstsein nicht. Und selbst wenn, was hätte ich denn sagen sollen?

So ergeht es den meisten Männern, ob siebzehn, siebenundzwanzig oder siebenunddreißig. Man sieht eine Frau, die einem gefällt, und wartet, dass etwas passiert. Es passiert aber nichts. Und weil nichts passiert, geht man wieder nach Hause. Alleine. Frustriert. Voller Sehnsucht.

Dann kam Claudia. Sie war Flugbegleiterin bei der Lufthansa. Wir hatten uns über gemeinsame Freunde beim Feiern in einem Club kennengelernt. Ich wäre im Traum nicht auf die Idee gekommen, auf sie zuzugehen. Sie entsprach dem typischen Klischee einer Stewardess: jung, tough, sexy. Dass wir unsere Telefonnummern tauschten und wenig später ein Paar wurden, war bezeichnenderweise auch ihre Entscheidung. Sie übernahm vollständig die Kontrolle, und ich ließ mich darauf ein. Warum sollte ich mich darüber beschweren? Ich war ziemlich froh, dass eine Schönheit wie sie mich als Freund wollte. Dafür hätte ich alles getan.

Sie flog durch die Weltgeschichte und war oft lange unterwegs, was dazu führte, dass ich an den Wochenenden meistens alleine war und ohne sie weggehen musste. Da ich, wie jeder Durchschnittskerl, völlig ahnungslos war, wunderte ich mich irgendwann, warum ich als Nichtraucher so oft von Frauen nach Zigaretten gefragt wurde. Als Claudia und ich eines Abends gemütlich auf der Couch lagen, wollte ich es genauer wissen.

»Du sag mal, wie ist das eigentlich bei euch Rauchern?«

»Wie meinst du das?«, fragte sie.

»Woran erkennt ihr eigentlich, ob jemand ein Raucher ist oder nicht?«

Sie sah mich verwundert an und sagte: »Na, wenn er raucht.«

»Komisch«, überlegte ich laut vor mich hin. »Ich werde ständig von irgendwelchen Mädels angequatscht, ob ich eine Kippe oder Feuer hätte. Keine Ahnung, wie die auf die Idee kommen, dass ich rauchen würde.«

Meine Freundin fing an zu lachen, gab mir einen Kuss und nahm mich in den Arm.

»Wie gut, dass du keine Ahnung von Frauen hast.«

Ich entgegnete: »Wie meinst du das denn bitte?«

Sie sah mir in die Augen, lächelte dabei zögernd.

»Was ich dir jetzt verrate, werde ich vermutlich eines Tages bereuen, aber wenn wir Frauen einen Mann gut finden, gehen wir nicht einfach zu ihm hin und sagen: Hey du, ich find dich gut. Wir schleichen um ihn herum, blicken ihm vielleicht in die Augen oder lächeln ihn an. Wir suchen uns einen simplen Vorwand, um ihm die Möglichkeit zu geben, uns kennenzulernen. Wenn dich also Mädchen unter einem Vorwand ansprechen, dann liegt das wohl daran, dass sie dich gut finden. Nicht immer, aber öfter, als du denkst.«

»So geht das ab?«, fragte ich.

»So geht das ab!«, grinste sie.

Ich hatte ja keine Ahnung. Ich lebte mit meiner Traumfrau zusammen und musste mir darüber zum Glück auch nicht den Kopf zerbrechen. Jedenfalls dachte ich das. Bis sie mich nach vier Jahren verließ und meine schöne heile Welt völlig aus den Fugen geriet. Ich wurde depressiv und rutschte in eine tiefe Krise hinein. Eineinhalb Jahre habe ich krampfhaft versucht, sie zurückzugewinnen, habe ihr Rosen geschickt und Briefe geschrieben – das klassische Programm, was natürlich zu nichts geführt hat. Im Gegenteil. Je mehr ich jammerte und in Selbstmitleid versank, desto weiter entfernte sie sich von mir. Dazu kam, dass meine Haare immer lichter wurden. Während meiner Beziehung war mir der schleichende Prozess des Haarausfalls nicht aufgefallen. Ich hatte ja eine Freundin, war weg vom Markt, warum sich Gedanken machen? Ich war beziehungsblind. Doch als frisch gebackener Single sah ich plötzlich der bitteren Wahrheit ins Gesicht, bekam zum ersten Mal in meinem Leben wegen meines Aussehens Komplexe und traute mich kaum noch aus dem Haus. Der Mann im Spiegel war mir fremd geworden. Ich war in meiner persönlichen Hölle gelandet und glaubte ernsthaft, nie wieder mit so einer schönen Frau zusammenzukommen. Ein furchtbarer Gedanke.

Meine Sorge war, objektiv betrachtet, natürlich vollkommen unberechtigt. Vin Diesel eroberte gerade Hollywood. Vor ihm gab es schon Stars wie Bruce Willis, die eine Glatze hatten und damit megacool aussahen. Heute fahren die Frauen voll auf Typen wie Jason Statham ab. Selbst Pep

Guardiola ist ein absoluter Frauenliebling. Männer mit rasiertem Kopf werden sogar oft als männlicher, dominanter und als besserer Anführer gesehen. Frauen assoziieren mit diesem Look ultrastarke Supermänner, Elitesoldaten, Profisportler oder eben Action-Darsteller wie Bruce Willis und Jason Statham. Diese Draufgänger-Figuren transportieren das Gefühl von Rebellentum und Abenteuern. Die Sache ist nur die: Man kann sich nur schwer auf objektive Fakten besinnen, wenn man am Boden liegt und verzweifelt nach seinen Eiern sucht. Der einzige Grund, warum ich damals ständig auf meine Glatze angesprochen wurde, war der, dass es für mich selbst so ein Riesenthema war. Ich fokussierte so stark auf meine vermeintliche Schwäche, dass sich meine Unzufriedenheit automatisch auf meine Umwelt übertrug. Den Frauen blieb gar keine andere Wahl, als mich unattraktiv zu finden, weil ich mich selbst unattraktiv fand.

Ich hatte fast zwei Jahre meines Lebens vergeudet und mich bis zum Abwinken in Selbstmitleid gesuhlt. Es konnte doch nicht die Erfüllung sein, die Wochenenden alleine vor dem Fernseher zu verbringen und Fußall-Bundesliga anzuschauen. Ich hatte die Schnauze voll von dieser Einsamkeit. Ich wollte wieder geliebt werden. Ich musste herausfinden, wie ich die Frauen dazu bringen konnte, mich wieder gut zu finden. Nicht um ein Super-Casanova zu werden, sondern um neue Freunde zu gewinnen und wieder Lebensfreude zu empfinden. Da alle meine Freunde in Beziehungen steckten und so kaum mit mir ausgingen, war ich alleine. Und weil ich keine bessere Idee hatte, wie ich mich aus meiner Depression befreien sollte, begann ich, abends alleine auszugehen. Ich traf den Entschluss, mein Leben zu ändern. Dass ich es wirklich wollte, war dabei ein entscheidender Faktor.

Denke immer daran: Sich in seinem Fuchsbau zu verkriechen, ist keine Lösung. Der Mensch ist nicht zum Alleinsein geschaffen. Falls du dich in einer ähnlichen Situation befindest, misch dich unter die Leute, geh aus, in Bars, Clubs, melde dich im Sportverein an, und nimm wieder am Leben teil. Niemand wird bemerken, was für ein großartiger Typ du bist, wenn du alleine auf deinem Sofa liegst und sinnlos in die Glotze starrst. Wenn du dich einsam fühlst, vergessen von der Welt, und nichts lieber tätest, als für alle Zeiten unter deiner Bettdecke zu verschwinden, musst du dagegen ankämpfen. Einsamkeit führt immer zu noch mehr Einsamkeit. Du musst diesen Kreislauf durchbrechen und deinen Arsch in Bewegung setzen. Das Schöne dabei ist, sobald du wieder Kontakte knüpfst, spürst du sehr schnell, wie deine Hemmungen weniger werden, wie gut es dir tut, mit Menschen zusammen zu sein. Der Mensch ist nun mal ein Herdentier und nicht dafür gemacht, alleine zu sein.

Erster Schritt: Haare ab! Eines Morgens stand ich vor dem Spiegel, habe kurzen Prozess gemacht und alles abrasiert. Nach drei Minuten war alles vorbei! Was früher mein schlimmster Albtraum war, ist heute mein größtes Markenzeichen. Heute weiß ich, dass ich mit Glatze gut aussehe. Ob es tatsächlich so ist oder nicht, ist völlig unwichtig. Ich fühle mich so und strahle das aus, und nur darauf kommt es an. Eines wurde mir nach dieser Aktion bewusst: So, wie ich mich sehe, sieht mich die Welt. Und meine Welt änderte sich drastisch.

Zweiter Schritt: Den inneren Schweinehund überwinden und Anschluss finden! Die wenigen Kumpels, die mir nach meiner depressiven Phase geblieben waren, steckten allesamt in Beziehungen fest, also musste ich an den Wochenenden alleine losziehen. Ja, ich musste mich zwingen, meine eigenen vier Wände zu verlassen. Augen zu und durch! Es fühlte sich an, wie das Laufen neu zu lernen: hinfallen, aufstehen, hinfallen, aufstehen …

Am Anfang habe ich noch den Fehler gemacht, dass ich meine alte Beziehung ersetzen wollte. Ich war auf der Suche nach jemandem, der diese Lücke füllen konnte. Aber zunächst passierte gar nichts! Für die hübschen Mädels war ich wie Kryptonit. Die ersten drei Frauen, mit denen ich dann etwas anfing, waren weder hübsch noch besonders charmant oder irgendwie anziehend. Sie waren einfach genauso verzweifelt und alleine und einsam wie ich. Meine Exfreundin war so hübsch, so sexy, so wunderbar, so phantastisch, so Champions League. Und diese Mädels aus der Dorfdisko katapultierten mich direkt in die Kreisliga zurück. Dennoch, ich war aktiv und ließ den Kopf nicht hängen. Wo gehobelt wird, da fallen Späne. Ich sprach mir selbst Mut zu. Dann fiel mir *Die perfekte Masche* von Neil Strauss in die Hände, das legendäre Buch über die Kunst der Verführung. Ich begann, alles, was ich dort las, sofort auszuprobieren, doch die ersten Versuche waren ein Desaster. In einer Bar traute ich mich einmal, auf eine Superbraut zuzugehen, aber noch bevor ich den Mund aufmachen konnte, hob sie schon abwehrend ihren Arm und sagte: »Kein Interesse!« Während ich mich umdrehte, um meiner Schmach zu entfliehen, hörte ich, wie sie ihrer Freundin zuflüsterte: »Scheiße, Tina, jetzt werde ich schon von so einem angebaggert!«

Was hatte ich Holzkopf erwartet? Ich hatte ein paar Sprüche aus dem Buch auswendig gelernt und tatsächlich geglaubt, damit Erfolg zu haben. Es konnte nur in die Hose gehen.

Aber ich hatte Blut geleckt, ließ mich nicht entmutigen und wollte mehr. Und wo konnte man das besser als im legendären Club P1. Ich sah mich schon lässig mit einer heißen Blondine flirten und am nächsten Tag stolz vor meinen Kumpels damit angeben. Ich wollte mir Anerkennung verschaffen, indem ich erzählen konnte, in Deutschlands bekanntestem Club gewesen zu sein … und scheiterte bereits an der Tür. Als trotteliges Landei ließen sie mich natürlich nicht rein. Meine samstägliche Abendbeschäftigung bestand darin, von meinem Wohnort eine halbe Stunde nach München zu fahren, mir von den Türstehern einen Korb abzuholen und pünktlich zum Sportstudio wieder frustriert zu Hause auf dem Sofa zu sitzen. Sechs Wochen ging das so. Mir fiel schnell auf, dass die anderen, die auch abgewiesen wurden, immer mit den Türstehern ewig darüber diskutierten. Da dachte ich mir: Genau das machst du nicht! Und siehe da, eines Abends erinnerte sich einer der Türsteher an mich und sagte: »Du kommst jeden Samstag her und bist immer weggeschickt worden, ohne Ärger zu machen oder uns einen dummen Spruch an die Backe zu drücken. Dafür musst du mal belohnt werden. Junge, ab heute darfst du rein. Viel Spaß!«

Ich war nun zwar drinnen, aber sonderlich viel brachte mir das nicht. Erstens kannte ich dort niemanden, und zweitens fehlte mir das Geld, um auf dicke Hose zu machen. Ich glaubte ja, das sei wichtig, um Eindruck bei diesen Superfrauen zu machen. Ein Wodka Bull kostete damals schon fünfzehn Euro, und mit einem Glas Wasser wollte ich auch nicht langweilig an der Bar stehen. »Scheiße, was machst du eigentlich hier?«, dachte ich und sah mich verzweifelt um. Überall Kerle im feinen Zwirn, die Unmengen von Champagner und Wodka am Tisch hatten und von den schönsten Frauen flankiert wurden. Ich kam mir so fehl am Platz vor. Ich bestellte mir eine Coke und wartete an der Bar. Ich hatte keinen blassen Schimmer, was ich tun oder wie ich mich verhalten sollte. Jemanden ansprechen? Okay, aber wie? Auf die Tanzfläche gehen? Hmm, auch keine gute Idee. Ich bestellte mir eine zweite Coke und beschloss, sie dieses

Mal langsamer zu trinken, um Zeit zu gewinnen. Es half alles nichts. Ich war unsichtbar. Als ich schon kurz davor war zu gehen, entdeckte ich auf dem Weg zur Toilette ein bekanntes Gesicht. Row ging vor über zehn Jahren in meine Parallelklasse. Wir quatschten ein bisschen, tauschten alte Geschichten aus und freundeten uns wieder an. Er arbeitete im P1 als Flyerverteiler. Da ich ohnehin nichts zu tun hatte, stellte ich mich neben ihn an die Tür und sah ihm bei der Arbeit zu. Mein alter Schulkamerad war meine Rettung. Durch ihn änderte sich alles. Aufgrund seines Jobs kannte er extrem viele Leute und wurde am laufenden Band begrüßt, umarmt und angeflirtet. Die Mädels suchten seinen Kontakt, um gesehen zu werden und sich vom normalen Party-Publikum abzugrenzen. Man muss wissen, dass das Club-Personal (Türsteher, Barkeeper, DJs, etc.) gegenüber normalen Männern einen erheblichen Vorteil hat. Sie zählen zu den Insidern, was sie auf der Stelle superattraktiv macht. In den kommenden Wochen stellte Row mir unzählige Frauen vor, woraufhin meine Gespräche mit ihnen natürlich viel besser liefen. Ich musste nicht mehr aus dem Nichts auf ein Mädel zugehen, sondern konnte einfach abwarten, bis Row sagte: »Ach Tanya, das ist übrigens Michel…« Oft luden mich die Mädels oder Kerle sogar zu ihren Tischen ein, nur weil Row mich ihnen vorgestellt hatte. Plötzlich saß ich bei den Reichen und Schönen, die ich zuvor nur aus der Ferne beobachtet hatte.

Ich habe anfangs immer schüchtern gesagt, ich möchte nicht mittrinken, weil ich mir das nie leisten könnte. Aber weil ich von Row empfohlen wurde, interessierte das niemanden wirklich. Ich konnte schnell gut mit den Leuten umgehen und wurde so die meiste Zeit eingeladen – ohne dass das je meine Absicht war. Wenn man erst mal dazu gehört, passiert alles wie von selbst. Man knüpft Kontakte, trinkt, feiert, und weil man mit den richtigen Leuten trinkt und feiert, knüpft man noch mehr Kontakte. Wenn man an einem exklusiven VIP-Tisch sitzt, kommt man mit den heißesten Frauen in Berührung, ohne viel tun zu müssen. Selbst wenn man den Tisch verlässt, um zur Toilette zu gehen, sprechen einen plötzlich Frauen an, weil sie sehen, mit welchen Leuten und vor allem welchen anderen Traumfrauen man am Tisch sitzt. Dieser Status färbte somit auf mich ab, und die Frauen sahen mich in einem völlig anderen Licht. Nach einer Weile kannte ich das gesamte Personal und genoss sämtliche Privilegien (Gästeliste, Freigetränke, nie mehr in der Schlange stehen, die Türsteher mit Handschlag begrüßen, etc.). Was für eine Entwicklung!

Was ich dir damit sagen will: Die Tragik des Lebens besteht nicht darin, dass es so schnell endet, sondern dass die meisten erst gar nicht damit beginnen. Genau darum geht es doch: Zu beginnen, sich in Bewegung zu setzen, auf eine Reise zu gehen, zu leben. Ich will dir mit dieser kleinen Geschichte deutlich machen, dass es sich immer lohnt, den ersten Schritt zu machen. Du weißt nie, wohin er dich führt. Mich brachte er in völlig neue Kreise. Türen öffneten sich plötzlich, die vorher verschlossen blieben. Ich bekam Zutritt zu einer fremden Welt. Du weißt nie, was passiert, wenn du es nicht probierst.

Ich lernte in der Zeit eine Menge Frauen kennen, baute meine Hemmungen ab und fand Spaß daran, an den Wochenenden neue Leute zu treffen. Mit meinem neu gewonnenen Selbstbewusstsein ging ich dann auch in andere Clubs, um dort ohne fremde Hilfe Frauen anzusprechen. Oft habe ich mir größere Gruppen ausgesucht, Junggesellinnenabschiede zum Beispiel. Das war einfach, weil keinerlei Gefahr bestand, einen Korb zu bekommen. Die Mädels waren gut drauf, meistens schon angetrunken und im

Partymodus. Ich bin zu ihnen hin, habe High Fives verteilt und laut gerufen: »Und, wer ist die Unglückliche?« Mehr musste ich in den meisten Fällen nicht tun. Ich scherzte mit den Mädels und kaufte ihnen ein paar Schnäpse oder Kondome ab. Schon war ich am Start. Wenn man dann noch einen Fünfer in die Partykasse einzahlte, ein bisschen Freude ausstrahlte und mit ihnen herumalberte, waren sie einem sofort wohl gesonnen.

Die Faustregel für jeden Junggesellinnenabschied: Erobere die Gruppe, und stell dich gut mit der Braut. Konzentriere dich aber auf ihre hübsche Freundin, die bewusst etwas im Abseits steht, um ihr nicht die Show zu stehlen. Von ihr bekommst du am Ende die Telefonnummer zugesteckt.

Natürlich konnte ich nicht immer darauf hoffen, beim Ausgehen zufällig auf einen Junggesellinnenabschied zu treffen, aber diese ersten Erfahrungen waren wichtig, um mein Selbstbewusstsein weiter aufzubauen. Ich merkte plötzlich: Du kannst auf Frauen zugehen, ohne dass dir etwas passiert. Sie reden und tanzen und haben sogar Spaß mit dir. Und immer kehrte diese eine Erkenntnis in mein Bewusstsein zurück: Verlässt du deine gewohnte Umgebung, passieren spannende Dinge. In welcher Form auch immer. Man kann sagen, dass ich süchtig nach diesen kleinen Abenteuern wurde. Ich wollte immer mehr Frauen kennenlernen, sie immer schneller und mit immer ausgefeilteren Methoden in meinen Bann ziehen. Nach einem Jahr war ich sogar so weit, dass ich nur anhand der Körpersprache einer Frau erkannte, ob sie für einen Flirt empfänglich war oder nicht. Nur mit den Mädels zu quatschen, reichte nicht mehr. Ich wollte das nächste Level erreichen, knutschen und vögeln und Telefonnummern in Dates verwandeln. Dafür musste ich jedoch sexuelle Anziehung erzeugen. Nur wie?

MEIN ERSTER KÖNIGLICHER AUFRISS

Auf einer Party fiel mir ein hübsches Mädchen auf, das an der Bar bediente. Ich war super drauf an diesem Abend, was auch daran lag, dass ich zum ersten Mal beim Ausgehen ein Sakko trug. Ich wollte mich von der Masse abheben, cool aussehen und etwas darstellen. Es fühlte sich einfach verdammt gut an. Durch das Sakko veränderte sich mein ganzes Auftreten. Ich machte keine hastigen Bewegungen mehr, nahm eine stabilere Körperhaltung ein und wirkte viel souveräner als die anderen Kerle in ihren T-Shirts und Pullis. Jedenfalls nahm ich mich so wahr. Ich lehnte mich zur Barkeeperin und fragte, was für Getränke sie im Angebot hätte und ob sie mir etwas empfehlen könne. Sie begann, drei, vier Drinks aufzuzählen, auf die ich aber keine Lust hatte. Durch Zufall erinnerte ich mich an einen Zeitschriftenartikel, in dem stand, dass man etwas Außergewöhnliches bestellen müsse, falls man die Aufmerksamkeit der Barkeeper auf sich ziehen wolle. Ich fand das zwar albern, ließ es aber auf einen Versuch ankommen. Ich schaute sie extra gelangweilt an und antwortete: »Nee, das ist alles nichts für mich. Ich nehme einen Gin auf Eis.«

»Wow, das hat hier noch keiner bestellt.«

»Ja, eben«, lächelte ich. »Es gibt für alles ein erstes Mal.«

Während sie nach dem Gin suchte, kamen wir ins Gespräch. Sie hieß Daniela.

»Die anderen trinken alle Porno Wodka«, sagte sie und zog triumphierend eine Flasche Gin aus der Getränkekiste hervor.

»Porno Wodka? Klingt gut. Den können wir später zusammen trinken, wenn du mich einlädst.«

Daniela grinste nur: »Also wenn, dann musst schon du mich einladen.«

»Alles klar«, zwinkerte ich ihr zu, schnappte mein Glas und stellte mich neben die Tanzfläche. Ich hatte die Serviette extra um das Glas gewickelt, um seriöser zu wirken. Dann stand ich da, in meinem extravaganten Sakko und mimte den edlen Mann von Welt. Ich fühlte mich selbstsicher und superattraktiv, und genau das strahlte ich aus. Ich bemerkte einige Blicke der Frauen, konnte aber solche Signale zu diesem Zeitpunkt noch nicht richtig deuten.

Merke: Wenn eine Frau dich anlächelt, schau nicht weg, sondern geh sofort hin und sprich sie an! Frauen geben dir mit Blickkontakt und Lächeln eine Aufforderung zum Ansprechen. Sie werden nicht rüberkommen und dich ansprechen, es sei denn, du heißt Cristiano Ronaldo.

Du bekommst Signale, aber keine Ansprache! Nach einer Stunde ging ich an die Bar zurück, tänzelte an den anderen Gästen, die vor mir standen, vorbei und stellte mich seitlich an den Bar-Eingang. Daniela kam sofort mit zwei Wodka-Shots zu mir.

»Porno?«, fragte ich.

»Was denn sonst?«, grinste sie.

Wir leckten uns gegenseitig das grüne Brausepulver von den Handballen und kippten den Wodka hinterher. Es schmeckte wie Kindergeburtstag für Erwachsene, und genau das sagte ich ihr. Sie antwortete nichts und sah mich fragend an.

»Wie alt bist du? Lande ich im Knast, wenn du mir gleich deine Nummer aufschreibst?«, fragte ich sie.

»Bin gerade neunzehn geworden«, hauchte sie, kam einen Schritt auf mich zu und flüsterte mir schelmisch grinsend ins Ohr: »Oder ist dir das etwa zu jung?«

Mein Herz begann zu klopfen. So etwas Krasses hatte noch keine Frau zu mir gesagt. Okay, wir hatten uns soeben die Hände abgeleckt, aber trotzdem: Wow! Ich wollte gerade etwas erwidern, als ihr Kollege sie um Hilfe rief, weil an der Bar die Hölle los war. Ich verschwand mit dem breitesten Grinsen auf die Tanzfläche. Als ich mir wenig später erneut einen Drink holte, steckte sie mir ungefragt ihre Nummer zu und flüsterte lächelnd zwei Worte in mein Ohr: »Morgen Abend!«

Dieses Erlebnis veränderte alles. Ich hatte die Telefonnummer einer jungen, megaheißen Barkeeperin bekommen, mit der ich am nächsten Tag sogar im Bett landete. Mein erster königlicher Aufriss! Ich hatte Sex mit einer unfassbar hübschen Frau und war selbst überrascht, wie leicht es ging. Ich fühlte mich so befreit, weil ich endlich den Beweis dafür hatte, dass all die Traumfrauen, von denen ich immer glaubte, sie seien unerreichbar, eben doch erreichbar waren.

JE DREISTER, DESTO ERFOLGREICHER

Auf einer After-Work-Party lernte ich dann Sascha kennen. Was der auf dem Kasten hatte, war sensationell. Er war der personifizierte Rockstar. An den ersten vier Abenden, an denen wir gemeinsam unterwegs waren, lag seine Erfolgsquote bei einhundert Prozent. Er schleppte wirklich an jedem Abend eine Frau ab, knutschte teilweise sogar mit mehreren gleichzeitig herum. Und ich rede von Mädels, die in jede *Vogue* gepasst hätten. Ich saß jedes Mal daneben und dachte mir: »Das kann nicht die Wahrheit sein.« Der Typ war so dreist und frech und überzeugt von sich selbst, dass die Mädels gar keine Wahl hatten, als sich auf sein Spiel einzulassen. Oft zog er sie direkt zu sich und küsste sie. Aus dem Stand.

»Sag mal, wie machst du das? Du knutschst jeden Abend mit einer anderen Traumfrau. Das ist unglaublich!«

Er lachte nur und meinte: »Du könntest das auch, aber du traust dich einfach nicht. Du versuchst, den Mädchen zu gefallen, und genau das ist dein Fehler. Zieh sie einfach an dich ran und küss sie.«

»Aber das kann ich doch nicht einfach so bringen.«

»Siehst du? Das ist der Unterschied zwischen dir und mir. Ich kann das einfach bringen.«

»Ja schon, weil du Kohle hast und alle immer einlädst.«

»Nein, nein, nein«, winkte er sofort ab. »Ich mache das auch, wenn keine Schampusflasche auf dem Tisch steht.«

Das wollte ich sehen. Am nächsten Abend gingen wir in einen Laden, in dem wir kaum Leute kannten und keinen Tisch reserviert hatten. Es dauerte keine zehn Minuten, und der Fuchs hatte den ersten Hasen erlegt. Das war der Moment, an dem ich begann, ernsthaft über seine Methoden nachzudenken. Sascha sagte zu mir: »Michel, schau mich an. Ich habe keine Angst vor Abfuhren oder peinlichen Momenten. Ich riskiere immer alles. Das traut sich niemand sonst, und genau das lieben die Frauen an mir.« Ich verbrachte viel Zeit mit ihm und seinem Freund Konrad, der ihm in nichts nachstand. Im Laufe der Zeit nahm ich immer mehr von den beiden an, und siehe da: Es funktionierte. Drei, vier Frauen an einem Abend waren keine Ausnahme mehr.

Wir hatten über ein Jahr lang die Zeit unseres Lebens, in der wir gnadenlos sämtliche gesellschaftliche Normen und Regeln von Geschmack und Anstand brachen.

Beispielsweise schaffte es Konny, der vor einer Box vor lauter Alkohol eingeschlafen war, mit einem Mädchen rumzumachen, das ihn antippte, um zu sehen, ob er überhaupt noch lebte. Erst bewegte er sich nicht, riss dann aber die Augen auf, zog das Mädchen wie aus einem Reflex an sich und begann mit ihr leidenschaftlich zu knutschen.

Sascha brachte es fertig, zwei Mädchen zu erzählen, er hätte einen Whirlpool zu Hause – um ihnen dort dann sein aufblasbares Planschbecken zu präsentieren. Man glaubt es kaum, aber die Mädels haben sogar beim Aufblasen geholfen, um sich um 5 Uhr morgens nackt mit ihm darin zu vergnügen.

Michi, der inzwischen auch auf unseren Geschmack gekommen war, schaffte es einmal sogar, mit einer Frau rumzumachen, deren Freund nur kurz auf der Toilette war. Als dieser wieder zurückkam, freundete sich Michi dreisterweise noch mit ihm an und trank ihn unter den Tisch – nur mit dem Ziel, dessen Freundin ins Bett kriegen zu können. Das Schlimme ist, er hat es geschafft.

DAS LEBEN IST SCHÖN

Der Club war proppenvoll. Ein Mädel, das auf dem Weg zur Bar war, rempelte mich aus Versehen an. Ich lächelte und sagte: »Macht nichts.«

Kurze Zeit später rempelte sie mich wieder an. Sie entschuldigte sich verlegen.

»Ist ja auch ein bisschen voll hier«, lachte ich sie an.

»Ja, das ist voll blöd«, sagte sie mir ins Ohr. »Man kann hier gar nicht tanzen.«

Mein Stichwort. Ich machte ihr mit meinen Armen Platz, sodass ein kleiner Kreis entstand, und rief ihr zu: »Alles klar, meine Dame. Jetzt können Sie tanzen. Bitte sehr!«

Sie begann zu lachen und zu tanzen und schickte mir als Dankeschön einen Luftkuss. Ich ging auf sie zu, tanzte zehn Sekunden mit ihr und küsste sie. Einfach so. Ohne Vorwarnung. Die Energie war richtig. Ich hatte ein gutes Gefühl. Warum also nicht? Sie kam mit an unseren Tisch, wo wir direkt weitermachten. Ohne Pause. Nach zwei Stunden wollte ich anstandshalber wissen, wer sie eigentlich war und fragte sie nach ihrem Namen. Sie legte lediglich ihren Finger auf meinen Mund, hauchte ein »Psssst! Ich bin verlobt« in mein Ohr und presste ihre Lippen wieder gegen meine. Sie saß inzwischen auf meinem Schoß, ihre Brüste genau vor meinem Gesicht. Da sie ein trägerloses Top trug und ihre Brüste so wunderbar fest zu sein schienen, wollte ich diesem Phänomen genauer auf den Grund gehen. Ich zog kurzerhand ihr Top nach unten und hatte plötzlich zwei apfelförmige Brüste vor meiner Nase. Sie schrie auf und drückte sich an mich, damit niemand etwas sehen konnte. Das kam mir im wahrsten Sinne des Wortes entgegen, und so kam es, dass ich zum ersten Mal in einem Klub ein Mädchen ausgezogen habe. Anfangs war es ihr unangenehm, aber Alkohol und Stimmung, verbunden mit meiner dreisten Art, einfach weiterzumachen, haben sie schnell überzeugt. So ging das noch eine knappe Stunde, dann stand sie auf und verabschiedete sich mit den Worten: »Es war sehr schön, aber ich werde erwartet.«

An unserem Tisch saßen neben meinen Kumpels noch mehr Mädels, die ich bisher nicht so recht wahrgenommen hatte. Eine von ihnen hatte mir aber den ganzen Abend gespannt dabei zugesehen, wie ich die andere auszog, und da ich so gepusht von meinem Erfolgserlebnis war, dachte ich mir: »Scheiß drauf, jetzt legst du noch einen drauf. Was hast du schon zu verlieren?« Ich rutschte zwei Plätze weiter, zog das fremde Mädel an mich und knutschte, ohne auch nur eine Silbe zu sagen, direkt mit ihr weiter. Sie stieg sofort darauf ein, als ob sie die ganze Zeit auf nichts anderes gewartet hätte. Völlig crazy! Ich wollte eigentlich nur herausfinden, ob es wirklich funktionieren würde. Sie hingegen wollte mich direkt zu sich nach Hause nehmen. Da ich meinem Kumpel aber versprochen hatte, ihn später im Taxi mitzunehmen, musste ich das Angebot, so verlockend es auch klang, leider verschieben. Nachdem ich meinen Kumpel abgesetzt hatte, bekam ich eine SMS von Gogotänzerin Sophia. Sie hatte ich am Abend zuvor kennengelernt. Wir hatten zwar Nummern getauscht, aber mit meiner gespielten frechen Art konnte ich nicht wirklich bei ihr landen – glaubte ich! Sie war eher abweisend und hatte mir deutlich zu verstehen gegeben, dass zwischen uns niemals etwas laufen würde. Ich hatte ihre Nummer noch nicht mal eingespeichert, sie war lediglich in der Wahlwiederholung, weshalb ich erst mal überlegen musste, wer sie war.

Sophia: »Was ist jetzt, du Sprücheklopfer?«

Ich: »Wer um diese Zeit schreibt, ist kein guter Umgang für mich!«

Sophia: »Das will ich auch hoffen! Bin gleich zu Hause, falls du dich traust.«

Nicht zu fassen! Ich gab dem Fahrer ihre Adresse durch und stand zwanzig Minuten später vor ihrer Wohnung. Sie öffnete mir im Negligé die Tür und zog mich sofort ins Bett. Ihre Interpretation des Wortes *niemals* gefiel mir ziemlich gut.

Diese Erfahrungen waren deswegen so wertvoll, weil ich merkte, dass es auf der Richterskala nach oben keinerlei Limit gibt. Ich lernte: Selbst wenn du immer wieder eine Schippe drauflegst – es passiert dir nichts. In den meisten Flirt-Ratgebern stehen die sonderbarsten Regeln, beispielsweise in welchem Winkel du stehen solltest, bevor du eine Frau ansprichst. Das ist alles Unsinn. Es gibt nur eine Regel, und die lautet: Es gibt keine Regeln!

Eines Abends sagte Sascha zu mir: »Michel, ich kenne dich jetzt seit einem halben Jahr. Und sieh dich an: Du schleppst jeden Abend eine Neue ab und siehst ziemlich happy aus. Wir Jungs haben die Zeit unseres Lebens! Merkst du was?«

Natürlich merkte ich was, vor allem lernte ich was: Je dreister, desto erfolgreicher. Je selbstbewusster du wirkst, desto interessanter finden dich die Frauen. Wenn du dieses Prinzip erst einmal verinnerlicht hast, läuft der Rest wie von selbst.

CHARLIE SHEEN

Dann traf ich auf Thomas. Seine Art, mit den Frauen umzugehen, war wieder eine völlig andere. Er sprach hochdeutsch, was in München eher ungewöhnlich ist, und hatte dieses Vater-Tochter-Rollenspiel perfektioniert. Ständig wies er die Mädels zurecht. »Sag mal, schämst du dich denn nicht?«, sagte er und fummelte ihnen direkt am Dekolleté herum. »Du kannst doch nicht mit so einem Ausschnitt herumlaufen« oder »Menschenskinder, musst du nicht schon längst daheim sein? Du hast doch morgen früh Schule. Hast du deine Hausaufgaben denn schon gemacht?« Er sprach mit den Mädels auf eine ganz bestimmte Weise, und sie liebten es. Der Typ hätte locker als Zwillingsbruder von Charlie Sheen durchgehen können. Mit seinen fünfundvierzig Jahren schleppte er reihenweise zwanzigjährige Mädels ab. Man konnte gar nicht so schnell gucken, da hingen sie schon an seinen Lippen. Er war superkreativ und erzählte ihnen ständig die absurdesten Geschichten, und sie glaubten ihm jedes Wort. Es war nicht, was er sagte, sondern wie er es sagte. Was ich von ihm als finale Lektion lernte: Alter und Aussehen sind nicht so ausschlaggebend, wie wir Männer immer glauben. Für Frauen sind ganz andere Dinge wichtig. Aber dazu kommen wir noch.

Ich hatte alles perfektioniert, mein Auftreten, mein Erscheinungsbild, und weil ich wusste, dass die Mädels auf mich standen, machte ich mir um nichts mehr Sorgen. Es begann schon dienstagabends, dass die ersten SMS reinkamen: »Hast du am Wochenende für mich Zeit?« oder »Wann sehen wir uns?« Oft meldete ich mich gar nicht und ging einfach so aus. Ich wusste ja, dass ich nicht lange alleine bleiben würde, was mich wiederum für die Mädels, die ich schon kannte, nur noch attraktiver machte. Hübsche Frauen sind es gewohnt, dass die Männer Gewehr bei Fuß stehen, wenn sie rufen. Wenn dann einer daherkommt und sie ignoriert, drehen sie durch, weil sie das nicht kennen. Schon hast du sie an der Angel. Wenn du ständig zehn, zwanzig Frauen zur Auswahl hast, die mit dir ausgehen wollen, entwickelt sich das zu einem Schneeball, der immer größer wird, eine Lawine verursacht und am Ende das ganze Tal einreißt. Ich war dort gelandet, wo ich immer sein wollte, als plötzlich die Welt meines besten Kumpels zusammenbrach.

WIE ICH MEINEM BESTEN FREUND DABEI HALF, SEINE FREUNDIN ZURÜCKZUGEWINNEN

Nach vier Jahren Beziehung kam seine Freundin zu der Erkenntnis, dass er zu langweilig für sie war und schickte ihn in die Wüste. Mein Kumpel war kein fieser Arsch, der so etwas verdient hätte, ganz im Gegenteil, ein richtig guter Junge, aber eben ein wenig spießig. Als sie mit ihm Schluss machte, war er vollkommen am Ende. Ich konnte mich so gut in seine Gefühlswelt hineinversetzen, dass es kaum zu ertragen war. Er machte sogar die gleichen Fehler wie ich damals, schickte ihr Blumen, schrieb Briefe, saß heulend vor ihrer Tür und erreichte rein gar nichts. Natürlich nicht.

Eines Abends, als er wieder heulend an meiner Schulter hing, weil seine Ex zehn Meter weiter an der Bar mit fremden Kerlen flirtete und ihn keines Blickes würdigte, fragte ich ihn: »Wann ziehen wir das endlich auf meine Weise durch?«

Nachdem er sich halbwegs gefangen hatte, sagte er: »Kannst du mir versprechen, dass es klappt?«

»Ich verspreche dir, dass du sie zurückkriegst.«

»Echt?«

»Aber nur, wenn du zu hundert Prozent auf mich hörst.«

»Ich hab doch schon alles versucht, und sieh mal, sie flirtet mit irgendwelchen Typen und beachtet mich kaum.«

»Ist doch kein Wunder, du bist im Moment auch alles andere als interessant. Sie weiß, dass du sie zurück willst, und das zerstört deine Chancen.«

»Und du meinst, dass man da noch was retten kann?«

»Absolut, sofern du bereit bist, dich weiterzuentwickeln.«

»Okay, Michel. Dann lege ich mein Glück jetzt in deine Hände.«

»Alles klar. Dann beginnt es JETZT!«

»Wie?«

»Der Plan beginnt jetzt. In dieser Sekunde. Hol deine Jacke, wir verschwinden.«

»Aber warum? Wir sind doch noch gar nicht so lange da.«

»Wir gehen jetzt«, sagte ich wieder.

»Warte, ich geh noch schnell rüber zu ihr und sag tschüss.«

»Nein, wir gehen JETZT!«

»Dann verabschiede ich mich wenigstens von den anderen.«

»Auf keinen Fall!«

»Aber warum darf ich denn mit keinem mehr reden?«

»Ganz einfach«, erklärte ich ihm. »Damit die sich wundern, wo du eigentlich warst.«

Wir stiegen in ein Taxi und fuhren in einen anderen Club. Der arme Kerl war völlig fertig und brauchte erst mal drei Bier, um halbwegs runterzukommen. Ich musste ihn auf andere Gedanken bringen.

»Geh mal zu dem Mädel hin«, sagte ich zu ihm, »und frag sie nach der Uhrzeit, bedanke dich und komm wieder zurück. Das reicht für den Anfang. Völlig egal, wie sie reagiert.«

Mit diesen kleinen Spielchen habe ich ihn dann den restlichen Abend beschäftigt, habe ihn mit anderen Frauen ins Gespräch gebracht, ihm perfekte Vorlagen gegeben, sodass er selbst nicht viel tun musste, außer sich abzulenken. Ich prophezeite ihm, dass seine Ex sich melden würde. Er lachte mich aus und sagte: »Träum weiter! Die schreibt mir seit drei Monaten keine Nachrichten mehr.«

Auf dem Heimweg um halb sechs Uhr morgens, vibrierte sein Handy. Sie schrieb: »Wo bist du abgeblieben? Alle haben gefragt, wo du steckst.«

Mein Kumpel schaute mich an und verstand die Welt nicht mehr.

»Wie hast du das bitte gemacht?«, fragte er, und ich sagte: »Wir haben ein bisschen Ungewissheit geschürt. Wir haben ihr gezeigt, dass es dir egal ist, dass sie mit anderen Jungs flirtet. Und vor allem, haben wir ihr gezeigt, dass du dein eigenes Leben hast.«

»Ich schreib schnell zurück«, sagte er völlig baff, und ich nahm ihm auf der Stelle sein Handy ab.

»Nein! Auf gar keinen Fall!«

Ich stellte mir den Wecker auf halb acht, um ihr dann von seinem Handy zu antworten: »Absturz. Jetzt After Hour. Der Typ bringt mich um.«

Seine Ex wusste ja, dass er mit mir unterwegs war, und konnte sich ihren Teil denken. Ich hatte zu der Zeit schon keinen guten Ruf mehr bei den Freundinnen meiner Kumpels, weil ich ständig mit neuen Frauen daherkam. Sie dachte natürlich, dass er den Spaß seines Lebens hatte, obwohl er bei mir auf der Couch lag und tief und fest schlief. Genau das wollte ich erreichen. Ich wollte, dass sie sich ihren hübschen Kopf zerbrach. Schon am nächsten Tag ging innerhalb der Clique das Gerede los. Ich sagte zu ihm: »Ab sofort machst du nichts mehr, ohne es vorher mit mir abzustimmen. Du rufst sie nicht an, schreibst ihr nicht und redest auch mit ihren Freundinnen über nichts. Meine Regeln. Nur so wird es funktionieren.«

Mein erstes Coaching nahm seinen Lauf. Ich stellte ihm andere Mädels vor und schleppte ihn in Bars und Clubs, von denen ich wusste, dass er dort gesehen wurde. Um seinen Marktwert zu steigern, bat ich ein paar Freundinnen aus meinem privaten Kreis, ihm kurze Texte auf seiner Facebook-Seite zu hinterlassen. Seine Ex machte das natürlich fuchsteufelswild, und sie fing an, ihm wieder regelmäßig zu schreiben. Ich antwortete immer mit Bedacht, immer etwas zweideutig und geheimnisvoll, ohne zu viel zu verraten. Das ging zwei Monate so weiter, bis sie an einem Samstagmorgen vor seiner Tür stand und schniefte: »Können wir reden?«

Er hatte sie zurück. Am Abend rief er mich überglücklich an und sagte: »Ey, wenn du mir damals gesagt hättest, dass das passieren würde, ich hätte dir auf der Stelle fünftausend Euro gezahlt. Ich hätte dir alles gegeben, was auf meinem Konto war. Das wäre es mir wert gewesen. Sofort! Du weißt gar nicht, was du da machst. Das ist unglaublich. Ich habe meine Freundin zurück! Du hast ja keine Vorstellung, was mir das bedeutet!«

»Nein, mein Lieber«, sagte ich. »Du hast keine Vorstellung, was mir das bedeutet.«

Meine Motivation sind glückliche Menschen. Deswegen habe ich meinem besten Freund geholfen, seine Freundin zurückzugewinnen. Deswegen gebe ich Seminare. Deswegen schreibe ich dieses Buch. Deswegen rede ich gerade mit dir. Woche für Woche in strahlende Gesichter zu blicken ist die pure Erfüllung für mich. Und du bist der Nächste! Lass uns keine Zeit verlieren.

DIE ANGST VOR DER ANSPRACHE

Die meisten Jungs versuchen, wenn hübsche Mädels um sie herum sind, cool und lässig zu sein. Sie schauspielern, weil sie glauben, dadurch eine bessere Wirkung zu erzielen. Warum machen sie das? Ganz einfach, weil sie unsicher sind. Doch dieses Verhalten führt in den meisten Fällen direkt ins Niemandsland. Warum ist das so? Die Antwort ist wieder recht einfach: Weil es nicht nur komisch aussieht, es fühlt sich für die Frauen auch so an. Frauen haben viel sensiblere Antennen als Männer. Sie merken ziemlich schnell, ob jemand selbstbewusst ist oder nur so tut.

Nehmen wir die Szene auf der Playboy-Party, die ich auf den ersten Seiten kurz angerissen hatte. Erinnerst du dich an die vier Jungs, die wie angewurzelt an der Bar standen, während um sie herum unzählige Bunnys nur darauf warteten, abgeschleppt zu werden? Es war Wochenende. Wir befanden uns in den Bergen. Das Hotel direkt um die Ecke. Partylaune. Freigetränke. Die Jungs hätten nur einen Schritt auf die Mädels zugehen müssen. Es wäre so einfach gewesen. Aber sie trauten sich nicht. Dieses Bild siehst du in jedem Club der Welt: Männer, die an der Bar oder in der Ecke stehen, einen Drink in der Hand halten und uninspiriert in den Raum gucken. Sie beobachten die Mädels, die auf der Tanzfläche Spaß haben oder zusammen mit ihren Freundinnen an einem Tisch sitzen und miteinander lachen. Sie stehen da, vielleicht sogar mit einer Hand in der Hosentasche, machen aber niemals den einen wichtigen Schritt. Sie unternehmen NICHTS! Weil sie Angst haben. Mit einer fremden Frau zu tanzen, ist ihnen peinlich. Ein fremdes Mädel vor den Augen ihrer Freundinnen anzusprechen, ist ihnen unangenehm. Allein der Gedanke löst in ihnen schon ein Gefühl von Übelkeit aus.

Ich kann sie verstehen. Früher war ich genauso ängstlich. Versuch dich für einen Moment in diese Szene zu versetzen: Du stehst in einem Club. Es ist ein öffentlicher Raum; ein Ort, an dem man gemeinsam Spaß hat, wo fremde Menschen aufeinandertreffen, um sozial zu interagieren. »Gemeinsam« lautet das Zauberwort. Ist es nicht viel seltsamer, sich an einem sozialen Ort zu befinden und sich nicht sozial zu verhalten? Auf der einen Seite ist die Gruppe von Menschen, die sozial interagiert, die eine Verbindung schafft, Jungs und Mädchen, die zusammen tanzen, miteinander reden, sich umarmen, vielleicht sogar küssen und Spaß haben. Und auf der anderen Seite des Raumes hast du die Jungs, die immer noch alleine an der Bar stehen, weil sie versuchen, krampfhaft cool zu sein. Welche Gruppe wirkt eigenartiger?

FÜHLE DICH BEOBACHTET!

Vielleicht denkst du dir jetzt: »Okay, das klingt alles logisch, aber ich bin kein guter Tänzer. Das sieht bestimmt lächerlich aus, und ich will mich nicht zum Affen machen. Außerdem bin ich eher ein schüchterner Typ. Partys sind auch nicht so mein Ding. Und was soll ich denn sagen, wenn sie vor mir steht? Ich stottere bestimmt nur wirres Zeug. Nein, das ist mir unangenehm, da sage ich lieber gar nichts.«

Ich weiß schon, wie ich dich überzeugen kann. Es ist leichter, als du glaubst. Und bevor du wieder Zweifel bekommst, sage ich dir: Keine Sorge, du schaffst das!

Stell dir vor, dass du ab sofort, egal, in welcher Situation du dich auch befindest, beobachtet wirst. Was hätte diese Person wohl über dich zu berichten? Gehen wir zurück in den Club. Dein Beobachter wird dich sehen, wie du alleine an der Bar stehst, während die anderen lachen, tanzen und Spaß haben. Was glaubst du, wird er über dich denken? Ich kann es dir sagen: »Was ist denn mit diesem komischen Eigenbrötler los? Warum geht er nicht zu den hübschen Mädels rüber und hat mit ihnen Spaß? Die warten doch nur darauf. Es ist Freitagabend, verdammt! Und warum guckt er so bedrückt? Scheiße, die Dunkelhaarige hat gerade ihr Top ausgezogen, und er verpasst alles. Oh, Mann!«

Wenn du deine Ängste überwindest, deinen Kopf ausschaltest und dich treiben lässt, mit einigen der Mädels tanzt und einfach nur Spaß hast, wird dein Beobachter denken: »Ja, genau! So wird's gemacht. Der Junge ist ein echter Boss!« Warum? Weil du das Leben genießt. Weil du keine langweilige Schnarchnase bist.

Die Angst vor dem ersten Satz ist unbegründet. Im Laufe der Jahre habe ich gemerkt, dass immer etwas Magisches passiert, wenn Mann und Frau aufeinandertreffen. Solange du keine absurden Sachen sagst, kann dir überhaupt nichts passieren. Die Natur wird immer auf deiner Seite sein. Warum? Weil du dich natürlich verhältst. Du bist auf der Suche nach einem Partner (Gesprächspartner, Sexualpartner, etc.). Nichts ist natürlicher als das. Dafür wurden wir geboren. Du musst auch nicht alles en détail durchplanen.

Wichtig ist nur, dass du den ersten Schritt machst. Ich versichere dir: Wenn du nicht völlig verängstigt auf die Frauen zugehst, höflich bist, selbstbewusst lächelst, und die Mädels nicht gerade kurz vor dem Altar stehen, werden sie dich nicht abweisen. Sie werden vielleicht nicht sofort mit dir ins Bett gehen, aber sie werden dir eine Chance geben, sie kennenzulernen. Und das bedeutet: Du bist im Spiel!

Auch ich hatte eine wahnsinnige Angst davor, fremde Frauen anzusprechen. Ich habe Todesqualen gelitten und bin im Angstschweiß fast ertrunken, bis ich gelernt habe, wodurch diese Angst ausgelöst wird und wann sie wieder verschwindet: Wenn du erste Erfolge erzielst. Und das wirst du. Damit eliminierst du die Vorstellung, nicht gut genug zu sein, weggestoßen zu werden, dein Gesicht zu verlieren, zu versagen. Deine Angst, Frauen anzusprechen, ist also nichts, wofür du dich schämen müsstest.

HEMMUNGEN ABBAUEN

Dein Unterbewusstsein erkennt beim Ansprechen einer fremden Person keinen Unterschied zwischen einer normalen Frau, die zufällig neben dir an der Ampel steht, und einem superheißen Topmodel, von dem du gerne die Telefonnummer hättest. Es merkt sich nur zwei Dinge:

Du sprichst jemanden an.

Es folgt eine Reaktion.

Wenn du also zehnmal eine fremde Person auf der Straße freundlich nach der Uhrzeit fragst, wirst du zehnmal ein positives Erlebnis erfahren. Dein Unterbewusstsein merkt sich: Wenn ich auf fremde Menschen zugehe, passiert mir nichts. Im Gegenteil. Wenn ich freundlich bin, bekomme ich eine freundliche Resonanz.

Der Mensch ist ein Herdentier, das die Gesellschaft anderer sucht. Sobald du mit anderen Menschen in Kontakt trittst, die du auf irgendeine Weise anziehend, nett oder sympathisch findest, geht es dir automatisch besser. Du blühst regelrecht auf. Wenn ich auf dem Weg zu einer Party bin, rede ich mich immer erst mal warm. Ich unterhalte mich mit dem Taxifahrer, dem Türsteher, dem Barkeeper oder den Leuten, die neben mir an der Bar stehen. Ich bringe mich auf Temperatur. Wie beim Sport. Du gehst auch nicht raus und läufst direkt einen Marathon. Du wärmst dich auf, dehnst deine Muskeln und bereitest dich vor. Der Sänger einer Rockband geht nicht kalt auf die Bühne. Er hat sich vorher warm gesungen. Nichts anderes mache ich. Ich singe sogar laut unter der Dusche. Das ist eine supergute Übung, weil sie dir positive Energie gibt. Dreh die Musik auf, sing mit und tanz durch deine Bude. Bring dich in Stimmung!

Beginne in kleinen Schritten. Du kannst damit anfangen, in gewöhnlichen Alltagssituationen einfach ein wenig mehr zu sprechen, als du es vielleicht bisher getan hast. Wie oft stehst du an der Kasse im Supermarkt, an der Fußgängerampel oder sonst wo und hast diese Stimme im Kopf, die etwas zu dir sagt. Sprich es das nächste Mal einfach laut aus. Sag der Dame neben dir an der Bushaltestelle, dass sie ein zauberhaftes Kleid trägt, wenn dem so ist. Sie wird sich freuen. Und du wirst dich gut fühlen.

Stell dir vor, du bist in einem Klamottenladen, weil du eine neue Jeans brauchst. Sag der Verkäuferin, die dich berät: »Hi, ich habe heute Abend ein Date. Bitte suchen Sie mir die beste Hose der Welt aus. Sie wollen sich doch keine Vorwürfe machen, eine mögliche Ehe mit meiner Traumfrau verhindert zu haben.«

Sie wird lachen. Du wirst lachen. Um nichts anderes geht

es in dieser Übung. Ganz egal, mit wem du sprichst, lächle und verbreite gute Laune.

Wenn du diese Einstellung verinnerlicht hast, wirst du feststellen, dass die Menschen sogar von sich aus auf dich zukommen werden und dich ansprechen. Du ziehst sie an, weil gute Laune heutzutage schwer zu finden ist. Du fällst regelrecht auf, wenn du glücklich bist.

Unterhalte dich mit Arbeitskollegen, Kellnern, Taxifahrern, Postboten, Nachbarn. Wenn du nicht weißt, was du sagen sollst, versuche dich in ihre Lage zu versetzen und die Situationen mit ihren Augen zu sehen. Lächle die Arbeitskollegin aus der Buchhaltung schon auf dem Flur freundlich an und mach ihr ein witziges Kompliment, anstatt sie mit der immer gleichen Guten-Morgen-Floskel zu begrüßen: »Frau Müller, das erste Highlight des Tages. Da kommt man doch glatt gerne zur Arbeit.«

Den Kellner im Restaurant kannst du fragen, was er heute empfiehlt. Frag ihn nach seinem Namen, mach ein paar Scherze, stell eine Verbindung her, gib ihm ordentlich Trinkgeld und bedanke dich für seinen guten Service. Du wirst dich wundern, wie zuvorkommend du ab sofort von ihm behandelt wirst.

Mit dem Taxifahrer kannst du ganz einfach ein Gespräch beginnen, indem du nicht auf der Rückbank, sondern neben ihm auf dem Beifahrersitz Platz nimmst. Frag ihn, wie seine Schicht läuft, ob er schon gute Geschäfte gemacht hat und wie lange er noch fahren muss. Taxifahrer erleben eine Menge und sind froh, wenn sich jemand für sie interessiert. Sie haben oft lustige Geschichten zu erzählen, die du wiederum später für dich nutzen kannst, wenn sie vor dir steht. »Du glaubst ja nicht, was ich vorhin im Taxi erlebt habe …«

Deine Nachbarn kannst du nach ihrem Hund oder dem Enkelkind fragen oder wie sie es hinbekommen, dass ihre

Hecken immer so schön geschnitten sind. Wenn der Postbote klingelt, rede mit ihm über das Fußballspiel, das am Abend stattfindet, oder biete ihm, wenn es draußen stürmt, einen Espresso an, um sich kurz aufzuwärmen.

Die Beispiele, die ich gerade genannt habe, dienen vor allem dazu, dein Unterbewusstsein von der Angst zu befreien, auf fremde Menschen zuzugehen. Du siehst, es gibt unendlich viele Möglichkeiten, gute Laune zu verbreiten. Achte dabei nur darauf, dass es nicht aufgesetzt wirkt. Am besten klappt das, indem du aufrichtige Statements abgibst und nicht versuchst, bei deinem Gegenüber zu punkten. Rede mit den Menschen. Kommuniziere! Wenn du es gewohnt bist, mit Menschen aktiv in Kontakt zu treten, wird es dich auch keine Überwindung mehr kosten, deine Traumfrau anzusprechen, wenn sie vor dir steht. Warum? Weil du schon im Modus bist. Weil du an den Tagen zuvor schon mit zwanzig fremden Menschen gequatscht hast. Dann kommt jetzt eben deine Traumfrau dazu. Dein Unterbewusstsein wird sich nicht in die Hose machen, sondern sich sagen: »Was bitte soll an dieser Situation so besonders sein? Natürlich gehe ich zu ihr hin!« Genauso soll es sein.

Das viele Reden hat übrigens den wunderbaren Nebeneffekt, dass die negative Energie verschwindet. Sie entsteht durch deine natürliche Angst, auf fremde Menschen zuzugehen. Wenn die Mädels diese Angst wahrnehmen, und das werden sie, weil sie viel feinere Sensoren haben als wir Männer, werden sie dich in der Luft zerreißen. Jedenfalls wird es dir so vorkommen. Deswegen ist es so wichtig, dass du deine negative Energie loswirst. Das geht schnell, aber dafür musst du raus ins Leben und Praxiserfahrungen sammeln.

Vor Jahren, als ich noch ein Anfänger war, versuchte ich mal, eine Frau in einer Bar anzusprechen. Ich nahm all meinen Mut zusammen und ging auf sie zu, aber sie roch meine Angst schon hundert Meter gegen den Wind, hielt ihre Hand wie ein Stoppschild vor mich und sagte: »Kein Interesse!« Ich kam nicht mal dazu, meinen Mund zu öffnen. Was mich in der Situation komplett aus der Bahn warf, war nicht ihre Reaktion, sondern meine Angst. Denn sie wurde immer größer. Sie türmte sich auf wie ein riesengroßer Schneehaufen und wurde schwerer und schwerer, weil ich sie wie ein Bulldozer vor mir herschob. Das ist ein schönes Bild, um das Problem zu verdeutlichen: Du bist der Bulldozer und musst den Schnee (deine Angst) von der Straße räumen. Du setzt deine Schaufel an und fährst los. Wenn du den Schnee (deine Angst) immer nur vor dir herschiebst, türmt er sich so lange auf, bis er eines Tages über dir zusammenfällt. Du musst den Schnee (deine Angst) Stück für Stück zur Seite räumen, um die Straße frei zu bekommen.

Fazit: Mach deinen Mund auf, und schippe den Schnee weg. Rede mit anderen Männern und verbünde dich mit ihnen. Sie alle kennen diese Angst.

Hier ein guter Tipp, wenn du abends einen Kerl siehst, der mit zwei, drei Mädels unterwegs ist. Keine Sorge, er kann unmöglich mit allen drei Frauen gleichzeitig zusammen sein. Lass die Mädels erst mal außen vor, und sprich ihn direkt an: »Chef, kurze Frage. Du kommst mir so vor, als hättest du die Sache hier fest im Griff. Wird das heute noch voller hier?«

Das funktioniert übrigens auch, wenn du in eine Gruppe reingehst, die beispielsweise aus drei Männern und drei Frauen besteht, sie also theoretisch drei Pärchen sein könnten. Sprich immer den Anführer an!

Wie glaubst du wohl, wird er reagieren? Natürlich positiv. Du bist ja kein Eindringling, der ihm seine Position als Anführer streitig machen will. Du zollst ihm sogar Respekt, weil du ihm das Gefühl gibst, mehr zu wissen als du. Schau einfach, ob dir irgendwas an ihm auffällt, was einzigartig oder besonders ist. Gib ihm die Möglichkeit, vor seiner Gruppe zu glänzen.

Nächster Schritt: Frag den Anführer nach Tipps, wie man Frauen abschleppt. Kein Witz. Ich meine das genau so! Sag zu ihm: »Du scheinst ja echt was drauf zu haben. Kannst du mir einen Tipp geben? Wie quatsche ich denn mal eine an?«

Der Anführer ist garantiert auf alles vorbereitet, nur nicht darauf. Du gibst seinem Ego einen Megaboost. Er denkt sich: »Dieser Kerl fragt mich echt um Rat? Wie krass ist das denn?« Vor allem wird er sofort aufblühen. Er muss dir natürlich eine Antwort geben, um vor sich selbst die Illusion aufrechtzuerhalten, auf diesem Gebiet tatsächlich Ahnung zu haben. Er will deinen Eindruck von ihm bestätigen und fängt an, irgendwas über Frauen zu erzählen. Deine Aufgabe besteht nur darin, freundlich zu nicken und ihn auf deine Seite zu ziehen. Dann fragst du ganz nebenbei: »Und, mit wem bist du heute hier am Start?«

Er wird dich, wenn es sich vorher nicht schon von selbst ergeben hat, reihum seinen Kumpels, Arbeitskolleginnen oder Freundinnen vorstellen. Anhand seiner Körpersprache wirst du vorab schnell merken, ob er mit einer von ihnen zusammen ist oder nicht.

»Du, sag mal«, zwinkerst du ihm dann komplizenhaft zu. »Deine Arbeitskollegin hier, ist die schon vergeben?«

»Die Silvia? Nee, die ist frei wie der Wind.«

Schon bist du ein Teil der Gruppe und hast sogar den Support des Anführers.

Generell gilt: Wenn Männer mit Frauen in einen Club gehen, sind das in den seltensten Fällen auch wirklich deren Freundinnen. Wer trägt schon den eigenen Sand ans Meer?

Ob sie ein Paar sind oder nicht, erkennst du ganz leicht daran, wie viel Abstand sie zueinander halten. Wenn sie sich berühren und viel Körperkontakt haben, sind sie zusammen; wenn nicht, lernen sie sich gerade erst kennen oder sind nur beste Freunde, Arbeitskollegen etc. Wenn du ein Mädel heiß findest, dir aber nicht sicher bist, ob sie mit dem Typen zusammen ist, der neben ihr steht, verrate ich dir jetzt eine kleine, aber feine Gemeinheit. Geh auf die beiden zu und lächle: »Hey, ich muss euch jetzt echt mal was sagen.«

Er wird antworten: »Ja, was denn?«

Schau vor allem sie an, und sage: »Ihr zwei seht wirklich unglaublich gut zusammen aus. Ihr gebt ein prima Paar ab!«

Wenn sie ein Paar sind, wird wieder er derjenige sein, der antwortet, um dich so schnell wie möglich loszuwerden. Wünsche ihnen noch einen schönen Abend, und gehe zurück zu deinen Leuten. Wenn sie aber nicht zusammen sind, wird die Frau zuerst reagieren und etwas sagen wie: »Nein, nein, wir sind gar nicht zusammen.« Frauen korrigieren solche falschen Annahmen gerne sofort – obwohl es eigentlich keinen Grund dafür gibt, die Situation einem Fremden gegenüber aufzuklären.

Dadurch, dass sie vor dem anderen Kerl zugibt, nicht mit ihm zusammen zu sein, eliminierst du sein Recht, sie zu verteidigen.

»Ach so«, sagst du dann in Richtung des Typen. »Wenn ihr also kein Pärchen seid, ist es dann okay für dich, wenn ich mal kurz mit ihr rede?«

Darauf kann er nichts mehr sagen. Du hast ihn vor den Augen seiner Begleitung aus dem Spiel genommen. Er kann sich ja nicht vor ihr blamieren und dir verbieten, mit ihr zu reden.

Kommen wir zurück zur Überwindung der Schüchternheit. Hier ein ganz konkretes Beispiel:

Geh zu ihr, sprich sie höflich an: »Hey, ich mach so was normalerweise nicht so oft, aber dich würde ich gerne kennenlernen. Ich bin der Michel.«

Hand hinstrecken.

Fertig.

Wenn Frauen angesprochen werden, sind sie es in der Regel gewohnt, irgendwelche seichten Baggersprüche zu hören, die ihnen schon zum Hals heraushängen. Bei dir werden sie positiv reagieren, weil du in erster Linie ehrlich warst. Damit machst du ihr ein unfassbar schönes Kompliment, weil du offen und direkt zugibst, dass sie für dich etwas Besonderes ist. Gleichzeitig gibst du eine kleine Schwäche zu, die signalisiert: »Hey, ich bin kein Aufreißertyp, aber dich möchte ich gerne kennenlernen.« Du warst ehrlich, und Ehrlichkeit ist ein Attribut von Selbstbewusstsein. Du verstellst dich nicht, versuchst nicht bei ihr zu wirken, sondern sagst einfach frei heraus, was du denkst. Damit hast du sofort einen sympathischen Gesprächsaufhänger. Ganz oft reagieren Frauen so: »Echt? Kann ich gar nicht glauben, dass du schüchtern bist.«

Dann könntest du zum Beispiel antworten: »Nee, war auch nur Spaß.«

Schon hast du einen ersten Lacher, und das Gespräch beginnt.

Sie um Rat zu fragen ist ein schönes Spiel, das ich gerne anwende, wenn ich mit einer kleinen Gruppe in einen Club komme. Wenn meine Jungs, Klienten oder Seminarteilnehmer, eine Frau sehen, die ihnen gefällt, besteht ihre Aufgabe darin, zu ihr hinzugehen und sich Ratschläge von Frauen geben zu lassen: »Du, ich muss dich mal was fragen... (kurze Pause)... Puh, ich geb's zu: Ich bin total schüchtern.« Wenn du es schaffst, dabei zu lächeln und entspannt zu wirken, also das Gegenteil von schüchtern bist, fangen die Mädels direkt zu grinsen an, weil sie dir natürlich nicht abnehmen, dass du wirklich schüchtern bist. Dann sagst du: »Also, wenn ich jetzt eine Frau sehe, die mir richtig gut gefällt, ich meine so wirklich, was sag ich denn am besten zu der? Kannst du mir vielleicht einen Tipp geben?« Keine Angst, sie lachen dich nicht aus, sie fangen an mit dir zu reden. Eine der häufigsten Antworten lautet nämlich: »Eigentlich genau das, was du gerade gesagt hast.« Wenn mehrere Frauen zusammenstehen, was meistens der Fall ist, fangen sie oft sogar an, von ihren eigenen Erlebnissen zu erzählen – und du stehst plötzlich mittendrin!

Der Lerneffekt ist unschlagbar: Du überwindest deine Angst, sagst etwas, ohne Ziel, ohne Druck, und als Belohnung bekommst du ein freundliches Gespräch, ein erstes Erfolgserlebnis! Am Anfang geht es nicht darum, sofort eine Nummer zu bekommen oder sie nach Hause ins Bett zu kriegen, sondern darum, die Angst abzulegen. Dein Unterbewusstsein lernt dadurch, dass du auf einen fremden Menschen zugehen kannst und er nicht negativ, böse oder gemein reagiert. Das ist superwichtig, weil das Unterbewusstsein dich immer wieder vor allem Unbekannten schützen will.

Wenn du das ein paarmal geübt und die ersten Erfolgserlebnisse gehabt hast, kannst du förmlich dabei zusehen, wie deine Hemmungen verschwinden. Wie in der berühmten Filmszene in *Forrest Gump*, als der kleine Junge langsam zu rennen beginnt, schneller und schneller wird, und nach einigen Metern seine klapprigen Beinschienen zur Seite wegbrechen und er endgültig geheilt ist. Genau dieser Effekt wird auch bei dir eintreten. Du merkst, dass dir nichts passiert, wenn du den ersten Schritt machst. Plötzlich beginnen deine Augen zu leuchten, eine Euphorie umhüllt dich, von der du nicht einmal wusstest, dass es sie gibt, deine Körperhaltung ändert sich, du fängst an zu strahlen und machst den Rest dann ganz von selbst. An einem einzigen Abend reden meine Teilnehmer oft mit mehr Frauen als in ihrem ganzen vorherigen Leben und können es gar nicht fassen, was ihnen all die Jahre zuvor entgangen ist. Sie laufen auf einmal mit einer Euphorie durch den Raum, die wie ein Magnet wirkt. Euphorie ist ansteckend. Das ist die Basis. Und es funktioniert.

KEEP IT SIMPLE

Dazu fällt mir eine wunderbare Situation ein, die ich im Sommer mit einem Klienten aus München erlebt habe. Mario war vierunddreißig, ein halber Spanier und sah gar nicht schlecht aus.

Er sagte mir, dass er trotzdem noch nie ein fremdes Mädchen angesprochen habe und dass er sich auch nicht vorstellen könne, das jemals zu schaffen. In seiner Vorstellung war das völlig abwegig, wie etwa die Besteigung des Mount Everest oder ein Flug zum Mond. Ich schmunzelte nur und ging abends mit ihm in eine Bar. Es war angenehm warm, und die Menschen hatten gute Laune. Das perfekte Ambiente, um Mädels kennenzulernen. Wie es der Zufall so wollte, bekam ich mit, wie sich zwei Studentinnen am gegenüberliegenden Tisch auf Spanisch unterhielten. Mario war so nervös, dass ihm das nicht auffiel, obwohl sie direkt hinter ihm saßen.

»Sag irgendwas auf Spanisch zu mir«, meinte ich zu ihm, »und zwar so laut, dass die beiden Chicas hinter dir das hören können.«

»Was denn?«, fragte er.

»Völlig egal«, sagte ich. »Von mir aus den Wetterbericht. Hauptsache sie erkennen ihre Muttersprache.«

Was geschah? Die Mädels drehten sich überrascht in unsere Richtung und strahlten übers ganze Gesicht. Man muss kein Hexenmeister sein, um voraussagen zu können, dass zwei junge Spanierinnen, die kaum Deutsch sprechen, positiv reagieren, wenn sie in einer fremden Stadt auf einen Landsmann treffen. Ich lächelte zurück, gab ihnen sofort die Hand, packte Mario unauffällig am Rücken und schob ihn an ihren Tisch. Nach nicht einmal fünf Minuten in der Bar hatten wir bereits zwei Spanierinnen am Start. Ich täuschte ein Telefonat vor, zwinkerte ihm zu und ließ ihn mit den beiden alleine. Das war sein Moment, und den sollte er voll und ganz auskosten. Ich setzte mich etwas abseits an den Tresen und beobachtete sie. Die drei lachten zusammen, alberten herum und amüsierten sich. Diese Verwandlung zu sehen, vom schüchternen Kerl zu einem offenen, fröhlichen Strahlemann, ist jedes Mal ein kleines Wunder. Nach einer Stunde mussten die Mädels los, und Mario kam mit zwei Handynummern zu mir. In diesem Augenblick war er der glücklichste Mensch der Welt. Er umarmte mich und sagte: »Ich musste vierunddreißig Jahre alt werden, bis ich so etwas erleben durfte. Danke. Danke. Danke.«

Der Junge hatte plötzlich so eine Lebensfreude in seinen Augen, dass er fast an die Decke gesprungen wäre. »Die beiden liebten mich«, grinste er stolz.

»Und, ist dir was Schlimmes passiert?«, fragte ich.

Er schüttelte den Kopf. Im Prinzip musste ich gar nicht viel tun, außer uns in ihren Radar zu bringen. Den Rest hat die Natur für uns erledigt. Als Mario merkte, dass er ein Erfolgserlebnis hatte und sie ihn nicht wegschickten, setzte die Euphorie ein, und seine Angst vor Abweisung verschwand aus seinem Bewusstsein. Darum geht es!

Als die beiden Spanierinnen die Bar verlassen hatten, legte ich meine Hand auf seine Schulter und sagte: »Siehst du die drei Mädels da drüben?«

Er nickte.

»Da gehst du jetzt hin! Die gucken ohnehin schon die ganze Zeit her.«

Das stimmte zwar nicht, aber egal.

»Und was soll ich sagen?«, fragte er.

»Frag sie einfach, ob sie auch Spanierinnen sind, und zwar auf Spanisch.«

»Echt, das soll ich sagen?«

»Genau das. Nicht mehr und nicht weniger.«

»Aber die sehen gar nicht spanisch aus.«

Das stimmte sogar. Sie waren allesamt strohblond. Wäre das ein Rollenspiel, hätte ich sie in die Kategorie heiße schwedische Krankenschwestern geschoben.

»Genau deshalb«, sagte ich. »Das ist noch viel lustiger, weil das garantiert noch keiner bei ihnen gebracht hat.«

Ich wollte ihn weiter in seiner Person stärken, und das ging am schnellsten, indem ich ihn seinen spanischen Joker ausspielen ließ. Kein Verstellen, kein Überlegen. Er sollte sich sofort sicher fühlen. Mario trank seinen Wodka Bull aus, ging, ohne darüber nachzudenken, zu ihnen rüber und redete sie in seiner Muttersprache an. Er sagte etwas wie: »Wow, wirklich toll, so viele Landsleute hier in München zu treffen. Ich wette, ihr seid aus Madrid.«

Volltreffer! Eine der Frauen verstand, was er gesagt hatte, und versuchte ebenfalls auf Spanisch zu antworten. Natürlich brach sie sich einen ab, was ihre Freundinnen ziemlich witzig fanden. Das gab meinem Spanier wiederum neue Sicherheit, und so konnte er sich recht schnell in der Gruppe etablieren. Nach ein paar Minuten kam ich dazu und sprach einfach Deutsch mit ihm. Ich wusste, dass das eine besondere Wirkung auf die Frauen haben würde. Sie fingen an zu lachen und wollten wissen, warum er auf Spanisch mit ihnen gesprochen habe, wenn er doch so gut Deutsch könne. Mario war wie ausgewechselt und meinte nur: »Drei hübsche blonde Ladys, wenn das nicht typisch spanisch ist, was dann?« Die Mädels kringelten sich vor Lachen, und zack, war das Eis endgültig gebrochen. An diesem Abend ging er mit vier Telefonnummern nach Hause. Später nahm er mich zur Seite und meinte, dass er noch nie so viel Lebensfreude empfunden habe wie in diesen wenigen Stunden. Das sind die magischen Momente, von denen ich immer spreche, die das Leben so wunderbar machen.

WIE MAN EIN GESPRÄCH BEGINNT

Die meisten Männer treten mit dem Grundgedanken an eine Frau heran, sie von sich überzeugen zu wollen. Sie versuchen entweder zu beeindrucken oder sich selbst anzupreisen und ein künstliches Image von sich zu kreieren. Das funktioniert nicht. Wenn du Frauen ansprechen willst, solltest du entweder Bezug auf die Situation oder die Person nehmen oder beides miteinander verknüpfen. Das ist einfacher, individueller und damit viel effektiver.

Ich will es anhand eines Beispiels erklären. Ich war in einer Bar und bemerkte eine Frau, die mir gefiel. Es war ein Donnerstagabend und der Laden brechend voll. Wir standen in einem Gang. Es herrschte Gedränge, keine gemütliche Atmosphäre. Ständig wurde man von vorne oder hinten angerempelt. Ich ging ziemlich dicht an ihr vorbei. Kein Blickkontakt. Als ich schon fast vorbei war, blieb ich für einen kurzen Moment stehen und sprach in ihre Richtung. »Also, eigentlich ist es viel zu voll hier«, sagte ich in einer Lautstärke, dass sie mich auf jeden Fall hören würde. In dem Augenblick suchte ich gezielt ihren Blick und ließ meine Aussage bewusst für zwei, drei Sekunden im Raum stehen. Ich warf einen harmlosen Köder aus, um zu sehen, was passiert. Ihr blieben zwei Möglichkeiten:

1. Auf mich reagieren, mich anlächeln, etwas antworten.

2. So tun, als habe sie mich nicht gehört, mich ignorieren, sich wegdrehen, weggucken.

So oder so, ich wäre in keine peinliche Lage gekommen, weil ich ja nur etwas laut ausgesprochen hatte, was ohnehin jeder dachte. Und siehe da, das Mädchen biss an, lächelte zurück, beugte sich zu mir und sagte: »Ja, das ist echt unglaublich hier.«

Schon hatten wir eine erste kleine Verbindung aufgebaut.

Aus ihrer Perspektive war ich nur ein Typ, der »zufällig« an ihr vorbeilief und etwas sagte. Sie fühlte sich in dem Moment nicht angebaggert, im Gegenteil, sie fühlte sich wohl, weil ich ihren eigenen Gedanken laut ausgesprochen hatte. Schon ergab sich eine gemeinsame Ebene.

Auf in die nächste Runde.

»Stell dir mal vor«, sagte ich zu ihr, »hier bricht jetzt ein Feuer aus. Was machen wir denn dann?«

»Hmm, weiß ich auch nicht«, antwortete sie und schaute durch den Raum. »Wir könnten uns ja schon mal einen Fluchtweg suchen.«

Ich war im Spiel. Nach nicht einmal einer Minute hatten wir schon den ersten Wir-gegen-den-Rest-der-Welt-Moment, ein typisches Indiz dafür, dass sie grundsätzlich Interesse hatte. Wäre sie genervt von mir gewesen, hätte sie niemals das Wörtchen WIR verwendet.

Ich hatte nun alle Zeit der Welt, mir etwas Lustiges zu überlegen, um unsere frische Verbundenheit weiterzuspinnen. Ich nahm mein iPhone aus der Hosentasche und sagte: »Was für ein Zufall. Heute Morgen habe ich mir erst diese neue App heruntergeladen. Damit kannst du Hubschrauber bestellen. Für Notfälle. Aber ich weiß ja nicht, ob du schwindelfrei bist. Keine Angst, ich würde dich schon festhalten, als Retter in der Not.«

Ich sah sie an und lächelte. Sie griff mit beiden Händen nach meinem Arm, als würde sie sich daran festhalten und drückte ihn fest. So alberten wir noch ein bisschen herum. Der Rest lief wie von selbst. Ich sagte, ich müsse weiter zu meinen Jungs, die schon auf mich warteten, dass wir uns aber dringend zum Hubschrauberfliegen verabreden sollten. Und da ich während des Gesprächs ohnehin mein iPhone in der Hand hielt, musste ich es ihr nur geben. Sie tippte ihre Nummer ein, ich speicherte sie unter »Lebens- retterin«, zeigte es ihr, bekam einen weiteren Lacher und einen Kuss auf die Wange geschenkt. Der perfekte Abgang.

Wenn du also eine Frau entdeckst, analysiere die Situa- tion:

Was passiert gerade?

Wo befindet ihr euch?

Was oder wer fällt auf?

Was ist ungewöhnlich?

Was macht die Situation gerade aus?

Du kannst jede Information für dich verwenden. Sei ein- fach ein aufmerksamer Beobachter.

DIE SITUATIVE GESPRÄCHSERÖFFNUNG

Der Vorteil der situativen Gesprächseröffnung liegt auf der Hand: Es wirkt spontan, nicht auswendig gelernt oder von langer Hand geplant. Vor allem bist du ehrlich. Stell dir vor, du stehst im Supermarkt, siehst ein Mädel vor dem Kühl- regal und sagst: »Sorry, ich brauche kurz deine Hilfe. Ich koche heute ein orientalisches Milch-Curry-Hähnchen und habe gerade erfahren, dass einer meiner Gäste ungefähr eine Million Allergien hat. Ich suche laktosefreie Milch. Ich habe keine Ahnung, was das ist. Aber du siehst so aus, als würdest du dich auf dem Gebiet ganz gut auskennen. Kannst du mir einen Tipp geben?«

Dein Ziel ist, sie auf dich aufmerksam zu machen, ohne sie zu offensichtlich anzugraben. Durch deine Frage, die sich aus dem Moment heraus ergeben hat, wird sie mit großer Wahrscheinlichkeit Auskunft geben, so gut sie kann. Der erste Schritt ist getan. Lass dich von der Situation inspirieren. Wenn sie offen reagiert, spinne das Gespräch weiter, unterhalte dich ein wenig mit ihr. Nach etwas Small Talk, während sie dir beispielsweise noch etwas erklärt, unterbrich sie, und mach ihr ein Kompliment: »Wow, da möchte man nur kurz um Rat fragen und trifft plötzlich jemand so sympathischen. Wie heißt du?«

Sie wird überrascht lächeln, und genau in diesem Augenblick streckst du ihr deine Hand hin und stellst dich vor. Sie wird dir die Hand geben und sich ebenfalls vorstellen.

Frag sie dann zum Beispiel, wen sie heute bekocht, oder unterstelle ihr nach einem Blick auf ihren spärlich gefüllten Einkaufswagen »Single oder Hardcore-Diät«. Durch solche individuellen Bemerkungen bringst du das Gespräch auf eine persönliche Ebene. Es geht jetzt nicht mehr um laktosefreie Milch, sondern um EUCH. So fällt es dir am Ende des Gesprächs leichter, ihr ein Wiedersehen vorzuschlagen.

Der große Vorteil, Frauen tagsüber anzusprechen, auf der Straße, im Café, in der U-Bahn oder eben im Supermarkt, besteht darin, dass sie nicht damit rechnen, angesprochen zu werden. Wenn du Menschen etwas gibst oder zeigst, was sie nicht kennen, reagieren sie erst einmal jungfräulich, weil sie keinen Erfahrungswert haben.

Alles passiert situativ, also aus der Situation heraus. Du sprichst einfach laut aus, was du siehst. Du kommentierst deine Umgebung. The Notorious B.I.G, einer der bekanntesten Rapper aller Zeiten, wurde nach dem Geheimnis seines Erfolges gefragt, und er antwortete: »Ich rappe über das, was ich sehe. Wenn ich morgens bei Frank einen Espresso trinke, dann erzähle ich genau das.«

Das Geheimnis ist Authentizität. Sei du selbst, und vor allem: Hab keine Angst. Frauen reagieren auf diese Form der Gesprächseröffnung viel freundlicher, sind wesentlich offener und fühlen sich nicht gleich bedroht, als wenn du gleich mit der Tür ins Haus fallen würdest. Du darfst nicht vergessen, dass Frauen auch eine gute Geschichte brauchen, die sie später ihren Freundinnen erzählen können. Ich habe mir unter dieser Prämisse unzählige Hollywoodfilme angeguckt, um herauszufinden, wie sich Liebespaare im romantischen Optimalfall kennenlernen. Fast immer läuft es nach dem gleichen Schema ab, dem Zufall.

Rendezvous mit Joe Black: Ein zufälliges Treffen mit Brad Pitt im Coffeeshop, bevor Claire Forlani zur Arbeit muss.

Pretty Woman: Ganz zufällig würgt Richard Gere seinen geliehenen Sportwagen direkt vor Julia Roberts auf der Straße ab und kommt so mit ihr ins Gespräch.

Titanic: Kate Winslet will von Bord springen, Leonardo di Caprio kommt zufällig vorbei und will sie retten.

Auf die richtige Geschichte kommt es an, auf die »Zufälle«, die magischen Momente, die scheinbar einfach so passieren. Dein Anliegen darf nie zu offensichtlich sein, es sollte stets etwas vage bleiben. Ich habe jahrelang Pärchen während ihrer Kennenlernphase beobachtet, wobei mir eine Sache immer wieder aufgefallen ist. Wenn sich die Frau nicht hundertprozentig sicher ist, ob der Mann sie wirklich will, kommen sie später fast immer zusammen. Wenn sie aber schon sehr früh weiß, dass er total in sie verliebt ist, liegt die Chance, dass sie sich am Ende tatsächlich für ihn entscheidet, bei fünfzig Prozent oder weniger. Entweder er ist dann eben ein Typ, den sie scharf findet oder nicht, aber es liegt dann nicht mehr in seiner Macht. Diese Macht hast du in deinen Händen. Wenn du beim ersten Aufeinandertreffen ganz normal mit ihr redest, ohne sie offensichtlich anzubaggern und vor allem ohne ein konkretes Ergebnis erzielen zu wollen (Telefonnummer, Date, Sex), wird sie innerlich aufatmen und sich denken: »Endlich mal ein normaler Typ.« Schon achtet sie nicht mehr so auf ihr Schutzschild und öffnet sich. Die situative Gesprächseröffnung ist also nichts anderes als ein Trojanisches Pferd, das dir hilft, ihr Vertrauen zu gewinnen.

DIE TÄNZERIN

Ich stand mit einem Klienten auf der Terrasse des P1. Es war angenehm, nicht zu voll, nicht zu laut. Man konnte sich gut unterhalten. Zwei Meter neben mir tippte eine Tänzerin nervös in ihr Handy. Sie fiel mir nur deshalb auf, weil sie aufwendigen Haarschmuck trug, dazu eine blaue Trainingsjacke und dicke Pelzschuhe. Es passte alles nicht zusammen. Sie stach heraus. Ohne lange nachzudenken, sprach ich sie absichtlich leise an. Sie sah, dass ich etwas zu ihr sagte, verstand mich aber nicht, weswegen sie automatisch einen Schritt auf mich zukam. Eine nette Methode, die vor allem abends unglaublich gut funktioniert. So kannst du nur durch deine Körpersprache, Mimik, Hand- und Lippenbewegungen ein Mädel anflirten, das zum Beispiel am anderen Ende der Bar steht. Dazu später mehr. Jedenfalls stand sie plötzlich direkt vor mir.

»Was hast du gesagt?«, fragte sie.

»Ich habe gesagt: Seit wann habt ihr denn im P1 Tänzer?«

Mein erster Satz war situativ, nicht aufdringlich und – ganz wichtig, mich hat die Frage in dem Moment wirklich interessiert.

»Keine Ahnung«, antwortete sie leicht arrogant. »Bin zum ersten Mal hier. Aber soviel ich weiß, ist das was Einmaliges heute.«

Ich lächelte und versetzte ihr direkt einen kleinen charmanten Dämpfer, ohne aber zu gemein zu werden: »Und, macht's Spaß?«

Sie grinste mich an und wollte gerade antworten, als ich spontan noch einen halben Gang höher schaltete: »Oder warum stehst du hier draußen so gelangweilt herum?«

»Ach, ich hab Pause. Die anderen Mädchen tanzen gerade. Muss erst wieder in einer Stunde auf die Bühne.«

»Deswegen stehst du hier ganz alleine? Verstehst du dich nicht mit deinen Kolleginnen? Hassen die dich? Bist du eine Geächtete?«

»Nee, nee«, begann sie zu lachen. »Bin heute zum ersten Mal mit dieser Gruppe unterwegs. Hab gerade erst wieder mit dem Tanzen begonnen. Und persönlicher Stress, um den ich mich kümmern muss. Ätzend.«

Sie wedelte mit ihrem Handy herum und zog genervt ihre Mundwinkel hoch. Normalerweise ein deutliches Signal, um den Rückzug anzutreten. Sie wollte alleine sein, nachdenken und sich um ihre privaten Angelegenheiten kümmern. Eigentlich wäre das Spiel jetzt vorbei gewesen, aber ich wandte eine Technik an, die ich Extreme Cold Reading nenne. Du sagst etwas mit der Absicht, dass es bei deinem Gegenüber zutrifft. Wahrsager machen ja nichts anderes. Ich begann zu kombinieren. Ihre Mimik zeigte mir, dass sie innerlich aufgelöst war, sehr durcheinander, ein bisschen traurig. Dazu rauchte sie auffällig viel. Ihre Bemerkung »Hab gerade erst wieder mit dem Tanzen angefangen« deutete ich als »Bin gerade verlassen worden«. Also lächelte ich sie an und sagte: »Frischer Single, hmm?«

Sie nickte. »Erwischt!«

»Ist natürlich die beste Therapie«, sagte ich. »Kannst da oben tanzen und dich von zwanzig Jungs angaffen lassen, die alle mit dir ins Bett wollen. Balsam für deine Seele, was?«

»Nein, nein«, verteidigte sie sich auf der Stelle. »Ich mache das nur wegen der Kohle. Und wenn ich da oben stehe, sehe ich eh keinen aus dem Publikum. Wieso glaubt mir das nie einer, wenn ich das sage?«

Da ich vorher schon einige Tänzerinnen kennengelernt hatte, wusste ich, dass diese Mädels privat oft ziemlich konservativ sind. Spießig bis zum Umfallen. Man mag es kaum glauben, aber es ist wirklich so. Und vor allem sind sie stocktreu. Tänzerinnen haben es schwer, einen Partner zu finden, weil die meisten Männer nicht damit umgehen können, dass ihre Freundin an den Wochenenden halbnackt durch die Clubs zieht. Ihr Ego hält das nicht aus. Deswegen klammern die sich an jeden, der sie nicht sofort wieder verlässt. Genau diese Karte spielte ich aus.

»Ja, ich kann mir das schon vorstellen«, fing ich an zu erzählen. »Alle haben Angst vor eurem guten Aussehen und verurteilen euch dafür, dass ihr Tänzerinnen seid, dabei seid ihr doch nur ganz normale Mädchen.«

Sie schaute mich mit großen Augen an, als hätte ich gerade das Geheimnis des Universums gelüftet. »Ja, genau. Das stimmt. Endlich mal einer, der das checkt.«

»Wie heißt du überhaupt?«

»Hi, ich bin Silke.«

»Freut mich, Silke. Ich bin der Michel. Ist das immer noch so, dass es zweihundert Euro gibt für viermal zwanzig Minuten?«

»Nee, schon lange nicht mehr«, schüttelte sie den Kopf. »Ist schon ein bisschen weniger geworden.«

»Echt? Das lohnt sich doch kaum.«

»Das passt schon. Ich habe zwei Auftritte pro Nacht, Freitag und Samstag. Auf den Monat gerechnet lohnt sich das.«

»Ich hoffe für dich, dass du noch einen normalen Job hast, sonst wird's schon knapp mit dem Geld.«

»Hab ich«, grinste sie. »Das Tanzen ist nur ein Hobby.«

»Jetzt bleibt die spannende Frage, was die Tänzerin wohl tagsüber macht. Ich vermute, sie ist im wahren Leben etwas ganz Langweiliges und Erzkonservatives.« Ich musterte sie von oben bis unten. »Du kommst mir vor wie eine brave Kindergärtnerin.«

Wenn du in einer ähnlichen Situation bist, ist es wichtig, niemals zu fragen, sondern immer eine Aussage zu treffen. Unterstell ihr einfach irgendetwas, womit sie nicht rechnet. Du wirst immer einen Lacher ernten. »Du kommst mir vor wie eine brave Kindergärtnerin.« Diese Aussage war schon gewagt, weil sie so absurd erschien. Vor allem war es in Anbetracht der Situation wahnsinnig lustig. Ich konnte nur gewinnen. Warum? Wäre sie doch nicht so konservativ gewesen, wie ich vermutete, hätte sie es klargestellt (und sich totgelacht). Falls doch, hätte sie mich nur noch mehr gemocht, weil sie so etwas garantiert noch nie von einem Typen gehört hatte. Ich hatte sie längst für mich gewonnen. Auf Bayrisch sagt man dazu: »A gmade Wiesn.«

Wir machten noch ein bisschen Spaß miteinander, dann sagte ich: »Falls ich gleich noch da sein sollte, zieh ich mir mal rein, ob du das überhaupt kannst. Wann bist du noch mal dran?«

»In fünfzig Minuten.«

»Oh, nö. So alt werde ich heute nicht. Ist ja eh kein Mensch da heute.«

»Okay, schade.«

Falls es zuerst eventuell danach aussah, als könnte etwas zwischen uns laufen, ließ ich sie direkt wieder vom Haken. Jeder normale Typ hätte versucht, seine Eroberung bis zum Schluss zu beschützen. Ich nicht. Damit zeigte ich ihr, dass sie mich mit ihrem Traumkörper nicht beeindrucken konnte, was wiederum mein Level an Attraktivität bei ihr erhöhte. Wenn sie vielleicht dachte, dass ich sie interessant fand, war sie jetzt wieder verwirrt. Perfekt.

Nachdem ich ihr gesagt hatte, dass ich ihre Show wahrscheinlich nicht mehr sehen würde, ließ ich es darauf ankommen. Volles Risiko.

»Kann sein, dass du mir vorher noch deine Handynummer geben musst, weil … sonst bin ich dann weg.«

Sie grinste und sagte: »Na, du bist aber schon sehr direkt.«

»Ja klar, was denn sonst?«

»Cool, das gefällt mir.«

»Also bis gleich … vielleicht.«

Wir verabschiedeten uns, und ich ging zurück in den Club, um einigen Freunden Hallo zu sagen. Nach einer halben Stunde kam ich mit einem Drink in der Hand wieder raus und musste grinsen. Die Tänzerin stand immer noch am gleichen Fleck und hämmerte wild auf ihr Handy ein. Die perfekte Vorlage.

»Ich glaube, ich überleg mir doch noch mal, mit dir Nummern zu tauschen«, lachte ich. »Nicht, dass du mir dann auch jede Nacht einen halben Roman schreibst.«

»Ähh, ja, das ist gerade wirklich wichtig. O Mann, das glaubst du gar nicht.«

»Stalkt dich wieder ein verrückter Fan? Schuldet dir noch jemand Geld? Muss ich jemanden für dich verprügeln?«

»Hmm, lass uns nicht darüber reden, okay? Aber es geht schon in die Richtung.«

»Trink mal einen Schluck, dann geht's dir besser.«

Sie nippte an meinem Drink und gab ihn mir zurück. Da ich los wollte, sagte ich: »Silke, ich muss jetzt gehen. Rück mal schnell deine Nummer raus!«

»Was? Ich kann dir doch nicht so einfach meine Nummer geben.«

»Und wie du das kannst.«

Sie konnte ihr Lachen jetzt nicht mehr unterdrücken.

»Du gefällst mir. Deine Art ist echt cool.«

»Ich weiß, sag an!«

Sie gab mir ihre Nummer, und ich speicherte sie ein.

Du kannst ihr auch dein iPhone geben und sie die Nummer selbst eintippen lassen.

Wir verabschiedeten uns. Küsschen links, Küsschen rechts.

»Aber bitte«, rief ich ihr beim Weggehen noch zu. »Keine tausend Nachrichten mitten in der Nacht. Da schlafe ich nämlich gerne. Ich sehe nicht umsonst so gut aus.«

Sie lachte über meinen Witz und winkte mir zu. Ich winkte zurück. Noch in der gleichen Nacht schrieb sie mir eine SMS. Drei Tage später trafen wir uns wieder.

Du siehst also: Es ist alles eine Frage der Einstellung. Ist es für dich denkbar, dass diese Traumfrau mit dir ins Bett geht, dann ist es auch machbar. Denkbar = machbar.

FRAUEN SIND NIE AKTIV AUF DER JAGD

Trotzdem solltest du wissen, dass Frauen, wenn sie abends ausgehen, ihre Schutzschilde aktiviert haben, weil sie es gewohnt sind, in Bars oder Clubs angebaggert zu werden. Frag sie, warum sie ausgehen, und sie werden dir alle die gleiche Antwort geben: »Um mit meinen Mädels zu tanzen, ein paar Sekt zu trinken und Spaß zu haben.« Sie gehen nicht in Clubs, jedenfalls nicht vorrangig, um Jungs aufzureißen. Natürlich sind sie aufgeschlossen, wenn sich etwas ergibt, aber in erster Linie wollen sie Zeit mit ihren Leuten verbringen. Frauen sind selten aktiv auf der Jagd. Sie möchten, wenn überhaupt, sanft erlegt werden. Nutze dieses Wissen für dich. Drehe, wenn es sein muss, den Spieß einfach um, und sag zu ihr: »Verrückte Welt. Mir haben heute Abend schon zwei Mädels an den Arsch gefasst. Das ist doch echt das Letzte.« Du kannst dich auch über andere Männer aufregen, die sinnlos durch die Gegend baggern, und sagen: »Bin ich etwa der einzige Typ in diesem Laden, der nicht auf der Suche ist? Da hat mir gerade einer dreisterweise an den Hintern gefasst.«

Weil so gut wie jede Frau schon mal Erfahrungen dieser Art gemacht hat, oder mit Sicherheit jemanden kennt, dem es so ergangen ist, wirst du höchstwahrscheinlich ziemlich gut mit ihr ins Gespräch kommen.

Schon stehst du auf ihrer Seite.

Sie: »Ja, so was ist mir hier neulich auch passiert. Ich finde das so eklig und asozial.«

Du: »Die Welt ist voller törichter Leute. Wir sollten uns verbünden gegen aggressive Grapscher!«

Dann verbündet ihr euch mit einem Handschlag (High five). Wenn du gut drauf bist, legst du noch einen nach und sagst augenzwinkernd: »Als ob man sich vor dem Sex nicht noch kurz unterhalten könnte.«

Diese Art von Humor, eine Mischung aus Ironie und Selbstbewusstsein, verfehlt seine Wirkung nie.

AN DER BAR

Du schiebst dich ganz leicht in die Mitte der Gruppe und bittest sie höflich, dir und deinem Kumpel zwei Tequila zu bestellen, damit du nicht ewig selbst anstehen musst. Das funktioniert fast immer. Dein Vorteil: Die Mädels sitzen bereits an der Bar und können so schneller eine Bestellung loswerden. Auf die Art kann man beispielsweise schnell ein »Trinkt ihr noch kurz einen mit«-Gespräch beginnen. (Immerhin tun sie dir einen Gefallen, wenn sie deine Bestellung für dich aufgeben.) Wichtig ist dann, das Gespräch aufrecht zu erhalten, bis die Bestellung kommt. Frag sie, wie viele sie schon haben, oder ob sie noch einen Kurzen schaffen. Sobald die Getränke kommen, kannst du mit ihnen anstoßen und das Gespräch locker fortsetzen.

Stell dich so bald wie möglich vor, und lass dir auch ihre Namen sagen. Namen solltest du dir im Übrigen generell gut merken können. Das können die wenigsten, und du machst jedem Menschen ein sehr großes Kompliment, wenn du seinen Namen behalten und richtig aussprechen kannst.

Gib der Barkeeperin nach Möglichkeit ordentlich Trinkgeld, sie wird es dir mit bevorzugter Behandlung ab sofort danken, und außerdem sehen die Mädchen, die du angesprochen hast, dass du kein Geizhals bist und die vermeintlich »kleinen« Leute respektierst. Wenn dann alle mit ihren Drinks neben dir stehen, sagst du in die Runde: »Hey, eure Chefin hat mir gerade das Leben gerettet. Darauf wird jetzt angestoßen.«

Letztens stand ein Mädel ganz alleine an der Bar und musste für ihre Freundinnen Getränke holen. Vor ihr standen vier Hugos. Ich stellte mich neben sie, grinste frech und sagte: »Also, eins ist mal klar: Du bist heute nicht die Fahrerin!«

Sie begann sofort zu kichern.

Es war witzig, situativ und nicht aufdringlich.

»Das ist doch nicht für mich alleine«, winkte sie ab. »Das wäre ja krass! Ist für meine Freundinnen und mich.«

»Du hast ja tolle Freundinnen, wenn sie dich das alles alleine schleppen lassen.«

Sie, lachend: »Ja, das stimmt. Voll die Frechheit.«

»Wo sind denn deine Mädels?«

Sie zeigte auf einen Tisch ein paar Meter weiter hinten.

»Das haben wir gleich«, lachte ich, half ihr mit den Gläsern und ging mit zu den Freundinnen.

Sie fand das sehr aufmerksam und stellte mich bei ihren Mädels mit »Seht mal, es gibt tatsächlich noch echte Gentlemen!« vor.

Schon hatte ich eine Vierergruppe geknackt. Das Geheimnis liegt in der Einfachheit. Ein Satz. Entspannt vorgetragen. Mit einem frechen Schmunzeln im Gesicht. Sie wird dich niemals wegschicken.

Es ist alles nur eine Frage der Übung. Du kannst das ganz einfach nachmachen, indem du versuchst, tagsüber auf der Straße oder abends im Club ein Gefühl für die jeweilige Situation zu bekommen. Nicht daran denken, welchen Zauberspruch du aufsagen kannst, sondern dich fragen: Was macht diese Situation gerade aus? Was sehe ich? Was passiert hier?

Frauen lieben doch alle diese Hollywoodfilme, in denen sich ganz zufällig der lang ersehnte Traummann in das Leben der Hauptdarstellerin stiehlt.

Der Unbekannte, der sie auf der Straße anrempelt; die Unterlagen, die auf den Boden fallen; ihre Hände, die sich berühren – die Musik ertönt und die Magie beginnt. Du weißt schon, vom Schicksal vorherbestimmt. Genau dieses Gefühl kannst du in den Momenten, wenn du sie ansprichst, auch erzeugen. Wähle eine Sache aus, die gerade passiert, und baue sie in deine Eröffnung ein. Das wirkt spontan und nicht ausgedacht. Außerdem wirkst du selbstbewusst und strahlst Lebensfreude aus.

WIR GEGEN DEN REST DER WELT

Freitagabend in der 089 Bar. Ganz München war im Oktoberfest-Fieber. Der DJ spielte geile Musik. Die Leute feierten, tanzten und betranken sich. Etwas abseits der Bar entdeckte ich zwei superhübsche Mädels, beide im Dirndl, beide hielten eine kleine Flasche Cola light in den Händen.

Ich überlegte, was diesen Moment gerade so einzigartig machte: Sie tranken keinen Alkohol. Diese winzige Information reichte aus, um mir eine kleine, aber feine situative Gesprächseröffnung zu liefern. Lächelnd ging ich auf sie zu und sagte: »Wetten, dass wir drei die Einzigen sind, die gerade nüchtern sind?«

Sie nickten eifrig und riefen gleichzeitig: »Jaaaa, stimmt!«

Ich antwortete: »Die Frage ist jetzt: Ist das Absicht, oder habt ihr nur noch keine Kerle gefunden, die euch einladen?«

»Neeeeee, ist mit Absicht so«, grinste die eine. »Heute machen wir Pause vom Alkohol. War genug in letzter Zeit.«

»Ist schon klar«, grinste ich zurück. »Gestern gab's sechs Maß auf der Wiesn, heute ist Ruhetag, und morgen wird wieder voll angegriffen. Könnt ihr ruhig zugeben.«

»Nein, so viel schaffe ich gar nicht«, sagte die andere, und ihre Freundin nickte zustimmend.

Der erste Schritt war getan. Dann machten wir uns über das betrunkene Partyvolk lustig und plauderten über das perfekte Wiesn-Outfit. Ich merkte ziemlich schnell, dass die eine mehr Interesse an mir hatte als die andere. Als diese dann kurz auf die Toilette verschwand und ihre Freundin bei mir blieb, wusste ich endgültig Bescheid. Man muss kein Genie sein, um diesen Code zu entschlüsseln. Normalerweise gehen Mädchen immer zusammen aufs Klo, also fackelte ich nicht lange und flüsterte ihr ins Ohr: »In zehn Sekunden ist es übrigens so weit.«

Dabei berührte ich mit meinen Lippen leicht ihren Hals, aber ohne sie zu küssen. Ich blieb danach ziemlich dicht neben ihr stehen, sodass sie mir auch zurück ins Ohr flüstern musste.

»Was denn?«, fragte sie.

»Das hier!«, flüsterte ich zurück, drehte mich vor und küsste sie auf den Mund. Sie erwiderte den Kuss. Volltreffer!!

Das Problem war nur, dass ihre Freundin, die dummerweise irgendwann vom Klo zurückkam, schlimmen Liebeskummer hatte.

Ich hätte in der Situation unmöglich vor ihren Augen mit ihrer Freundin knutschen können, also hielt ich mich zurück und schlug vor, uns an einen freien Tisch zu setzen. Während um uns herum alle feierten, schirmten wir uns ab und quatschten über Themen wie das Finden der großen Liebe, Partnerschaften, Vertrauen, Treue. Ich kreierte einen Wir-gegen-den-Rest-der-Welt-Moment. Nach einer Stunde tauschte ich mit »meinem Mädchen« Nummern aus, zog weiter und verabredete mich zu einem späteren Zeitpunkt mit ihr. Alleine. Manchmal muss man eben auch warten können.

MUT IST ATTRAKTIV

Es war ein angenehm warmer Sommerabend unter der Woche, und die halbe Stadt tummelte sich in den Biergärten und Straßencafés. Ich war mit einer kleinen Gruppe unterwegs – fünf Seminarteilnehmer, mit denen ich schon den ganzen Tag das situative Ansprechen geübt hatte. Wir standen vor dem Eingang eines Restaurants und plauderten ein bisschen, als wenige Meter neben uns ein Taxi hielt und vier Megagranaten ausstiegen. Sie stöckelten auf ihren High Heels direkt an uns vorbei, ohne auch nur Notiz von uns zu nehmen. Alles, was wir sahen, waren ihre meterlangen Beine und knackigen Hintern, die nur durch einen Hauch von Minirock bedeckt wurden – als kämen sie direkt vom Playboy-Shooting. Die Mädels wussten um ihre Erscheinung und genossen sichtlich ihren großen Auftritt, während sie an den vielen voll besetzten Tischen hindurch bis in die hinterste Ecke stolzierten, um an dem einzigen Tisch Platz zu nehmen, der offensichtlich für sie reserviert war. Alle Restaurantbesucher drehten sich zu ihnen um, gafften sie an und begannen untereinander zu tuscheln. Auch die Frauen. Die arrogante Körpersprache der vier Supergirls war eindeutig: Leute, von euch braucht keiner erst auf die Idee kommen, uns anzuquatschen! Wir sind wir (megageil), und ihr seid ihr (megagewöhnlich), also bitte: Versucht es gar nicht!

Perfekt, dachte ich, begann zu grinsen und drehte mich zu meiner Gruppe: »Und, wer von euch hat die Eier, sie anzusprechen?«

Die Jungs, die immer noch den Mädels hinterherguckten, schüttelten vehement die Köpfe.

»Niemals«, sagte einer, »aber ich möchte gerne mal sehen, wie DU das machst.«

»No risk, no fun«, antwortete ich, »aber du kommst mit mir.«

»Ich?«

»Ja, klar. Du willst es doch lernen. Also, auf geht's!«

Ich vertraute auf meine Intuition. Bisher war mir immer etwas eingefallen, und ich war mir sicher, dass es auch dieses Mal so sein würde. Natürlich hätte es schiefgehen können, aber der Nervenkitzel und die Abenteuerlust waren größer. Dennoch war meine Ausgangssituation erdenklich ungünstig. Der Sommergarten war brechend voll, alle Tische belegt, und ich brauchte eine halbe Ewigkeit, um mich zwischen den vielen Menschen hindurchzuschlängeln. Da die Mädels auch noch in der hintersten Ecke saßen, wo eindeutig kein freier Platz mehr war, fingen die anderen Gäste an, mich zu beobachten, da mein Vorhaben mehr als offensichtlich war. Die Mädels sahen mich schon aus der Entfernung auf sie zukommen und konnten sich schön in Ruhe darauf vorbereiten, dass ich sie gleich ansprechen würde. Als wäre meine Mission nicht schon schwer genug, brachte der Kellner ausgerechnet in dem Moment ihre Bestellung – einen Eiskübel und eine Flasche Champagner –, als ich ihren Tisch erreichte. Ich musste hinter ihm stehen bleiben und kurz warten, was ihnen natürlich die Zeit gab, mich von oben bis unten zu mustern. Dadurch stieg der Druck ins Unermessliche. Sie wussten ja, dass ich nur wegen ihnen gekommen sein musste. Als der Kellner sein leeres Tablett vom Tisch nahm und wieder verschwand, stand ich also vor ihnen. Sie sahen mich gespannt an. Ich wusste, dass mich gerade der halbe Laden beobachtete. Wenn du in der Champions-League mitspielen willst, musst du auch bereit sein, große Risiken einzugehen.

»Hi, ich stand gerade da vorne am Eingang, als ihr aus

dem Taxi gestiegen seid. Ihr seid mir aufgefallen, und ich möchte euch gerne kennenlernen.«

Ich ging volles Risiko, in eindeutigen Situationen bleibt einem selten etwas anderes übrig. Was dann geschah, war sehr interessant. Die Mädels, die vorher sehr cool und reserviert getan hatten, begannen zu lächeln.

»Respekt«, sagte die Anführerin. »So was ist mir noch nie passiert. Euch?« Ihre drei Freundinnen verneinten kopfschüttelnd. »Wie kommt's, dass du so selbstbewusst bist?«

»Wieso sollte ich das nicht sein?«, fragte ich zurück.

»Das stimmt eigentlich«, lachte eine von ihnen. »Wir werden so oft dumm angebaggert, meistens wenn wir tanzen, aber so einfach und direkt, wie du das gerade gesagt hast, habe ich es noch nie erlebt. Komisch eigentlich.«

»Hier, setzt euch doch«, sagte die Chefin und machte uns Platz. Sie war sichtlich von meinem Mut beeindruckt und sagte mir das auch. Schon war ich im Gespräch. Mein Klient setzte sich neben mich und konnte es nicht fassen. Mit solchen Mädels an einem Tisch zu sitzen, hätte er sich vorher nicht vorstellen können. Während des Gesprächs kam heraus, dass sie Tabledancerinnen waren. Sie luden uns sogar auf ein Glas Champagner ein. Wir plauderten ein bisschen und nachdem wir ausgetrunken hatten, sah ich zu ihrer Anführerin und sagte: »Ich bin leider noch verabredet und muss wieder los. Danke für den Drink. War toll, euch kennengelernt zu haben. Lasst uns das doch mal wiederholen irgendwann.«

Als selbstbewusste Frau wusste sie natürlich sofort, was ich von ihr wollte, und sie hatte überhaupt keine Probleme damit, mir ihre Nummer zu geben. Warum auch? Ich hatte mir ihren Respekt längst verdient. Ich bedankte mich, stand auf, ließ meinen Klienten vorgehen und wünschte ihnen noch einen schönen Abend.

Mit dieser ehrlichen, aber souveränen Art habe ich großen Mut bewiesen und den vier Frauen, ohne sie anzubaggern, eines der schönsten Komplimente gemacht. Denke daran, wenn du in einer ähnlichen Situation steckst.

TAGSÜBER

Ich stand gestern vor meiner Haustür und bemerkte auf der anderen Straßenseite eine wunderschöne Frau in meinem Alter, etwas jünger vielleicht. Ich bin ihr sofort hinterhergerannt, und als ich bis auf zwei Meter an ihr dran war, rief ich ganz laut: »Entschuldigung!«

Sie blieb stehen und drehte sich um.

»Ja, bitte?«

Ich strahlte sie an und fragte: »Bist du von hier?«

»Ja.«

»Dann müssen wir uns jetzt kennenlernen.«

Sie war vollkommen baff über meine direkten Worte, stellte ihre Handtasche auf den Boden und gab mir sofort die Hand.

»Hi, ich bin die Anna.«

»Hi, ich bin Michel.«

»Ich hab dich hier noch nie gesehen. Wie lange wohnst du schon hier?«

»Ich bin hier geboren«, lachte ich.

»Gibt's nicht.«

»Kein Wunder, dass wir uns noch nie gesehen haben. Ich bin oft unterwegs und komme nur abends zum Schlafen hierher.«

»Ach so, ja, hmm.«

Sie konnte natürlich nicht einordnen, ob mein letzter Satz ernst gemeint oder nur ein Spaß war. Viel wichtiger war ohnehin meine ehrliche Eröffnung. Damit habe ich sofort bei ihr gepunktet, sodass der Rest nur noch Nebensache war.

»Nachdem wir jahrelang aneinander vorbei gelebt haben, rück mal ganz schnell deine Nummer raus.«

Sie fing so laut an zu lachen, dass wir uns schon auf dem Bürgersteig halb in den Armen lagen.

»Ich ruf dich mal an«, sagte sie und kramte ihr Handy hervor. »Hab nämlich eine neue Nummer, die ich noch nicht auswendig kann. Die Kerle verstehen das irgendwie nicht, wenn man ihnen nicht zurückschreibt. Das wurde mir dann zu anstrengend auf Dauer.«

»Schreiben, was soll das sein? Ich ruf dich jeden Tag fünfzig Mal an … Schatz.«

Und wieder ein Lacher.

»Ach, so einer bist du?«, grinste sie.

»Ja, ja, bin da echt völlig harmlos. Wann stellst du mich deiner Mutter vor?«

Sie erzählte mir später, dass sie noch nie auf so eine direkte Art angesprochen wurde und dass ich ihr damit den restlichen Tag versüßt hätte. Was war so besonders? Ich habe ihr von der ersten Sekunde an reinen Wein eingeschenkt und ihr zu verstehen gegeben: Du bist es jetzt!

Tagsüber ist das in meinen Augen die effektivste Methode, um in sehr kurzer Zeit sehr viel Attraktivität aufzubauen. Nicht lange um den heißen Brei herumreden. Wenn du dich schon traust, sie anzusprechen, dann kannst du auch gleich richtig angreifen. Alles oder nichts.

BENUTZE DEINE STIMME

Für die Straße gibt es eine sehr mächtige Waffe, die du ganz einfach anwenden kannst. Du musst dafür nichts auswendig lernen, und es funktioniert sofort. Sprich das nächste Mal einfach einen Tick lauter als normal. Wenn du schüchtern bist und dich eigentlich nicht traust, deine Stimme zu erheben, versuche dich in die Lage der Damen hineinzuversetzen. Da kommt also ein Typ auf sie zu, der zaghaft und mit leiser Stimme irgendwas vor sich her redet, das kein Mensch versteht. Die denkt doch, du kommst von einer Sekte und willst sie bekehren oder bist aus irgendeiner Anstalt abgehauen. Wenn du sie aber anlächelst und mit kräftiger Stimme sagst: »Moment, jetzt, warte doch mal, stopp, du, hallo!«, wird sie stehen bleiben. Garantiert! Übertreibe ruhig ein bisschen. Stell dir vor, sie hätte gerade einen Fünfzig-Euro-Schein verloren, und du willst ihn ihr unbedingt zurückgeben. Dann würdest du doch auch lauter sprechen als normal, oder? Schon hast du ihre Aufmerksamkeit. Und dann? Sei fröhlich und, verdammt noch mal, sag es einfach gerade heraus: »Hey, ja, ich geb's zu. Ich find dich toll. Ich hab dich gesehen und wollte nicht, dass du wieder verschwindest. Wir müssen uns kennenlernen. Es sei denn, du bist schon irgendwem versprochen. Wenn ja, gib mir seine Nummer. Ich regle das für uns!«

Du bist ehrlich. Du bist witzig. Du bist direkt. Wenn du einen Spruch dieser Art auf der Straße bringst, dabei den Kopf oben behältst, die Brust gestreckt, und lächelst, demonstrierst du wahres Selbstbewusstsein. Du siehst eine Frau, die dir gefällt, und sprichst sie an. Ob sie es gut findet oder nicht, ob du am Ende ihre Nummer bekommst oder nicht – alles nebensächlich. Du hast sie angesprochen und dein Ding durchgezogen. Du hast dir selbst entsprochen und nach DEINEN Regeln gehandelt. Du bist nicht wie die anderen, die an ihr vorbeilaufen und sich danach tagelang grün und schwarz ärgern. Nein! Warum? Du bist du.

SEI DER ERSTE

Frag die Frauen aus deinem Freundes- und Bekanntenkreis, wie oft sie schon auf der Straße unterwegs waren und auf so eine direkte Art und Weise angesprochen wurden. Jede Wette, dass von zehn Mädels maximal zwei eine derartige Geschichte erlebt haben. Meistens beginnen sie zu schwärmen: »Ja, mir ist das einmal passiert, damals in London, vor vier Jahren, als der Bus am Piccadilly Circus nicht kam, und…« Auch nach Jahren können sie sich an jedes Detail erinnern. Warum? Weil dieser Typ der Erste war. Und wenn du der Erste bist, bleibst du für immer im Gedächtnis der Menschen. Fast wie der erste Sex. Den wirst du auch dein Leben lang nicht vergessen. Wenn du ihr Herz berührst, auf welche Art auch immer, fühlen sie sich automatisch zu dir hingezogen.

Wenn du mit einem Mädel in einer Bar verabredet bist, habe ich noch eine kleine Geheimwaffe für dich, wie du sehr schnell deine Attraktivität steigern kannst. Nimm sie an die Hand, aber achte darauf, dass du vor ihr läufst. Du kennst das aus vollen Clubs. Du läufst vorne weg, machst den Weg frei und ziehst sie hinter dir her, damit ihr euch im Gedränge nicht verliert. Wenn du jetzt seitlich an den Tischen andere Mädchen siehst, winke und zwinkere ihnen heimlich zu. Wichtig ist, dass dein Mädel das nicht mitbekommt. Was passiert? Die fremden Mädels werden dich mit großen Augen angucken und sich denken: Krass, der Typ hat ein Mädchen an der Hand und baggert uns an. Die werden sofort ihre Köpfe zusammenstecken und tratschen: »Das hat der jetzt nicht wirklich gemacht, oder?«

»Doch, hat er. Wie ist der denn drauf?«

Dein Mädchen jedoch sieht nur die großen Augen der anderen Mädels, wie sie über dich tuscheln und rüberschauen, und freut sich, weil sie mit dir offensichtlich einen richtig guten Fang gemacht hat. Hast du eine hübsche Frau am Start, hast du schnell zwei, und hast du zwei, hast du alle. Die beste Kettenreaktion der Welt. Wenn Frauen dich mit einer Schönheit sehen, denken sie sofort, dass du etwas Besonderes an dir haben musst, und finden dich automatisch attraktiv, ohne dich überhaupt zu kennen. Die Schwierigkeit ist nur, dieses erste hübsche Mädel zu finden, aber genau deswegen liest du ja dieses Buch.

SEI DARAUF VORBEREITET, DASS SIE JEDERZEIT VOR DIR STEHEN KÖNNTE

Ein Kumpel rief mich an und sagte: »Michel, es ist wieder passiert. Ich bin gerade in Frankfurt wegen eines Geschäftstermins. Aus dem Nichts kam ein bildhübsches Mädel um die Ecke gebogen. Sie ist zu ihrem Auto gelaufen. Ich blieb stehen, sah ihr hinterher, fiel in eine Art Schockstarre und wusste gar nichts mehr. Ich wartete und wartete und hatte den perfekten Moment längst verpasst. Dann stieg sie in ihr Auto und fuhr davon.«

Der Klassiker!

In solchen Augenblicken, in denen man keine Zeit hat zu überlegen, sondern auf der Stelle handeln muss, ist es ganz wichtig, schon vorher geistig darauf vorbereitet zu sein. Du musst stets in der Lage sein, diesen einen Schritt zu machen. Und zwar ohne Angst. Diese eine Frau, die dir den

Atem verschlägt, wird niemals mit Ankündigung in dein Leben treten, deswegen solltest du IMMER damit rechnen, dass es jederzeit passieren könnte. Sie tauchen auf. Einfach so. Sei darauf vorbereitet.

Die meisten Männer werden, wenn sie unverhofft auf hübsche Frauen treffen, immer wieder vor zwei scheinbar unlösbare Aufgaben gestellt:

1. Wie überwinde ich meine Angst, sie anzusprechen?

2. Falls ich meine Angst überwinde, was sage ich zu ihr?

Zwei Fragen, zwei klitzekleine Gedanken, die schon ausreichen, um dein Vorhaben, tatsächlich auf sie zuzugehen, komplett zu zerstören. Mein Kumpel hat es gerade wunderbar beschrieben. Innerhalb eines Wimpernschlages wirst du plötzlich unsicher und beginnst zu zweifeln. Du zögerst, lässt dich von der Stimme in deinem Kopf verwirren, wartest zu lange und verpasst schließlich den Moment. Also, denk immer dran, dass in jeder Situation ein Gespräch möglich ist. Und sei darauf vorbereitet, situativ und direkt in jedem Moment zu handeln!

EIN MINDSET BILDEN

In der Kommunikation zwischen Menschen gibt es gewisse Verhaltensregeln, die dir helfen werden, bei deinem Gegenüber positive Gefühle für dich entstehen zu lassen. Du möchtest doch, dass ihr Herz schneller klopft, wenn sie an dich denkt. Das schaffst du nicht, wenn du nur auf deinen eigenen Vorteil aus bist und dich wie ein Unsympath verhältst. Deine Aufgabe besteht darin, ihr zu vermitteln, dass du gut für sie bist, ein persönlicher Gewinn, Schokolade für ihre Seele, die sie sich so sehr wünscht. Und zwar ohne dich selbst anzupreisen oder ihr nach dem Mund zu reden. Das kann man trainieren. Bei jedem Schritt der Verführung musst du in der Lage sein, dich in sie hineinversetzen zu können und zu lernen, ihre Wünsche, Träume, Hoffnungen und Interessen zu erkennen. Sobald sie glaubt, in dir einen Seelenverwandten gefunden zu haben, der ihre jeweiligen Bedürfnisse (z. B. Anerkennung, Verständnis, Herausforderung, Liebe, Sicherheit) befriedigen kann, wird sie sich dir völlig öffnen. Das erreichst du, indem du dir die folgenden Punkte, wie ein Mantra, immer wieder vergegenwärtigst:

– Ich versuche, die Dinge aus der Sicht des anderen zu sehen.
– Ich unternehme nichts, nur um anderen zu gefallen.
– Ich sorge dafür, dass sich die Menschen in meiner Anwesenheit wohl und beschützt fühlen.
– Ich rücke meine Freunde/Gesprächspartner/die Frau meiner Begierde stets in ein gutes Licht, ohne sie mit Komplimenten zu überhäufen.
– Ich lästere nicht über andere und fälle keine Urteile über sie.
– Ich versuche zu helfen, nicht zu kritisieren.
– Ich verlange für meine Hilfe niemals eine direkte Gegenleistung.
– Ich versprühe Lebensfreude.
– Ich prahle nicht.
– Ich lasse mich von der schlechten Laune anderer nicht anstecken.
– Ich gebe keine ungefragten Ratschläge.
– Ich mache mich nicht größer, indem ich andere kleiner mache.
– Ich beklage mich nicht über Situationen, die sich ändern lassen.
– Ich übernehme Verantwortung für jeden Moment meines Lebens.

- Ich sage niemals: »Ist mir egal«, sondern treffe Entscheidungen.
- Ich lasse meinen Selbstwert nicht durch andere definieren.
- Ich bin unabhängig in meinen Entscheidungen.
- Ich stehe zu mir und meinen Werten.
- Ich demonstriere Leidenschaft und versprühe Enthusiasmus.
- Ich denke immer positiv.
- Ich vermeide negative Themen.
- Ich akzeptiere, dass Misserfolge dazugehören, und versuche, stets, aus ihnen zu lernen. So mache ich auch Misserfolge zu Erfolgen.
- Ich lasse mich von nichts und niemandem runterziehen.

Erfolg bei Frauen ist zu neunzig Prozent eine Geisteshaltung, deswegen ist dieses Mindset so unglaublich wichtig. Es kommt viel mehr darauf an, wie du dich verhältst, als was du sagst. Das Wie ist entscheidend. Fühlst du dich gut, strahlst du das aus. Frauen spüren diese Energie.

WAS DU DENKST, ZIEHST DU AN

Ich stelle immer wieder fest, dass sich die Menschen oft auf ihre negativen Gefühle konzentrieren. Sie wollen nicht mehr abgewiesen werden, nicht mehr alleine oder unglücklich sein usw. Das berühmte Glas, das stets halbleer ist. Ich kann das vollkommen verstehen. Ich dachte früher genauso. Wenn die Erfolgserlebnisse im Berufs- und Privatleben ausbleiben, ist es eben verdammt schwer, weiter an sich zu glauben, sich täglich neu zu motivieren und positive Gefühle zu empfinden. Immerhin weißt du schon, wie du dich ab sofort nicht mehr fühlen willst. Das Problem ist nur, dass es dir trotzdem nichts nützen wird, weil du ja weiterhin in negativen Mustern denkst. Trickse dein Unterbewusstsein aus, indem du deine negativen Gedanken einfach ins Positive wendest.

Negative Denkweise:
Ich möchte nicht mehr abgewiesen werden.
Ich möchte nicht mehr alleine sein.
Ich möchte nicht mehr unglücklich sein.

Positive Denkweise:
Ich möchte eine wunderbare Frau kennenlernen.
Ich möchte mein Leben mit jemandem teilen.
Ich möchte glücklich sein.

Du siehst: Dreimal die gleiche Aussage, aber eine völlig andere Wirkung. Was du denkst, ziehst du an! Wenn du dich auf die negativen Aspekte deines Lebens fokussierst und viel Zeit und Energie aufwendest, um über sie nachzudenken, werden sie sich nur noch stärker in deinem Leben manifestieren. Seinen Pessimismus zu bekämpfen und positiv zu denken ist der einzige Weg, um diese Negativspirale zu durchbrechen!

Sag dir einfach: »Genug ist genug! Mein ganzes Leben liegt noch vor mir. Ich ändere etwas. Sofort. Jetzt. Ohne zu zögern.«
Vergiss deine schlechten Erfahrungen für einen Moment. Stell dir vor, in deinem Kopf gäbe es einen Resetknopf, der den ganzen Mist aus deiner Vergangenheit auslöscht. Auf einen Schlag. Drücke ihn! Jetzt kommt der gute Part! Lehn dich zurück, schließ die Augen und stell dir genau vor, wie du dir dein Leben wünschst, was du fühlen und erleben

willst. Blende alles aus, was dich davon abhält, positive und schöpferische Gedanken zu haben. Sei voll und ganz bei dir. Denke immer daran: Es ist DEIN Leben. Du kannst damit machen, was du willst!

Ich weiß, das klingt so einfach. Ist es auch, aber du wirst es trotzdem nicht von heute auf morgen umsetzen können. Du wirst dir auch weiterhin über deine Wirkung Gedanken machen. Warum das so ist? Weil dein innerer Computer so programmiert wurde. Dein bisheriges Leben war vollständig darauf ausgerichtet, dir Zuspruch und Bestätigung von außen zu holen: Lob deiner Eltern für gute Schulnoten, Gehaltserhöhung für deine gute Leistung im Job, neidische Blicke für deinen Sportwagen etc. Jahrelang hast du eingetrichtert bekommen, dass du gesellschaftliche Anerkennung nur dann bekommst, wenn du etwas Besonderes leistest oder darstellst. Erinnere dich an einen Punkt unseres Mindsets: »Ich lasse meinen Selbstwert nicht durch andere oder äußere Umstände definieren.« Doch genau das macht die Gesellschaft mit uns: Sie erzieht uns alle zu Menschen, die ein gutes Bild abgeben sollen. Die Wahrheit ist: Du alleine bestimmst, wie viel Platz du den äußeren Umständen deines Lebens einräumst. Es ist reine Kopfsache! Du alleine bist Herr deiner Gedanken. Du kannst deinen Pessimismus auf der Stelle überwinden. Es liegt in deiner Hand.

PROGRAMMIERE DICH NEU!

Das Mindset hilft dir, deine Gedanken in eine positive Richtung zu lenken. Wenn du so willst, manipulierst du dich damit selbst, aber auf eine gute Weise. Indem du dir immer wieder vorsagst, wie liebenswert du bist, glaubst du es irgendwann selbst, und dann ist es auch so. Es ist wie in der

Werbung. Je öfter du die Punkte deines Mindsets liest, desto fester verankerst du sie in deinem Unterbewusstsein. Du wirst dich gut fühlen, weil es dir Sicherheit gibt. Wenn du deine Wohnung verlässt, weißt du auf einmal:

Wenn ich heute ein hübsche Frau sehe…

…zögere ich nicht und spreche sie an.

…gehe ich selbstbewusst auf sie zu.

….warte ich nicht ab, bis sie mich sieht, sondern entdecke sie.

…schenke ich ihr ein Lächeln.

…baggere ich sie nicht plump an, sondern eröffne das Gespräch situativ.

…lasse ich sie auf keinen Fall an mir vorbeigehen.

…habe ich keine Angst vor Abweisung.

Zurück zu der Geschichte meines Kumpels und der hübschen Frau, die aus dem Nichts um die Ecke gebogen kam. Mit deinem Mindset bist du ab sofort perfekt auf so eine Situation vorbereitet. Was sehr gut funktioniert, damit sie nicht sofort verschwindet, ist, sie nach Hilfe zu fragen, zum Beispiel nach dem Weg. Da bleiben alle Frauen erst mal stehen. Wenn du dann ein ansteckendes Lächeln im Gesicht hast, kannst du fast nichts mehr falsch machen.

»Hey du, sag mal, wo geht's denn hier eigentlich zum nächsten Starbucks?«

Das wissen Frauen immer. Frag sie nach einem Blumenladen, einem Kiosk, einer Post, einem guten Restaurant. Keep it simple! Sie wird hundertprozentig mit dir reden und dir eine Auskunft geben. Nach der dritten, vierten, fünften Traumfrau, die du nach dem nächsten Starbucks gefragt hast, merkst du plötzlich, wie viel Spaß das macht und wie deine Anspannung allmählich verschwindet. Du wirst lockerer und fängst bereits zu grinsen an, noch bevor du überhaupt die Frage gestellt hast. Ich kann es nicht oft genug sagen: Mach ein Spiel daraus! Stell dich an einen beliebten Ort und quatsch jedes Mädel an, das dir gefällt: »Hey du, ich brauche dringend einen Kaffee. Wo ist denn hier der nächste Starbucks?«

Du wirst schnell ein Gefühl für ihre Reaktion bekommen. Reagiert sie offen und freundlich, oder ist sie kühl und desinteressiert? Das kannst du mittels so einfacher Fragen wie nach dem Weg oder nach anderen Auskünften wunderbar herausfinden, ohne dass du die Gefahr einer bösen Abfuhr eingehst. (Was meistens ohnehin nicht passieren wird.) Reagiert sie freundlich und offen, kannst du das Gespräch weiterspinnen, beispielsweise indem du dir den Weg erklären lässt und am Ende ihrer Erklärung mit einem plötzlichen Kompliment antwortest und das Gespräch bewusst auf eine persönliche Ebene bringst: Wichtig ist, dass du lächelst und starken Augenkontakt hältst.

»Weißt du was, ich find dich gerade richtig nett. Darf ich fragen, wie du heißt?«

Du kannst auch noch schärfer vorgehen. (Achtung, für Fortgeschrittene.)

Du blickst ihr, während sie spricht, selbstbewusst lächelnd, tief in die Augen, unterbrichst sie, blickst sie kurz an und sagst dann:

Du bist eine unglaublich schöne Frau!

Richtig vorgetragen, wird das seine Wirkung nicht verfehlen.

Du demonstrierst Mut und unendliches Selbstbewusstsein und gehst volles Risiko. Solch direkte Komplimente haben eine phantastische Wirkung. Sie wird sichtlich beeindruckt sein, lächeln und sich bei dir bedanken. Alles, was du dann noch tun musst, ist, sie nach ihrem Namen zu fragen und ihr vorzuschlagen, in diesem Moment etwas trinken oder essen zu gehen.

(Wieder volles Risiko.)

Meistens ergeben sich dadurch »Instant Dates«. Sollte sie nicht können, wird sie dir höchstwahrscheinlich vorschlagen, Nummern auszutauschen.

Vergiss nicht, du hast sie eben richtig beeindruckt, über dieses Kompliment wird sie sich noch lange freuen.

Nutze den Umstand aus, dass tagsüber kaum jemand wirklich Zeit hat. Das Mädel auf der Straße ist auf dem Weg irgendwohin und in Eile, und du hast, jedenfalls aus ihrer Sicht, auch sehr wahrscheinlich etwas vor. Du lässt ihr somit also gar keine andere Möglichkeit, als sich schnell entscheiden zu müssen. Wenn du merkst, dass es gut läuft, wenn sie dich anlächelt, freudig Auskunft gibt und länger stehen bleibt, als sie müsste, mach ihr sofort ein kleines Kompliment, zum Beispiel: »Du bist die beste Wegerklärerin, die ich jemals getroffen habe. Das müssen wir feiern. Guck mal, da vorne ist ein Kiosk. Ich lad dich zu 'ner Apfelschorle ein!«

Oder du fragst sie ganz direkt, was sie gerade macht, wohin sie will, was sie jetzt vorhat. Oft sagt sie dann: »Also, hmm, ich bummle gerade einfach nur so durch die Stadt.«

Mädels laufen oft ohne bestimmtes Ziel durch Fußgängerzonen oder Einkaufszentren und machen Window Shopping, einfach nur, weil ihnen langweilig ist. Oder sie warten auf eine Freundin, die sich mal wieder verspätet hat. Dann sagst du: »Komm, wir holen uns da drüben eine eiskalte Coke light. Ist eh so heiß heute. Keine Angst, ich verkauf dir nix, bin auch in keiner Sekte, ich hab einfach nur gute Laune.«

Das kannst du alles bringen. Früher oder später wirst du damit Erfolg haben. Wenn du erst einmal hundert Mädels angesprochen hast und dein Selbstbewusstsein entsprechend aufgebaut ist, kannst du auch superdirekt werden und ihr mit dem frechsten Grinsen, das du zu bieten hast, sagen: »Wir können ja, bevor wir gleich zusammen in die Kiste hüpfen, der Form halber, da vorne noch ein Eis zusammen essen. Oder stehst du eher auf Hardcore-Sex? Dann sollten wir uns besser vorher noch einen großen Vitaminshake teilen.«

Durch deine Körpersprache, die signalisiert, dass man mit dir eine Menge Spaß haben kann, hat dein Spruch, der voll zur Sache geht, trotzdem einen humorvollen Touch behalten. Wenn sie jetzt nicht kreischend davonrennt, findet sie die Vorstellung (= Abenteuer) zumindest interessant. Die Situation ist neu für sie, sie braucht ein bisschen Zeit, um das zu verarbeiten, denkt aber schon daran, ihren Freundinnen davon zu erzählen: »Ihr glaubt ja nicht, was mir heute passiert ist. Da hat mich doch tatsächlich dieser Kerl…« Dieser Kerl bist du!

Ich war einmal mit einem Klienten in Düsseldorf unterwegs. Wir liefen durch die Einkaufsstraße, quatschten mal hier eine an, mal da. Dann entdeckten wir eine superattraktive junge Frau. Hohe Schuhe, kurze Leder-Hotpants, knappes Hemd, lange glatte Haare. Unglaublich. Sie telefonierte mit Ohrenstöpseln. Das konnte man schon von Weitem erkennen, weil sie wild mit ihren Armen gestikulierte und ihr Spiegelbild im Schaufenster beobachtete. Ich hatte keine Ahnung, was ich sagen sollte. Ich durfte nicht zu lange zögern, also ging ich direkt auf sie zu. Sie stand mit dem Rücken zu mir, leicht seitlich. Sie sah mich also nicht kommen.

»Hey du!«, rief ich relativ laut und winkte ihr zu. Sie bemerkte die Spiegelung meiner Armbewegung im Schaufenster und drehte sich zu mir.

»Ich suche den Armani-Store.«

Wegen des Lärms, den die vorbeifahrenden Autos veranstalteten, konnte sie mich kaum verstehen. Jedenfalls guckte sie etwas irritiert, als ich plötzlich breit grinsend vor ihr stand.

»Warte mal, ich rufe dich gleich zurück«, sprach sie in ihr Handy und beendete das Gespräch. Für mich! Das musst du dir vorstellen: Ich habe sie aus ihrer Welt herausgerissen und in meine geholt. »Sorry, ich hab dich eben nicht verstanden«, sagte sie freundlich. »Wie kann ich dir helfen?«

»Ich bin auf der Suche nach dem Armani-Store.«

Sie begann, mir den Weg zu erklären: Straße links, über die Ampel, dann geradeaus, blablabla. Ich sah sie an, lächelte und sagte: »Du kennst dich aber gut aus.«

»Ja klar, ich wohne ja auch hier.«

»Echt? Bist du also so eine typische Düsseldorferin?«

»Ja, hier geboren und aufgewachsen.«

»Also, ich hätte mir euch anders vorgestellt.«

Ein Köder, den ich gerne auswerfe, wenn ich in einer anderen Stadt bin. Ich rede von »euch« aus Düsseldorf, Stuttgart, Hamburg, Berlin. Wenn sie auch nur ein Funken Interesse an dir hat, folgt dann meist: »Und woher kommst du?«

»Aus der besten Stadt der Welt natürlich: München.«

Schon hast du eine persönliche Ebene geschaffen. Dann machst du weiter: »Ja, Moment mal, wie heißt du eigentlich? Du kannst nicht so nett zu mir sein, ohne dass ich deinen Namen weiß.«

Sie sagte mir ihren Namen und gab mir die Hand. Sie gab sogar meinem Klienten die Hand, der zwei Meter hinter mir stand und es gar nicht fassen konnte.

»Was machst du heute noch?«, fragte ich.

»Ich warte auf eine Freundin. Die sucht schon die ganze Zeit einen Parkplatz, weil unser Auto so groß ist. Wir müssen Promo machen, für eine Party heute Abend.«

In dem Moment fuhr ihre Freundin in einem riesigen Jeep vor, der wie ein Wohnmobil aussah. Sie fluchte vor sich hin, weil sie mit diesem Raumschiff in der Innenstadt natürlich keinen Parkplatz bekam. Sie parkte das Monster halb auf der Straße und kam zu uns. Ich zeigte auf meinen Klienten und sagte: »Wir sind heute Abend noch in der Stadt und wollen ein bisschen Spaß haben. Gebt uns doch mal einen Tipp!«

»Ihr müsst zur Candy Shop Party kommen. Wir sind auch da.«

»Ja, super! Dann lass uns mal connecten, dann treffen wir uns da.«

»Klar.«

Ich holte mein iPhone aus der Tasche und speicherte ihre Nummer.

Verabschiedung. Winke, winke.

Meine erste SMS lautete später: »Ich hoffe, ihr habt mit dem Raumschiff noch einen Parkplatz gefunden.«

Als Antwort kamen zehn Smileys. Wir trafen uns auf der Party. Ihre Freundinnen waren auch da. Es dauerte nicht mal zehn Minuten, bis wir uns küssten. Mein Klient konnte gar nicht glauben, dass so ein hübsches Mädel letztlich so einfach zu kriegen war. Denke immer daran: Wenn du keine Angst hast, ist alles möglich.

Lass uns Schritt für Schritt durchgehen, was ich gemacht habe.

Ich hatte keine Angst vor ihrer Schönheit.

Ich habe sie angesprochen, obwohl sie beschäftigt war. Damit habe ich extremes Selbstbewusstsein demonstriert, weil ich sie in ihrem Tun gnadenlos unterbrochen habe. Und wenn sie mit dem Papst telefoniert hätte, mir war es in dem Moment wichtiger, dass sie mir den Weg erklärt. Das hat Eindruck gemacht.

Ich habe gelächelt.

Meine Körpersprache war entspannt. Dadurch signalisierte ich: keine Gefahr!

Ihre Reaktion: Sie lächelte zurück und beendete ihr Gespräch. Somit war ich wichtiger als alles, was sie vorher getan hatte.

Mit dem Spiel »München vs. Düsseldorf« habe ich sofort eine persönliche Bindung eingebaut. Ich habe den Köder gelegt, und sie hat positiv reagiert, also aktiv Interesse bekundet.

Das Spiel zu Ende spielen: »Was macht ihr heute Abend? Lasst uns treffen...«

Außerdem wusste sie, dass ich aus einer fremden Stadt komme, also keine dauerhafte Gefahr für sie darstellen würde. Selbst wenn sie einen Freund hatte, konnte sie sich sicher sein, dass ich am nächsten Tag wieder weg war. Sie konnte sich völlig entspannen und den Abend mit mir genießen. Der gute Eindruck, den sie von mir hatte, ist nur durch eine Sache entstanden: Ich habe alle gesellschaftlichen Normen durchbrochen! 99 Prozent der Kerle hätten sich das einfach nicht getraut, weswegen mein Attraktivitätslevel sofort stieg, ohne dass ich wirklich etwas tun musste. Bist du dieser Mister 1 Prozent, wirst du Abenteuer erleben, die sonst nur für Rockstars reserviert sind.

DAS MODEL AUS NEW YORK

Ich war in New York und wartete auf die U-Bahn, als eine wunderschöne Frau an mir vorbeilief. Okay, das passiert einem in New York zwar alle zehn Sekunden, aber sie war wirklich außergewöhnlich hübsch.

»Du, wann kommt denn eigentlich der Zug?«, fragte ich

sie und lächelte. »Ich warte hier schon zehn Minuten. Was ist denn bei euch in New York los? Hier funktioniert ja gar nix!«

Sie blieb stehen und lächelte zurück. Wir kamen ins Gespräch.

»Woher kommst du denn?«, fragte sie.

»Far away«, sagte ich.

»Hahaha.«

»Germany.«

»Oh, ich war schon in Berlin.«

»Ja, was hast du denn da gemacht?«

»Gearbeitet.«

»Echt, ja? Was kann man denn in Berlin machen, was es in New York nicht gibt?«

»Ich war dort für die Fashion Week gebucht.«

»Verstehe.«

Ich ging nicht weiter darauf ein, sondern redete ganz normal mit ihr. Als die U-Bahn nach zwanzig Minuten endlich kam, stieg sie mit mir zusammen ein.

»Wo musst du hin?«, fragte ich sie.

»Auf die andere Seite von Manhattan.«

»Das trifft sich gut. Meine Cousine hat da ihre Wohnung. Dann haben wir also den gleichen Weg.«

Nachdem ich ihr die Straße meiner Cousine genannt hatte, sagte sie: »Was für ein Zufall, da ist eine Bar ganz in der Nähe, wo ich heute Abend mit einer Freundin verabredet bin. Die ist gerade aus L.A. hier. Wir wissen sowieso nicht, was wir sonst machen sollen. Komm doch rüber, wenn du magst.«

»Logo komm ich rüber. Kann ich dich irgendwie erreichen?«

Du kannst dir sicher vorstellen, wie die Geschichte weiterging. Die Freundin aus Los Angeles war ebenfalls ein

Model. Besser hätte es nicht laufen können. Mein erster Tag in New York, und schon hatte ich ein Date mit zwei Granaten in der Tasche. Und alles nur, weil ich tagsüber meinen Mund aufgemacht und nicht stumm in der Ecke gestanden hatte. Nicht mehr, nicht weniger. Du musst dafür kein Einstein sein. Auch kein George Clooney. Du musst nicht einmal gut aussehen. Ich sah aus, wie der letzte Touri-Trottel: Turnschuhe, Trainingsjacke, Jeans und eine kleine Tasche mit Fotoapparat und Stadtplan. Du hast auf hundert Meter Entfernung gesehen, dass ich kein cooler New Yorker war, sondern ein stinknormaler Tourist. Das Model war sogar diejenige, die mir zuerst eine Nachricht schrieb. Ich sah mir genüsslich ihr Profilfoto an und dachte mir: »Das Leben ist schön!«

Hübsche Frauen treffen nicht oft auf Männer, die keine Angst vor ihrer Schönheit haben und sie völlig normal behandeln. Das musst du dir immer wieder bewusst machen. Du kannst das jetzt. Du fürchtest dich nicht mehr. Und es macht dir sogar Spaß. Früher hätte ich mich das im Leben nicht getraut. Völlig ausgeschlossen. Heute gehe ich, wenn ich will, mit den schönsten Frauen der Welt aus. Ich bin kein Millionär, sehe nicht aus wie Ryan Gosling und fahre auch keinen Porsche. Aber ich glaube an mich. Was du über dich glaubst, ist das, was sich in deiner Außenwelt manifestiert. Wenn du dich als König wahrnimmst, der das Beste verdient, wirst du auch auf Frauen treffen, die diesem Bild entsprechen. So lautet das Gesetz der Anziehung. Deine Lebensqualität beginnt zu steigen. Du machst plötzlich, worauf du Lust hast. Du begeisterst andere Menschen, gewinnst sie für dich und führst ein Leben, für das andere Geld bezahlen würden. Die beiden Models erzählten mir, dass sie bis zu zehntausend Dollar pro Tag verdienen. Obwohl sie in der Fashion-Szene superangesagt waren, hingen sie mit mir in einer coolen Bar ab und luden mich auf Drinks ein. Warum? Sie sagten es mir sogar direkt ins Gesicht: »Michel, you're the funniest and coolest guy ever.« Ein Traum.

WIE DU IHRE SIGNALE ENTSCHLÜSSELST

Es ist manchmal ziemlich frustrierend, wenn man versucht, die Gedanken einer Frau zu lesen. Diese ständige Ungewissheit: Ist sie nun interessiert oder nicht? Mag sie mich oder nicht? Redet sie nur aus Höflichkeit mit mir, oder findet sie mich tatsächlich heiß? Und wenn ja, wie hoch ist ihr sexuelles Interesse an mir, auf einer Skala von 1 bis 10? Du kennst diese Momente: Du bist auf einer Party, triffst eine tolle Frau, kommst ins Plaudern und weißt einfach nicht, wie es läuft zwischen euch. Du kannst ihre Signale nicht entschlüsseln. All diese Fragen gehen dir plötzlich durch den Kopf und verwirren dich: Sollst du ganz normal weiter mit ihr reden, den Gang höher schalten, vielleicht sogar sexuelle Anspielungen machen oder sie gar nach ihrer Nummer fragen? Vielleicht findet sie dich langweilig? Vielleicht will sie einfach nur vögeln und wartet seit zehn Minuten darauf, dass du endlich etwas unternimmst?

Frauen senden oft subtile Signale aus, die ihre Gedanken und somit ihre wahren Absichten verraten. Die Kunst besteht darin, sie zu empfangen und zu entschlüsseln. Keine Sorge, du musst kein Zauberer sein, nur aufmerksam. Es empfiehlt sich also diese oft nur kleinen Gesten zu verstehen und deine Taktik entsprechend darauf einzustellen. Manchmal wird sehr schnell klar, dass man bei zu vielen negativen Signalen besser den Rückzug antreten sollte, weil man vermintes Gebiet betreten hat. Dann wiederum kann es vorkommen, dass man sie direkt vor Ort küssen oder gar mit nach Hause nehmen kann. Wenn du erst einmal weißt, auf welche Signale du achten musst, ist es leicht zu erkennen, was sie über dich denkt.

Diese Signale und Gesten zu interpretieren wird dir nicht nur bei Frauen helfen, die du gerade erst kennengelernt hast, sondern auch bei all jenen, mit denen du bereits in Kontakt stehst; Mädels, die zu deinem erweiterten Freundeskreis zählen. Du weißt schon, diese eine Freundin einer Freundin, die ab und zu beim Ausgehen dabei ist und dein Herz höher schlagen lässt; diese eine Arbeitskollegin, mit der du hin und wieder heimlich in der Kantine flirtest; dieses eine Date, das irgendwie komisch zu Ende ging und bei dem du jetzt nicht weißt, wie und ob es mit ihr weitergeht. Kommt dir irgendwas davon bekannt vor?

DIE RICHTIGE EINSTELLUNG

Es ist um etliches einfacher, Frauen anzusprechen, wenn man die richtige Geisteshaltung besitzt. Erinnere dich: Gedanken sind sehr machtvoll. Was du denkst, das strahlst du auch aus!

Gehe immer davon aus, dass sie an dir interessiert ist.

Tatsache ist: Frauen fühlen sich nicht zu Typen hingezogen, die über wenig Selbstbewusstsein verfügen. Wenn es dir daran mangelt, erkennen sie das sehr wahrscheinlich relativ schnell. Somit befindest du dich in einer unvorteilhaften Ausgangsposition, noch bevor das Gespräch überhaupt begonnen hat. Wie vermeidest du also diesen falschen Eindruck? Indem du dir vorstellst, dass die Frau, die du ansprechen willst, auf jeden Fall an dir interessiert ist. Betrachte es als feststehende Tatsache, dass sie auf dich steht.

Ich mache es auch nicht anders. Ich habe mein Gehirn so programmiert, dass ich immer davon ausgehe, dass mich alle Frauen attraktiv finden. Das hat nichts mit Arroganz zu tun. Das ist eine Lebenseinstellung. Ich denke stets positiv. Mein Wasserglas ist immer halbvoll, niemals halbleer. Ganz wichtig: Ich stelle es niemals infrage. Wenn ich mich an meinen eigenen Code halte, sie nicht plump anbaggere und es nicht übertreibe, weiß ich, dass sie mich will. Das ist wie ein Naturgesetz.

Sich im Gespräch mit ihr verbinden, zu wissen, wann du sie wo und wie lange zu berühren hast, sie nicht plump angraben. Wenn es dir völlig egal ist, wie sie reagiert, und du diese Souveränität auch noch ausstrahlst, ist das die beste Kombination, die du als Mann haben kannst. Du agierst anders, wenn du denkst, dass alle Frauen auf dich stehen.

So bist du jedes Mal, wenn du ein Gespräch mit einer Frau beginnst, im Vorteil, weil du automatisch locker wirst und das tief verankerte Verlangen, auf Teufel komm raus gefallen zu wollen, allmählich verschwindet. Diese Einstellung kann vor allem bei unentschlossenen Frauen sehr effektiv sein, die noch nicht genau wissen, ob und auf welche Art sie dich mögen.

Das gleiche Prinzip gilt für Frauen, die man schon etwas länger kennt. Sobald sie ein paar Mal mit einer Frau unterwegs waren, machen viele Männer den Fehler, jedes ihrer Worte auf die Goldwaage zu legen. Die anfängliche Zuversicht schwindet, und sie werden plötzlich unsicher, was ihre Chancen bei dieser Frau angeht. Sie denken zu lange über die Situation nach, kommen ins Grübeln, machen aus einer Mücke einen Elefanten und zerstören den gemeinsamen Moment. Ihre Gedanken werden negativ.

Diese Unsicherheit kann dazu führen, dass du die Frau damit vertreibst, vor allem wenn es genau dieses Selbstbewusstsein war, das sie am Anfang so attraktiv an dir fand. Gehe also auch nach den ersten Dates immer davon aus, selbst wenn es noch zu keinem sexuellen Kontakt kam, dass sie sich von dir angezogen fühlt. Halte dein Selbstbewusstsein um jeden Preis aufrecht, und lass dich von äußeren Umständen nicht beeindrucken. Du bist der König!

Vertraue deiner Intuition.
Meine Erfahrung hat gezeigt, dass fast alle Menschen ein ziemlich gutes Gespür für die Stimmung einer Situation besitzen. Wenn du dich mit einer Frau unterhältst und das Gefühl in dir aufkommt, dass eine starke Verbindung zwischen euch entstanden ist, dann ist es sehr wahrscheinlich, dass sie das ähnlich empfindet. Wenn du während eines Dates der Meinung bist, dass es »knistert« und sie dich wirklich mag, dann ist es wahrscheinlich auch so. Natürlich gilt das auch anders herum. Wenn keine Verbindung entstehen konnte und du der Auffassung bist, dass die Chemie nicht stimmt, sieht sie das wahrscheinlich genauso. In diesem Fall solltest du das Gespräch höflich beenden, anstatt künstlich etwas erzwingen zu wollen. Hast du das Gefühl, dass sie sich abweisend verhält, vielleicht sogar mit dir Katz und Maus spielt und kein echtes Interesse daran hat, mit dir zusammen zu sein, hast du vermutlich recht. Es ist jedes Mal aufs Neue ein innerer Kampf, auf sein Bauchgefühl zu hören, besonders dann, wenn es einem etwas sagt, das man nicht hören will. Doch an der Wahrheit kommt man eben nicht vorbei.

Betrachte dich aus der Perspektive eines Außenstehenden.

Eine weitere Möglichkeit, die eigenen Hoffnungen von der Wahrheit zu trennen, besteht darin, sich aus der Perspektive eines Außenstehenden zu betrachten. Was würdest du über dich denken, wenn du dich nicht kennen würdest? Wie würdest du reagieren, wenn du sehen könntest, wie ein guter Freund genau das macht, was du gerade machst? Es könnte etwas Positives sein: »Hey, sie steht auf dich!« Oder das Gegenteil: »Alter, sie ist es nicht wert. Komm, lass uns weiterziehen!« Sehr häufig wird uns plötzlich alles ganz klar, wenn wir uns, unsere Emotionen und Unsicherheiten aus der ganzen Sache herausnehmen und so tun, als ob wir gerade eine fremde Person betrachten. Genau darin liegt die Schwierigkeit. Die meisten Männer möchten die Wahrheit nicht hören, besonders dann nicht, wenn es sich um eine Frau handelt, die sie wirklich gerne haben. Ein Beispiel: Sie verpasst dir ständig Körbe und findet Ausreden, warum sie sich nicht mit dir treffen kann. Die ganze Welt sieht es, nur du nicht. Du fängst an, dir alles Mögliche einzureden, nur um die Illusion aufrechtzuerhalten, bei ihr immer noch punkten zu können. Wenn du jedoch einen anderen Typen in deiner Situation beobachten würdest, würdest du wohl nicht lange zögern und sagen: »Sorry Kumpel, aber es scheint wirklich so zu sein, dass sie nicht auf dich steht.«

Dieses Prinzip kannst du übrigens in allen Situationen anwenden. Wenn du mit einer Frau sprichst, egal wo, betrachte sie (und dich) aus der Perspektive eines Außenstehenden. Frage dich: Was ist mit ihrer Körpersprache? Wie verhält sie sich? Was sagt sie? Lächelt sie? Du hast das unterbewusst bestimmt selbst schon mal gemacht. Du warst in einer Bar und hast diesen Typen beobachtet, wie er gerade ein Mädel angesprochen hat. Nur anhand ihrer Körpersprache und Art und Weise, wie sie auf ihn reagierte, wusstest du sofort, ob er bei ihr landen wird oder nicht.

Nimm dir also immer mal wieder eine kleine Auszeit und versuche, dich aus der Perspektive eines Außenstehenden zu betrachten. Dadurch bringst du dich in die Lage, dein Ego aus der Situation herauszuhalten, und du wirst die ungeschminkte Realität zu sehen bekommen, die dir die Augen öffnet.

Gehe niemals davon aus, dass du sie wirklich magst, bevor du nicht mit ihr geschlafen hast.

Mit niemals meine ich genau das: NIEMALS! Viele Männer wollen zu früh zu viel und lassen sich von ihren Gefühlen völlig verunsichern. Stell dir vor, du hättest gerade eine Frau kennengelernt, die du richtig gerne hast. Vielleicht bist du sogar ein bisschen verliebt, und ganz vielleicht hast du ihr sogar schon gesagt, was du für sie empfindest. Und jetzt stell dir vor, ihre Reaktion war nicht so positiv, wie du es dir insgeheim gewünscht hast. Was passiert nun? Dein anfängliches Selbstbewusstsein verschwindet und Verlustängste setzen ein. Du sitzt zu Hause, weißt nicht weiter und fragst dich, was du nur tun kannst, um sie für dich zu gewinnen.

Nimm dir in Zukunft vor, dich gefühlsmäßig erst dann auf eine Frau einzulassen, nachdem du mit ihr schon im Bett warst. Natürlich kannst du deine Gefühle nicht ausschalten. Das meine ich damit auch nicht. Behalte sie einfach für dich, wiege sie nicht zu früh in Sicherheit, und dosiere deine Komplimente. Nach der ersten gemeinsamen Nacht kannst du etwas offener werden. Wichtig ist nur, dass du weiterhin völlig entspannt agierst. Viele Männer machen den Fehler, dass sie sich danach komplett auf diese eine Frau fixieren, vor allem wenn sie Romantiker sind. Sie merken nicht, dass sie der Beziehung die Magie rauben, indem sie zu schnell in den rosaroten Bitte-heirate-mich-Modus wechseln. Auch wenn du unsterblich in sie verliebt bist, musst du cool bleiben. Denke immer daran: Nur sehr wenige Männer kriegen wirklich die eine Frau, auf die sie total fixiert sind.

Niemals hinterherlaufen! Lösche sie aus deinem Gedächtnis, und lebe dein Leben weiter.
Die meisten Männer können nur schwer mit Niederlagen umgehen. Sie haben diese Vorstellung im Kopf, um jeden Preis Stärke zu demonstrieren und als Sieger vom Platz zu gehen. Wenn es um Frauen geht, lassen sie sich oft von ihrem Ego leiten und merken gar nicht, dass sie damit direkt ins Verderben rennen. Sie beginnen ein falsches Spiel zu spielen, indem es nicht mehr darum geht, glücklich zu sein oder eine gute Zeit zu haben, sondern ihr Ego zufrieden zu stellen. Wenn ihnen eine Frau langsam entgleitet, versuchen viele Männer dieses erste Glücksgefühl wiederzuerlangen, das sie empfunden haben, als sie wussten, dass sie noch Interesse an ihnen hatte (oder sie dies zumindest dachten). Unter Spielern verwendet man den Ausdruck »dem Verlust hinterherlaufen«, wenn man ein Ziel verfolgt, das wahrscheinlich nicht zu erreichen ist. Der Spieler läuft dem Gefühl des »High seins« hinterher, das ein Gewinn mit sich bringt, obwohl seine Chancen ganz offensichtlich immer geringer werden. Das gleiche Prinzip lässt sich aufs Daten anwenden. Viele Männer laufen selbst dann noch einer Frau hinterher, nachdem sie bereits etliche Male abgeblitzt sind. Manchmal geht das über Monate oder sogar noch länger. Dabei versuchen sie gar nicht, sie ernsthaft zurückzugewinnen, sie wollen nur das Gefühl zurück, das sie hatten,

als sie noch glaubten, bei ihr eine Chance zu haben. Hier spricht nur ihr Ego, nichts anderes.

Wenn Männer einem Verlust hinterherlaufen, übersehen sie in der Regel die Tatsache, dass ihre sozialen Kontakte in Trümmern liegen. Sie haben aufgehört, sich mit anderen Frauen zu treffen und ihre ganze Energie auf eine Mission ohne Happy End konzentriert. Deshalb gilt folgende Regel: Niemals hinterherlaufen! Lösche sie aus deinem Gedächtnis, und lebe dein Leben weiter.

Da wir jetzt über die richtige Einstellung verfügen, können wir uns im nächsten Schritt um die Signale kümmern, die dir verraten, ob sie auf dich steht. Diese Zeichen sind überall gleich, unabhängig davon, ob du mit einer Frau in einem Club, einer Bar, im Supermarkt oder auf der Straße sprichst. Sie bedeuten nicht zwangsläufig, dass sie sofort mit dir ausgehen oder ins Bett springen will, aber sie sagen dir, dass du das Gespräch fortführen solltest, da die Chance besteht, dass schon sehr bald etwas Wunderbares passieren wird.

WENN SIE VON DIR ANGESPROCHEN WERDEN WILL

Weißt du, wie man am einfachsten gut darin wird, Frauen anzusprechen? Indem du lernst, diejenigen Frauen zu erkennen, die dir ihre Sprich-mich-an-Zeichen schicken. Auch wenn es dir vielleicht nicht bewusst ist, aber jedes Mal, wenn du abends ausgehst, gibt es Frauen, die versuchen, deine Aufmerksamkeit zu erregen, um von dir angesprochen zu werden. Das passiert nicht nur in Bars und Clubs, auch in der U-Bahn, in der Bäckerei, im Buchladen – einfach überall. Ich habe in den letzten Jahren mit unzähligen attraktiven Frauen über genau dieses Thema gesprochen. Und diese Frauen sagten mir, dass es für sie unglaublich frustrierend sei, wenn die Typen zu ihnen sagen: »Oh, du bist ja auch eine schöne Frau, du kannst Sex haben, wann immer du willst ...«

Sie schütteln nur mit dem Kopf und denken sich: »Klar, wenn ich mit einem Schild rumlaufen würde, auf dem steht, dass ich jemanden suche ...«

Frauen schreiben ihre Bedürfnisse auf keine Schilder. Sie gehen aus, und wenn sie jemanden sehen, den sie gut finden, schicken sie ihm Signale. Manchmal sind sie auf der Suche nach männlicher Zuwendung, manchmal sind sie einfach nur geil und wollen vögeln, manchmal wurden sie gerade sitzen gelassen und sinnen nach Rache-Sex, manchmal wollen sie nur knutschen, tanzen und Spaß haben. Die Möglichkeiten sind endlos.

Ich weiß, was du denkst: »Wo gibt es diese Frauen, und warum sind sie immer dort, wo ich gerade nicht bin?« Sie sind überall, auch in deiner Nähe. Sie versenden ihre Signale, auch an dich, aber du weißt vielleicht nicht, was sie dir damit sagen wollen. Du wirst mir zustimmen, dass es am einfachsten ist, eine Frau anzusprechen, wenn sie aktiv um deine Aufmerksamkeit wirbt und unmissverständlich andeutet, mit dir in Kontakt treten zu wollen. Am offensichtlichsten ist es, wenn sie in deine Richtung geht und plötzlich ohne ersichtlichen Grund in deiner Nähe stehen bleibt.

Wenn sie mit mehreren Freunden gekommen ist, könnte sie »aus Versehen« von der Gruppe getrennt werden. Oder sie könnte immer wieder einen Grund finden, um an dir vorbeizugehen. Wenn sie schon in deiner Nähe ist, wird ihre Körpersprache dir gegenüber vielleicht etwas offener, um dir zu zeigen, dass du sie jetzt ansprechen kannst. Wenn sie dich leicht anlächelt und sofort auf den Boden guckt, macht sie das nicht, weil er so schön sauber ist. Sie hat dir damit ein Signal geschickt.

Vielleicht hat dich schon mal eine attraktive Frau aus Versehen angerempelt. Oder sie ist auffällig nah an dir vorbeigegangen und hat dich länger berührt, als es allgemein üblich ist. Vielleicht haben sogar ihre Brüste deine Arme gestreift? Hast du in dem Moment die Chance genutzt? Oder hast du sie einfach sich entschuldigen und weitergehen lassen? Falls ja, hast du wieder eine dieser wunderbaren Gelegenheiten verpasst, die der liebe Gott dir vor die Füße gelegt hat.

Am offensichtlichsten ist es, wenn sie beginnt, deiner Unterhaltung zuzuhören. Vielleicht stehst du gerade mit einem Kumpel in einer Bar oder telefonierst mit deinem besten Freund in einem Café. Wenn sie dann einen Witz von dir hört, wird sie vernehmbar lachen oder sogar ihre Meinung sagen, um deine Aufmerksamkeit zu bekommen. Vielleicht lässt sie in deiner Nähe etwas fallen, in der Hoffnung, dass du es für sie aufhebst. Ja, Frauen gucken kitschige Hollywoodfilme. Und, ja, manchmal wünschen sie sich, dass genau das auch in ihrem Leben passiert.

Frauen sind clever. Sie wissen ganz genau, dass du einen Grund brauchst, um sie anzusprechen, also geben sie dir einen. Wenn sie gerade ein Buch liest oder sich etwas anschaut, sorgt sie dafür, dass du es mitbekommst, damit du ihr dazu eine Frage stellen kannst. Wenn sie sich in einer Galerie ein Bild ansieht, spricht sie laut mit sich selbst, um dir zu zeigen, dass du jetzt auch etwas dazu sagen sollst. Sie serviert dir einen Grund auf dem Silbertablett.

Natürlich gibt es auch Frauen, die etwas subtiler vorgehen, bei ihnen musst du genauer auf ihre Körpersprache achten. Wenn sie zum Beispiel mitbekommt, dass du sie ansiehst, streift sie vielleicht ihr Haar zurück, damit du ihr Gesicht besser sehen kannst; sie überprüft den Sitz ihrer Kleidung, oder sie verschüttet aus Nervosität ihren Cappuccino. Tatsache ist jedenfalls, dass es diese Zeichen gibt. Halte einfach nur deine Augen offen.

WIE DU ERKENNST, DASS DIE FRAU, DIE DU GERADE KENNENGELERNT HAST, AUF DICH STEHT

Sie lacht über deine Witze, auch über die unlustigen.
Die Leute lachen nicht nur dann, wenn sie etwas lustig finden. Es kann auch ein Zeichen der Zustimmung sein. Du kennst dieses Phänomen von Podiumsdiskussionen oder öffentlichen Reden. Der Redner macht einen schlechten Witz, und die Zuhörer lachen trotzdem. Sie bringen damit ihre Wertschätzung zum Ausdruck: »Jawohl, wir mögen dich, wir amüsieren uns prächtig. Wir sind nur wegen dir hier.« Wenn eine Frau also über deine Witze lacht, ist das immer ein positives Zeichen. Mit ihrem Kichern sagt sie: »Hey, ich mag dich. Rede bitte weiter.« Wenn sie über deine Witze laut lacht, will sie dir unterbewusst mitteilen, dass sie dich versteht und gerne mehr Zeit mit dir verbringen möchte.

Sie fragt dich, ob du eine Freundin hast.
Dieses Zeichen wird leicht übersehen, da Frauen meistens versuchen, dies indirekt herauszufinden. Vielleicht erzählst du ihr, dass du auf einem Konzert oder im Kino warst, und sie fragt dich scheinbar beiläufig: »Oh, cool. Mit wem warst du denn da?« Wenn sie mitbekommt, dass du nicht alleine wohnst, wird sie versuchen, über Umwege herauszufinden,

ob du mit deiner Freundin oder einem Kumpel zusammen-
wohnst. Wenn dir solche Fragen auffallen, interessiert sie
sich dafür, ob du vergeben oder noch Single bist. Selbstverständlich fragen manche Frauen auch sehr direkt danach,
dann brauchst du dich natürlich um die subtilen Hinweise
nicht mehr zu kümmern. Wenn dir eine Frau diese Frage
stellt, heißt das, dass sie ganz konkret dein Beziehungspo-
tenzial abschätzen will.

Sie nennt dich einen Charmeur, Idiot oder Arschloch.
Es mag zwar widersprüchlich erscheinen, aber wenn eine
Frau während des Gesprächs so eine freche Bemerkung fallen lässt, kann das tatsächlich ein Zeichen dafür sein, dass
du gute Fortschritte machst. Diese Form der spielerischen
Neckerei gehört zum Flirten dazu. Wenn sie dich zum Beispiel einen Charmeur nennt, will sie dich testen. Sie möchte
sehen, wie du reagierst. Das ist ein gutes Zeichen. Ist doch
logisch: Fände sie dich unattraktiv und mit deinen Flirtver-
suchen nicht sonderlich erfolgreich, würde sie dich nicht als
Charmeur bezeichnen. Sie nennt dich einen Charmeur, weil
sie sich von dir angezogen fühlt und nun wissen will, ob du
nur einer dieser Aufreißertypen bist oder ob du wirklich
auf sie stehst.

Sie trinkt aus deinem Glas.
Stell dir vor, du bist auf einer Party, und eine Frau fragt
dich, ob sie deinen Drink probieren darf. Oder sie nimmt
einfach, ohne zu fragen, einen Schluck aus deinem Glas,
nachdem du dein Getränk abgestellt hast. Das ist ein sehr
deutliches Zeichen dafür, dass sie sich mit dir wohlfühlt –
wohl genug jedenfalls, um mit ihrem Mund die Stelle zu berühren, die dein Mund gerade berührt hat. Sie kann dir ihre
Zuneigung aber auch auf andere Art zeigen. Vielleicht bie-

tet sie dir ihren Drink an oder hält dir zum Probieren ihren Teller hin, den sie gerade vom Büffet geholt hat. Sie zeigt dir damit, dass sie deine Gegenwart wertschätzt. Manchmal sind die Zeichen auch weniger subtil. Eine Frau lehnt sich zu dir herüber oder will deine Aufmerksamkeit erregen, indem sie deine Hand oder deinen Arm leicht berührt. All diese intimen Signale sind ein sicheres Zeichen dafür, dass es an der Zeit ist, die nächsten Schritte einzuleiten.

Sie bemüht sich aktiv darum, das Gespräch am Laufen zu halten.

Wenn euer Gespräch irgendwann an Fahrt verliert und beginnt, langweilig zu werden, ist sie diejenige, die es am Laufen hält. Sie stellt dir vielleicht Fragen oder sagt dir ihre Meinung zu einem bestimmten Thema. Sie macht das, weil sie nicht will, dass du gehst. Wenn sie dir direkt oder indirekt persönliche Fragen stellt, ist es sehr wahrscheinlich, dass sie ernsthaftes Interesse an dir hat.

Sie zieht dich auf.

Wie ich vorhin schon erwähnt habe, ist es immer ein gutes Zeichen, wenn sie dich – immer mit einem lächelnden Augenzwinkern – einen Arsch/Charmeur/Player nennt. Neckereien dieser Art sind nichts anderes als liebevoll gemeinte Gesten. Frag dich selbst: Welche Menschen zieht man auf? Nur diejenigen, die man mag und in deren Gegenwart man sich wohlfühlt. Sie gibt dir vielleicht einen Kosenamen oder neckt dich wegen etwas, das du gerade gesagt oder getan hast. Damit will sie dir unterschwellig sagen: »Hey, es gibt eine besondere Verbindung zwischen uns.«

Sie stellt dich ihren Freunden vor.

Vorsicht: Dabei kann es sich auch um ein schlechtes Zeichen handeln. Wenn sie dich zum Beispiel auf einer Party ihren Freunden vorstellt und sich dann zurückzieht, heißt das, dass sie dich loswerden will. Wenn sie dich jedoch vorstellt, neben dir stehen bleibt, sich weiter mit dir unterhält und eventuell sogar Körperkontakt sucht, ist das ein äußerst positives Zeichen. Es bedeutet, dass sie dich vorzeigen oder später die Meinung ihrer Freunde über dich einholen will.

Sie trennt sich von ihrer Gruppe, um sich alleine mit dir zu unterhalten.

Die umgekehrte Situation kann ebenfalls ein gutes Zeichen sein. Vielleicht sagt sie, wenn ihre Freunde gehen: »Ach, ich bleibe noch ein bisschen.« Wenn eine Frau in so einer Situation deine Nähe sucht, weißt du, dass die Chancen fast bei hundert Prozent liegen, dass sie gleich mit zu dir nach Hause kommt. Sie hätte einfach nach deiner Nummer fragen und mit ihren Freunden gehen können. Wenn sie bei dir bleibt, hat sie noch nicht genug und will mehr. Normalerweise erlebst du so etwas in einer Bar oder einem Club, aber es kann genauso gut woanders passieren. Vielleicht seid ihr auf einer privaten Feier, und ihre Freunde gehen in ein anderes Zimmer, während sie bei dir bleibt. In dieser speziellen Situation heißt das nicht unbedingt, dass sie sofort mit dir schlafen will, es ist aber eindeutig ein positives Signal, dass es an der Zeit ist, das Gespräch in eine intimere Richtung zu lenken und deine Flirts zu intensivieren.

WIE DU ERKENNST, DASS DIE FRAU, DIE DU GERADE KENNENGELERNT HAST, NICHT AUF DICH STEHT

Wenn du Frauen aktiv umwirbst, wirst du Körbe kassieren. Daran führt kein Weg vorbei. Du kannst solche Abweisungen allerdings minimieren, indem du nicht nur nach den positiven Zeichen Ausschau hältst, sondern auch nach den negativen. Wozu sich einen Korb abholen, wenn du vorher schon weißt, dass deine Chancen nicht sehr gut stehen? Wichtig ist hier einzig und alleine deine Geisteshaltung. Lass dich von den negativen Signalen nicht runterziehen, nimm sie nicht persönlich und lass dein Ego aus dem Spiel. Betrachte es nicht als Misserfolg, sondern als Erinnerung, noch stärker an deiner Einstellung zu arbeiten, indem du dir sagst: »Diese Frau ist nichts für mich. Ich sehe mich lieber nach jemandem um, der meine Gegenwart wirklich wertschätzt.«

Sie sagt, dass sie müde ist.
Wenn eine Frau auf dich steht, hat sie immer genug Energie, um das Gespräch am Laufen zu halten, egal, wie spät es ist, egal, wie lange sie schon auf den Beinen ist, egal, wann sie am nächsten Morgen aufstehen muss. Du kennst das Gefühl bestimmt: Wenn dir jemand gefällt und ihr zusammen seid, hast du scheinbar unendlich viel Power. Zeit spielt plötzlich keine Rolle mehr. Vielleicht sagt sie nicht einmal, dass sie müde ist, sondern gähnt andauernd, schaut auf ihre Uhr oder spielt mit ihrem Handy. Das sind deutliche Hinweise dafür, dass sie nicht an dir interessiert ist. Sie langweilt sich. Du solltest das akzeptieren und weiterziehen.

Sie fragt nicht nach deinem Namen.

Man fragt zwar nicht zwangsläufig am Anfang eines Gesprächs nach dem Namen, wenn du aber schon eine Weile mit ihr redest und diese Frage nicht kommt, solltest du dich fragen, ob sie wirklich interessiert ist. Noch schlimmer ist, wenn du sie nach ihrem Namen fragst, sie danach aber nicht nach deinem. Das bedeutet, dass sie das Gespräch wahrscheinlich nicht zu persönlich werden lassen möchte. Beende es, und ziehe weiter. Falls sie doch Interesse an dir haben sollte, wird sie jetzt etwas unternehmen. Wenn nicht, hast du keine wertvolle Zeit vergeudet.

Sie erwähnt ihren Freund.

Manchmal erwähnt sie ihren Freund. Meistens passiert das nicht sofort, sondern erst im Laufe des Gesprächs. Natürlich ist das kein gutes Zeichen, aber es heißt nicht unbedingt, dass du chancenlos bist. Vielleicht will sie dich nur testen, um zu sehen, wie du reagierst. Wenn sie ihren Freund jedoch gleich am Anfang erwähnt, vielleicht sogar in einem positiven Kontext, will sie dir recht eindeutig sagen: »Du brauchst dir keine Mühe zu machen. Ich bin vergeben!« Ob es tatsächlich so ist oder sie das nur sagt, damit du sie in Ruhe lässt, spielt keine Rolle. Pack dein Zelt ein, wenn sie dir dieses Zeichen gibt, und baue es woanders wieder auf.

Sie vermeidet Blickkontakt.

Wenn du dich mit einer Frau unterhalten willst, und sie ständig wegschaut, heißt das nichts Gutes. Kennst du diese Promo-Leute in den Fußgängerzonen, die auf einen zukommen und wollen, dass man für irgendwas seine Unterschrift hergibt? Die meisten Menschen blicken dann schnell weg und gehen einen Schritt schneller, um ja nicht in ein Gespräch verwickelt zu werden. So ähnlich empfindet sie gerade den Moment mit dir. Indem sie den Blickkontakt meidet, versucht sie, der Situation zu entfliehen. Hier verschwendest du nur deine wertvolle Zeit.

Ihre Körpersprache signalisiert Ablehnung.
Das ist der subtilste Hinweis, der oftmals nur schwer zu erkennen ist. Vielleicht hast du einfach dieses Gefühl, dass sie sich in deiner Umgebung nicht wohl fühlt. Das heißt, dass es wahrscheinlich auch so ist. Es bedeutet allerdings nicht, dass du sie nicht doch noch erreichen könntest, wenn du dich etwas mehr anstrengst. Einige Frauen sind schüchtern oder nervös und agieren entsprechend eigenartig zweideutig. Wenn du jedoch mehrere Signale der Ablehnung erkannt hast, lass die Finger von ihr, bevor du dich verbrennst.

Ihre Antworten sind kurz oder einsilbig.
Wenn sie dir kurze, einsilbige Antworten gibt, ist das exakt das Gegenteil von dem Versuch, ein Gespräch am Laufen zu halten. Kurze Antworten bedeuten normalerweise, dass sie sich denkt: »Ich will das Gespräch beenden, also mache ich es ihm so schwer wie möglich, es fortzusetzen.« Je kürzer/lustloser/langweiliger ihre Antworten sind, desto schneller solltest du nach einem würdevollen Abgang suchen und woanders dein Glück versuchen.

Dir fällt auf, dass sie ihre Freunde hilfesuchend ansieht.
Wenn eine Frau nach ihren Freunden sucht, solltest du auf ihren Gesichtsausdruck achten. Die meisten Männer sind so sehr mit sich selbst beschäftigt, dass sie dieses Signal fast immer übersehen. Sie achten nicht darauf, was sie tut. Entwickle ein Gespür für die Signale, die sie aussendet. Wenn du merkst, wie sie nach einer dritten Person schielt, heißt das oft, dass sie von ihr gerettet werden will.

WIE DU SOFORT HERAUSFINDEN KANNST, OB SIE AUF DICH STEHT

Wenn du von einer Frau keine eindeutigen Signale bekommst oder sie nicht entschlüsseln kannst, gibt es einige Tricks, die du probieren kannst, um auf jeden Fall sofort eine klare Reaktion bei ihr hervorzurufen. Bring sie in die Lage, auf das, was du tust, reagieren zu müssen.

Versuche, sie zu küssen.
Mein Lieblingsratschlag. So einfach und so wirkungsvoll. Gib ihr ein kleines Küsschen auf die Wange oder die Lippen, einfach um zu sehen, wie sie reagiert. Viele Männer haben nicht den Mut, dies gleich nach dem ersten Kennenlernen zu tun, wobei es so vieles vereinfachen würde. Ist die Nacht aber vorangeschritten, und du weißt nicht genau, woran du bist, ist das der schnellste und direkteste Weg, um es herauszufinden. Wenn du versuchst, sie zu küssen, weißt du es ganz sicher. Sei aber auf der Hut. Auch wenn sie sich wegdreht oder mit der Hand dazwischengeht, muss das kein schlechtes Zeichen sein. Wenn sie ausweicht, aber weiterhin mit dir redet und flirtet, ist alles noch im grünen Bereich. Wenn sie dir nach deinem Kussversuch eine klare Ansage macht, dass sie nur nett sein wollte und du ihre Signale wohl fehlgedeutet hättest, weißt du wenigstens Bescheid. Wenn du dir nicht den Kopf darüber zerbrechen willst, wo du bei ihr stehst, ist ein Kuss der richtige Weg für dich.

Lass eine spontane Bemerkung fallen wie »Wir sollten uns mal alleine treffen«.
Sag es, und warte, wie sie reagiert. Du hast dir vielleicht noch gar keine Gedanken über ein Date gemacht, kannst

aber bereits viel aus ihrer Reaktion ableiten. Ein schnelles »Ja, klar, auf jeden Fall« ist ein sehr gutes Zeichen. Wenn sie deinen Kommentar ignoriert oder sich irgendwie seltsam benimmt und herumdruckst, heißt das, dass sie sich noch nicht genug zu dir hingezogen fühlt. An dieser Stelle musst du auf deine Intuition hören: entweder einen Gang hochschalten oder deinen Verlust begrenzen und weiterziehen.

Der »High Five«-Test

Manchmal unterbreche ich eine Unterhaltung, lächle und sage etwas wie: »Hey, du bist so cool!« Dann gebe ich der Frau »High Five« und greife ganz locker nach ihrer Hand. Jetzt kommt der entscheidende Moment: Ich achte darauf, wie lange sie nach dem Abklatschen meine Hand in ihrer lässt. Probier's aus! Wenn sie ihre Hand eine Zeit lang in deiner lässt, heißt das, dass sie eine Verbindung spürt. Wenn sie ihre Hand gleich zurückzieht, heißt das, dass sie sich nicht genug angezogen oder in deiner Gegenwart noch nicht wohl genug fühlt.

Der »Meine Frau und die Kinder«-Test

Das ist ziemlich lustig, weil sie darauf nicht vorbereitet ist. Ich sage einfach: »War schön, mit dir zu reden, aber ich muss jetzt zu meiner Frau und den Kindern zurück.« Dann grinse ich ein bisschen und achte darauf, wie sie reagiert. Wenn sie dich wirklich mag, wird sie etwas sagen wie: »WAS? Was meinst du mit Frau und Kindern?« Dann kannst du ganz entspannt nach ihrer Hand greifen und antworten: »Beruhig dich wieder. War nur Spaß.« Anhand ihrer Reaktion hast du sofort erkannt, dass sie dich mag. Dein Kommentar hat sie unvorbereitet getroffen und für einen kurzen Moment ihren Schutzwall durchbrochen. Bingo! Wenn sie auf deinen Test allerdings gar nicht reagiert, ist es sehr wahrscheinlich, dass es ihr nichts ausmacht, dass du bereits unter der Haube bist, weil sie ohnehin kein sexuelles Interesse an dir hat.

WIE DU ERKENNST, OB EINE FRAU, DIE DU BEREITS SEIT EINIGER ZEIT KENNST, AUF DICH STEHT

Viele Männer wissen einfach nicht, wie sehr sich eine Frau für sie interessiert, mit der sie sich schon eine Zeit lang getroffen haben. Tatsächlich handelt es sich hier um eine der Fragen, die mir in meinen Seminaren und Coachings am häufigsten gestellt wird. Vielleicht triffst du dich noch nicht einmal mit ihr, ihr habt aber Nummern ausgetauscht oder euch über das Internet kennengelernt, und jetzt würdest du gerne herauskriegen, was sie von dir denkt. Hier die häufigsten Zeichen dafür, dass eine Frau, die du schon kennst, auf dich steht:

Sie schickt dir unaufgefordert Kurznachrichten.
Wenn sie dir aus dem Nichts heraus SMS schickt, heißt das, dass sie wissen möchte, was du so treibst. Sie möchte nicht in Vergessenheit geraten und dadurch ein kleiner Teil deines Lebens sein. Durch ihre Lebenszeichen versucht sie herauszufinden, wie sehr du an ihr interessiert bist. Merke dir: Ihr wäre dein Interesse an ihr egal, wenn sie nicht selbst interessiert wäre.

Sie will dich ihren Freunden vorstellen.
Wenn bei einem ihrer Freunde eine Party steigt und sie will, dass du kommst und ihren Freundeskreis kennenlernst, heißt das, dass sie in dir Potenzial sieht. Sie würde

dich nicht ihren Freunden vorstellen, wenn sie vorhätte, den Kontakt zu dir abzubrechen.

Sie schmiedet Zukunftspläne mit dir.

Es ist ein sehr gutes Zeichen, wenn sie immer wieder Dinge sagt wie: »Ich habe von diesem neuen Restaurant gehört, da müssen wir mal zusammen hin« oder »Diesen Film müssen wir unbedingt sehen«. Es bedeutet, dass sie sich Gedanken über ihre Zukunft macht, und du kommst darin vor. So etwas würde sie nicht tun, wärest du ihr egal.

Sie ergreift die Initiative zur Intimität.

Wenn eine Frau beginnt, dich zu umarmen, dich zu küssen und andere intime Dinge zu machen, ohne dass du etwas aktiv dazu beigetragen hast, brauchst du dir natürlich keine Sorgen bezüglich ihres Interesses zu machen. Vielleicht ging es ihr auf die Nerven, dass du in der Vergangenheit so zurückhaltend warst und das Offensichtliche nicht gesehen hast, aber das Thema ist durch, weil sie jetzt den ersten Schritt getan hat. Selbst wenn sie dir Hinweise gibt, die nicht ganz so sexuell sind (nah bei dir sitzen, deine Hand halten, dich auf die Wange küssen, ständig Körperkontakt suchen), kannst du dir ziemlich sicher sein, dass sie auf dich steht.

Sie hat immer für dich Zeit.

Wenn eine Frau auf dich steht, hat sie immer für dich Zeit. Und mit immer meine ich: IMMER! Sie kommt auch um drei Uhr nachts noch zu dir, wenn sie weiß, dass es dir etwas bedeuten würde. Sie sagt vielleicht sogar eine Verabredung mit ihren Eltern ab und ändert ihren gewohnten Tagesablauf, nur um mit dir zusammen zu sein. Hör aber genau zu, denn sie wird dir das nicht so deutlich kommunizieren. Was sie nicht sagen wird: »Ich habe meinen Freunden abgesagt, damit ich mit dir zusammen sein kann.« Wenn sie jedoch erwähnt, dass sie eine bereits bestehende Verabredung verschoben hat, gibt sie dir damit die Möglichkeit zu sagen: »Super, lass uns was zusammen machen.« Immer wenn sie Verabredungen mit Freunden oder der Familie absagt, ist das ein großartiges Zeichen.

Sie erwacht zu neuem Leben.
Ich habe bereits erwähnt, dass der Körper große Energiereserven freisetzt, wenn man sich von jemandem stark angezogen fühlt. Wenn du schon eine Zeit lang mit einer Frau ausgehst und diese Energie bei ihr entdeckst (strahlendes Lächeln; leuchtende Augen), ist das ein gutes Zeichen. Es bedeutet, dass sie immer noch gern mit dir zusammen ist oder sich jetzt, da sie dich besser kennengelernt hat, noch mehr zu dir hingezogen fühlt. Wenn sie bis spät in die Nacht weggehen will und selbst morgens um fünf Uhr noch voller Tatendrang ist, läuft es für dich sehr, sehr gut.

Sie richtet sich jedes Mal her, wenn sie weiß,
dass sie dich treffen könnte.
Wenn sie jedes Mal, wenn ihr euch trefft, umwerfend aussieht, ist das ein Zeichen dafür, dass ihr Interesse an dir immer noch sehr stark ist. Es bedeutet, dass es ihr wichtig ist, was du von ihr hältst – auch optisch! Wenn du Make-up, frische Klamotten und Parfüm bemerkst, ist das ein positives Zeichen und ein klares Signal, dass du immer noch im Rennen bist.

Sie schenkt dir bei sozialen Ereignissen mehr
Aufmerksamkeit als anderen.
Wenn ihr zusammen auf eine Party oder in einen Club geht, wo sie viele Leute kennt, sie aber trotzdem bei dir bleibt,

anstatt sich unter das Volk zu mischen, heißt das definitiv, dass sie auf dich steht. Sie begrüßt ihre Freunde vielleicht mal kurz, aber wenn sie das tut, kommt sie entweder schnell wieder zurück oder ruft dich zu sich, um dich ihren Freunden vorzustellen. Du hast den Jackpot geknackt!

WIE DU ERKENNST, DASS EINE FRAU, DIE DU BEREITS SEIT EINIGER ZEIT KENNST, NICHT AUF DICH STEHT

Natürlich musst du auch nach schlechten Zeichen Ausschau halten, nämlich jenen, die dir sagen, dass sie NICHT auf dich steht. Denke daran, unbedingt die richtige Einstellung beizubehalten und die Lage zu akzeptieren, wenn diese Zeichen auftauchen. Manchmal ist es besser, sich zurückzuziehen, anstatt wie ein Lemming über die Klippe zu springen.

Sie sagt, dass sie für eine Beziehung noch nicht bereit ist.
Wenn eine Frau deutlich macht, dass sie nicht auf der Suche nach einer Beziehung ist, heißt das, dass sie nicht auf der Suche nach einer Beziehung mit dir ist. Auch wenn es sich dabei um eine äußerst unabhängige, starke Frau handelt, würde sie einem Typen, an dem sie interessiert ist, so etwas nie sagen. Wenn sie ihn mag, versucht sie, ihm so nah wie möglich zu sein. Wenn sie erwähnt, dass sie keinen Freund sucht, ist das ein nicht sonderlich subtiler Hinweis, dass du in ihren Zukunftsplänen nicht vorkommst.

Sie ruft nie an und geht deinen Anrufen aus dem Weg.
Ich bin schon mit Frauen ausgegangen, die richtig auf mich standen, mich aber trotzdem kein einziges Mal angerufen

haben. Wenn ich allerdings bei ihnen anklingelte, gingen sie sofort ans Telefon und waren immer bereit, etwas mit mir zu unternehmen. Diese Mädels waren einfach der Meinung, dass es die Aufgabe des Mannes sei, sich zu melden. Aber Vorsicht, das ist nicht immer so. Wenn eine Frau sich nie bei dir meldet und dann, wenn du sie anrufst, nicht ans Telefon geht oder nicht innerhalb kurzer Zeit zurückruft, ist das ein schlechtes Zeichen. Wenn du sie anrufst und sie nicht einmal am Telefon mit dir reden will, kannst du im Prinzip schon einpacken. Wenn das mehr als einmal passiert, solltest du der Tatsache ins Auge sehen, dass sie nicht auf dich steht.

Sie sagt Verabredungen ab und hat nie Zeit.
Wie ich zuvor schon erwähnt habe, kommt eine Frau, wenn sie dich wirklich mag, zu jeder Tages- und Nachtzeit bei dir vorbei. Sie wird immer einen Weg finden, dich zu sehen. Wenn sie jedoch regelmäßig Verabredungen mit dir absagt oder jedes Mal, wenn du etwas mit ihr unternehmen willst, Ausreden erfindet, zum Beispiel, dass sie gerade unglaublich viel zu tun habe, sollten bei dir die Alarmglocken läuten. Viele Frauen sind tatsächlich sehr beschäftigt, aber wie ich schon sagte: Würde sie dich mögen, fände sie einen Weg, selbst wenn es nur eine halbe Stunde wäre.

Sie vermeidet intimen Kontakt.
Wenn sie sich jedes Mal abwendet, wenn du versuchst, ihre Hand zu halten, sie zu küssen oder zu berühren, steht sie nicht auf dich. Du musst kein Hellseher sein, um das zu kapieren. Am Anfang einer funktionierenden Beziehung herrscht immer eine starke sexuelle Anziehung. Das Feuer brennt dann am heißesten, und ihr Verlangen nach Intimität sollte unstillbar sein. Wenn sie aber sogar harmlosen

Kontakt vermeidet, der nicht mal als sexuell angesehen werden kann, wie ein Kuss auf die Wange, solltest du ernsthaft darüber nachdenken, warum du überhaupt deine Zeit mit ihr verbringst.

Sie vermeidet zu engen Kontakt in der Öffentlichkeit.
Vielleicht hast du sogar schon mit ihr geschlafen. Wenn ihr aber mit ihren Freunden oder Arbeitskollegen unterwegs seid, vermeidet sie jeglichen öffentlichen Körperkontakt: keine Küsse, Umarmungen oder sonstigen Austausch von Zuneigung. In diesem Fall könnte es sein, dass sie sich keine Zukunft mit dir vorstellen kann und nicht möchte, dass die Menschen aus ihrer näheren Umgebung die Situation falsch interpretieren. Jetzt wird es Zeit, über deine Rolle nachzudenken.

Ihre Handlungen sind nicht eindeutig oder lassen darauf schließen, dass sie dir etwas verheimlicht.
Ein Mädel, mit dem ich eine Zeit lang ausgegangen bin, kam einmal zum Abendessen vorbei. Sofort hatte ich ein seltsames Gefühl. Sie verhielt sich unnatürlich, aß sehr wenig und ging wieder recht früh. Sie entschuldigte sich mit der Ausrede, noch für eine Prüfung lernen zu müssen. Ich glaubte ihr kein einziges Wort. Ich möchte keine Empfehlung für das aussprechen, was ich dann tat, aber ich fuhr zu ihr nach Hause, um zu sehen, ob ihr Auto vor der Tür stand und das Licht brannte. Kein Auto, kein Licht. Ich rief sie an, sie ging nicht ran und rief auch nicht zurück. Wie sich herausstellte, war sie an dem Abend noch mit einem anderen Mann unterwegs. Was ich damit sagen will, ist, dass mir meine Intuition sagte, dass etwas nicht stimmte, obwohl ich es in dem Moment nicht genau erklären konnte. Ich bin kein Typ, der besonders eifersüchtig ist. Im Gegenteil, ich

bin jemand, der nur sehr selten einen Verdacht hegt. Wenn das aber passiert, kann ich meinem Bauchgefühl in der Regel vertrauen. Wenn sich eine Frau also nicht eindeutig ausdrückt oder so tut, als hätte sie etwas zu verbergen, liegst du vermutlich richtig damit.

Sie versucht, dich abzuweisen oder mit einer Freundin zu verkuppeln.

Wenn sie dir unaufgefordert sagt, dass du gut zu dieser oder jener Frau passen würdest, oder versucht, dich mit ihrer Freundin zu verkuppeln, macht sie das, weil sie ganz eindeutig nicht auf dich steht. Wenn sie das nicht nur einmal macht und du dir sicher bist, dass sie dich nicht necken oder testen will, kannst du davon ausgehen, dass ihr sexuelles Interesse an dir, falls es jemals vorhanden war, praktisch nicht mehr existiert. Vielleicht hat sie dich auch von Anfang an nur als guten Freund gesehen. Wie auch immer, es ist jedenfalls kein gutes Zeichen, wenn sie dauernd versucht, dich loszuwerden.

Bei sozialen Ereignissen mischt sie sich unter die Leute und lässt dich allein zurück.

Wenn du mit einer Frau seit längerer Zeit fest zusammen bist, ist so ein Verhalten mehr oder weniger normal. Ihr seid miteinander vertraut und wisst, dass ihr euch im Laufe des Abends wieder treffen werdet. Am Anfang einer Beziehung solltest du allerdings im Mittelpunkt ihrer Aufmerksamkeit stehen. Wenn man frisch verliebt ist, konzentrieren sich die Gedanken und die Energie ganz auf den Partner. Wenn sie dir bei sozialen Ereignissen also wenig Aufmerksamkeit schenkt, könnte das bedeuten, dass sie sich anderweitig umschaut.

Da wir nun über die Zeichen und die richtige Einstellung gesprochen haben, solltest du jetzt eine ziemlich genaue Vorstellung davon haben, wie du das Ausmaß des Interesses einer Frau abschätzen kannst. Drei Punkte sind mir besonders wichtig:

Behalte deine Gefühle für dich.
Rede dir nicht ein, in eine Frau verliebt zu sein, bevor du nicht wenigstens bis zum fortgeschrittenen Vorspiel mit ihr gekommen bist. Natürlich wäre richtiger Sex noch besser, wenn du aber alles andere schon mit ihr gemacht hast, sollte das in Ordnung sein. Gib ihr nicht das Gefühl, dich schon an der Angel zu haben.

Nimm dir vor, ihr nicht hinterherzulaufen.
Wenn dir eine Frau mehrere negative Zeichen gibt, auch wenn sie eventuell anfangs auf dich stand, musst du einpacken und das Feld räumen. Eine attraktive Frau hat viele Männer in ihrem Leben. Eine bittere Weisheit, die ich meinen Klienten immer wieder sagen muss. Wenn eine Frau, die wirklich von dir begeistert war, plötzlich abweisend reagiert, liegt das sehr wahrscheinlich daran, dass ein anderer Mann in ihr Leben getreten ist. Oft handelt es sich dabei um einen Typen aus ihrer Vergangenheit, vielleicht jemand, in den sie mal verliebt war und den sie jetzt wieder in ihrem Leben haben will. Vielleicht ist es ein Exfreund oder ein Typ, der sich endlich von seiner Frau hat scheiden lassen. So oder so, es lässt sich nicht ändern. Wenn dich eine Frau auf einmal nicht mehr anruft, nachdem sie dich zuvor ständig angerufen hat, liegt das selten an dir. Du hast nichts falsch gemacht. Sie hat einfach einen anderen kennengelernt. In neunzig Prozent der Fälle liege ich mit dieser These richtig. So etwas sage ich den Betroffenen nur ungern, da es in der

Situation fast keine schlechteren Nachrichten gibt. Ich fühle mich schrecklich, wenn ich einem Kerl sagen muss, dass sie wahrscheinlich gerade bei einem anderen ist. Aber so sieht es nun mal aus. Nimm dir also fest vor, dass du sie aus deinem Gedächtnis löschen und weiterziehen wirst, wenn sie dir die kalte Schulter zeigt oder nicht (mehr) auf dich steht. Daran führt kein Weg vorbei!

Schnapp sie dir!
Wenn du dich andererseits mit einer Frau unterhältst und einige der positiven Zeichen entdeckst, die ich erwähnt habe, musst du schwören, dich noch mehr anzustrengen, um das Gespräch in eine intimere, gewagtere Richtung zu lenken. Entscheide dich genau jetzt dafür, dass du alles versuchen wirst, sie zu küssen und ihre Nummer zu bekommen, wenn die Zeichen sichtbar sind. Du musst es dir versprechen!

WIE MAN MIT KÖRBEN UMGEHT

Ich weiß, ein Korb oder eine Abfuhr kann einem ziemlich den Tag vermiesen. Ist dir schon aufgefallen, dass es nahezu allen Menschen schwerfällt, auf andere Menschen zuzugehen? Woran liegt das eigentlich? Ist es nur die Sorge, eine negative Reaktion zu bekommen? Es sind ja nicht nur die Männer, die Schwierigkeiten damit haben. Frauen tun sich damit genauso schwer. Die Angst vor Zurückweisung und die Sorge um die eigene Reputation gilt für beide Geschlechter. Ich meine das übrigens nicht nur im Flirtkontext, sondern ganz allgemein: im Berufsleben, im Alltag, im neuen Freundeskreis. Überall dort, wo man auf unbekanntes Terrain stößt, hat man zunächst Hemmungen, aus sich herauszugehen. Man hält sich zurück und ist stets darauf bedacht, einen guten Eindruck zu hinterlassen. Woher kommt diese innere Blockade? Die Antwort liegt auf der Hand: Wir alle wollen geliebt werden. Wir alle sehnen uns nach Anerkennung. Wir alle wollen uns in einem möglichst guten Licht präsentieren, sind zu jedem freundlich, ordnen uns unter und achten penibel darauf, ja in kein Fettnäpfchen zu treten.

Hinzu kommt die Angst vor Ausgrenzung. Einsamkeit, wenn sie nicht freiwillig gewählt wurde, ist wohl der schlimmste Zustand, den man sich vorstellen kann. In Gesellschaft fühlt sich der Mensch am wohlsten. Er ist ein Herdentier und setzt eine Zurückweisung unterbewusst wohl mit dem Gefühl des Ausschlusses aus der Gruppe gleich, was zur Zeit der Neandertaler den sicheren Tod bedeutet hätte. Diese Angst vor einer Abfuhr, die Gefahr der Bloßstellung, das Gefühl, nicht gut genug zu sein, führt zu Nervosität, einer schlechten Haltung, einem trockenen Hals, einer leisen oder hohen Stimme, kalten Händen und zu Schweißausbrüchen. All diese Befürchtungen schwirren in unserem Unterbewusstsein herum. Aus diesem Grund unternehmen viele Männer auch nichts, sondern halten sich bedeckt. Etwa nach dem Motto: »Nicht gewonnen, aber immerhin nicht verloren.«

Leider bringt sie diese Einstellung nicht ans Ziel, sondern mindert nur ihre Lebensqualität. Wenn du also permanent Angst vor einem Korb hast, verhältst du dich automatisch unnatürlich, was sehr wahrscheinlich dazu führt, dass du auch einen bekommst. In der Praxis sieht das dann so aus:

»Du bist ein netter Kerl, aber ich geh mal zurück zu meiner Freundin. Vielleicht seh'n wir uns ja später noch mal.« Oder: »Sorry, aber ich muss morgen früh raus. Schönen Abend noch.«

Alle erfolgreichen Menschen haben gemeinsam, dass sie lernen mussten, nach Niederlagen weiterzumachen, und sie damit die Angst vor Rückschlägen verloren haben. Befreit von der Angst, gehen sie mit mehr Mut und Begeisterung zu Werke, nehmen mehr Chancen wahr, was zu unmittelbar mehr Erfolg führt.

Deine Aufgabe ist es also, die Angst vor dem Scheitern zu verlieren.

Das erreichst du, indem du dir anfangs klar machst, dass jeder Mensch da draußen mit Unsicherheiten zu kämpfen hat. Falls du unsicher bist, kann ich dir versprechen, dass du nicht der Einzige bist. Selbst die erfolgreichsten Kerle und die attraktivsten Frauen haben Unsicherheiten. Und je größer diese Unsicherheiten sind, desto mehr versuchen Menschen diese entsprechend zu verbergen. Meist indem sie das genaue Gegenteil vorgaukeln oder indem sie andere Menschen von oben herab behandeln. Das ist dann das, was man weitläufig unter Arroganz versteht.

Stell dir vor, dein Leben ist perfekt, du lebst deinen Traum, bist erfolgreich, hast keinerlei Druck oder Sorgen und alles läuft besser, als du es dir jemals erträumt hast. Du bist gesund, unabhängig und teilst dein Leben nur mit Menschen, die es wert sind. Kurz gesagt, die vollkommene Glückseligkeit.

Angenommen, jemand spricht dich an, will mit dir in Kontakt kommen oder begegnet dir zufällig. Gibt es dann einen Grund für dich, diese Person respektlos zu behandeln, zu belächeln oder gar zu versuchen, diese Person kleinzumachen? Wohl kaum.

Wenn also beispielsweise eine Frau, die du ansprichst, wie beschrieben reagiert, dann hat das sicher nichts mit dir zu tun.

Es ist eine Reflexion ihrer Seele, nicht deiner. Wenn du

sie ansprichst, und sie deinen Humor nicht versteht oder irgendwie negativ antwortet, Pech gehabt. Wenn du dich selbst nicht zu ernst nimmst, mit einem Lächeln und guter Laune durchs Leben gehst, beeindruckst du dein Gegenüber am meisten. Bleib also in solchen Momenten gelassen und antworte niemals negativ.

Damit besitzt du ein absolutes Alleinstellungsmerkmal. Genau das sind die Attribute einer selbstbewussten Person. Was soll eine einzelne Abweisung daran ändern? Nichts! Warum? Weil es völlig bedeutungslos ist.

DEINE WIRKUNG

Was viele nicht berücksichtigen, ist, dass du bereits mit deiner Außenwelt kommunizierst, sobald du einen Raum betrittst. Kommunikation beginnt lange, bevor das erste Wort gesprochen wurde. Ob du lächelst, ob du gut gelaunt bist, ob du tagsüber Stress hattest, wie du gekleidet bist, wie du deinen Körper einsetzt, ob du frisch geduscht bist, mit wem du dich umgibst, wo du dich gerade befindest, wie lange du brauchst, um ein Bier zu bestellen. Deine Wirkung auf andere Menschen findet zum großen Teil nonverbal statt. Aus diesem Grund ist es entscheidend, wie du dich gibst, nicht, was du sagst.

In der Regel fühlen sich Männer maßlos unterlegen, weil ihnen die Schönheit einer Frau eine Heidenangst einjagt. In ihrer Verzweiflung versuchen sie, die gefühlte Differenz mit künstlichem Getue auszugleichen. Meist gehen sie mit dieser Masche kläglich unter. Warum? Weil sie keine Schauspieler sind. Man kann keine starke, witzige und selbstbewusste Person spielen, wenn man exakt das Gegenteil davon ist. Frauen sind viel empathischer, haben sensiblere Antennen und riechen es hundert Meter gegen den Wind, wenn du ihnen etwas vorgaukelst. Und sobald sie spüren, dass du nicht authentisch bist, servieren sie dich ab. Eiskalt. Sie halten dich für einen Hochstapler. Übrigens völlig zu Recht!

Die meisten Männer laufen grundlos diesem Bild vom supertollen Alphatier hinterher – unabhängig, unnahbar, ohne Schwächen, ohne Makel. Doch das ist nur ein Teil der Wahrheit. Der andere Teil wird gern vergessen. Mich erinnert dieses superdominante Männerbild immer an einen halbstarken Teenager mit gegelten Haaren, der in der Disko auf Krawall aus ist, um der Welt zu beweisen, wie stark er ist. Die Wahrheit ist doch, dass er dieses Verhalten nur aus Unsicherheit an den Tag legt. Er hat genauso viel Angst wie alle anderen auch, aber durch sein Machogehabe glaubt er, seine Schwächen überspielen zu können.

WER EINE SCHWÄCHE ZUGIBT, DEMONSTRIERT STÄRKE

Man(n) kann durchaus Schwächen zugeben. Du wirst sogar richtig gute Erfolge erzielen, wenn du das tust. Niemand ist perfekt, aber nur diejenigen, die emotional gefestigt sind und über ein hohes Maß an Selbstvertrauen verfügen, sind in der Lage, das auch zuzugeben. Stell dir vor, du unterhältst dich mit einer Frau an der Bar, ihr kommt auf das Thema Urlaub zu sprechen, und du sagst: »Ich würde so gerne auf die Seychellen fliegen, davon träume ich schon lange, aber das kann ich mir dieses Jahr einfach nicht leisten. Aber nächsten Sommer bestimmt. Das wird der Hammer!« Was glaubst du, wie deine Aussage auf die Frau wirkt? In erster Linie macht sie dich sympathisch. Du versuchst ihr nicht vorzumachen, der Megatyp mit dem Megabankkonto zu sein. Du lügst sie nicht an und versuchst nicht zu beeindrucken. Wenn du dabei lächelst und nicht verlegen oder betrübt ihren Augenkontakt meidest, wird sie dein Verhalten als extrem angenehm empfinden. Du demonstrierst damit echte innere Stärke. Die meisten Männer machen den Fehler, dass sie glauben, durch gespielte Protzerei punkten zu können. Ihnen ist die Meinung der Frau wichtiger als ihre eigene Meinung, also erzählen sie ihr irgendeinen Blödsinn, in der Hoffnung, dass sie darauf hereinfällt. Letztlich ist das nichts anderes als billige Prahlerei und, mal ehrlich, wer mag schon Angeber? Wer versucht zu beeindrucken, wird das nie schaffen. Du beeindruckst nur dann, wenn du nicht beeindrucken willst.

Dieses Prinzip der umgekehrten Psychologie ist mir sogar bei meiner Freundin aufgefallen. Fast alle Frauen, die ich kenne, stressen sich ungemein damit, zu jeder Tages- und Nachtzeit perfekt aussehen zu müssen. Meine Freundin ist Model, und gut auszusehen gehört zu ihrem Beruf. Sie braucht diese Bestätigung, hübsch zu sein, also nicht mehr und läuft deswegen privat herum, wie es ihr gerade passt. Dadurch legt sie eine gewisse Mir-ist-alles-egal-Attitüde an den Tag, die sie für die Außenwelt nur noch attraktiver macht. Selbst, wenn sie lediglich mit einer Jeans und Kapuzenpullover auf einer Party erscheint, stellt sie die anderen Frauen völlig in den Schatten. Sie strahlt einfach eine andere Energie aus als die Mädels, die sich alle fünf Minuten nervös ihren Lippenstift nachziehen. Menschen, die sich von der Norm abgrenzen, sind immer interessant. Ausnahmslos.

DIE COOLSTEN MENSCHEN SIND DIE, DIE NICHT BEEINDRUCKEN WOLLEN

Immer dann, wenn du gezielt etwas unternimmst, um bei anderen Menschen eine gewisse Wirkung zu erzielen, bist du uncool. Erst dann, wenn du etwas machst, weil es ein

Ausdruck deiner wahren Persönlichkeit ist, bist du cool. Wenn dein Selbstbewusstsein nicht von der Meinung anderer abhängig ist; wenn du ein Outfit trägst, das dein Lebensgefühl widerspiegelt; wenn du eine innere Kraft entwickelst, die dem größten Sturm standhält; wenn du ein »Typ« bist, eine Meinung hast, einen Standpunkt vertrittst, dann bist du cool. Frauen erkennen das. Sie fühlen es.

Nehmen wir Mark Zuckerberg als Beispiel. Er ist, wie jeder weiß, einer der reichsten Männer der Welt. Zu einer Präsentation, die live auf der ganzen Welt gezeigt wurde, kam er in ausgewaschener Jeans, einem simplen T-Shirt und abgetragenen Turnschuhen. Er sah aus, als sei er gerade aufgestanden. Sein Outfit, sein ganzes Erscheinungsbild war ihm völlig egal. Warum? Weil er der Gesellschaft nichts mehr beweisen muss. Die Kunst ist also, einfach so zu tun, als ob du das auch nicht mehr müsstest. Das musst du auch nicht, obwohl dein Unterbewusstsein dir gerade etwas anderes einredet. Löse dich von der Vorstellung, dass dein Umfeld dich gut finden muss. Ich weiß, das klingt ziemlich schwierig, wenn nicht sogar unmöglich. Die ganze Werbeindustrie basiert darauf, Facebook, die sozialen Netzwerke. Von allen Seiten bekommst du suggeriert, der Beste, Schönste, Reichste und Coolste sein zu müssen. Alle kratzen an deinem Ego und wollen dich zu ihren Gunsten beeinflussen. Wir leben in einer Welt der »Like«-Buttons. Je mehr Follower, desto besser; je mehr »Freunde« deine Statusmeldung »liken«, desto höher dein Selbstwertgefühl. Ohne es zu merken, hast du einen Automatismus entwickelt, um in jeder Situation gefallen zu wollen. Wo immer du bist, mit wem du auch redest, überall willst du dir plötzlich ein »Like« abholen. Und dann, wenn du mit diesem hübschen Mädel an der Bar stehst, wunderst du dich, dass sie dein Verhalten unmännlich und verweichlicht findet.

Es liegt in der menschlichen Natur, dass wir permanent versuchen, all jene nachzuahmen, zu denen wir aufschauen – ob zu einer Vaterfigur oder unserem Lieblingsrockstar. Die Sache ist nur die: Eine andere Person zu kopieren, so selbstbewusst sie auch sein mag, wird dich innerlich immer leer zurücklassen. Der Grund dafür liegt auf der Hand. Was wir an diesen Alphatieren so anziehend finden, ist ihre individuelle Klasse, all jene Eigenschaften, die sie in der Summe so besonders machen. Um ihre Ausstrahlung und Wirkung ernsthaft kopieren zu wollen, müsstest du also deine eigene Persönlichkeit entwickeln und somit weniger wie sie und mehr wie du sein. Wenn du versuchst, jemanden zu kopieren, wirst du immer nur eine Kopie bleiben. Und wer will schon mit einem Fake ins Bett?

Wir alle haben unsere Macken. Der coole Rockstar, das hübsche Topmodel, du, ich. Je entspannter du mit deinen eigenen Fehlern umgehst, desto wohler wirst du dich fühlen und desto wohler werden sich auch die Frauen mit dir fühlen. Feiere dich dafür, so zu sein, wie du bist: nerdy, freaky, abgedreht, wie auch immer. Falls du dich wie ein Außerirdischer fühlst, weil um dich herum alle anders sind, werde nicht wie die anderen, sondern bau dir ein Raumschiff, und such dir einen neuen Planeten. Du bist nicht alleine.

SUCH NIE NACH BESTÄTIGUNG

Machen wir uns nichts vor: Wir alle wollen selbstbewusst, charmant und attraktiv wirken. Vor allem auf die Frau, die wir toll finden. Wenn du auf einer Party bist und sie in deiner Nähe steht, gibst du dir besonders viel Mühe, dich von deiner besten Seite zu zeigen. Schließlich möchtest du ihr ja gefallen. Klingt logisch, oder? Unglücklicherweise erreichst du damit exakt das Gegenteil. Auf sie wirkt dein Bemühen nämlich weder selbstbewusst noch charmant oder attraktiv, sondern in den meisten Fällen anstrengend, unangenehm und unsicher. Indem du ihr gefallen möchtest, verhältst du dich unnatürlich. Unterbewusst wirst du zu einem Verkäufer. Du willst deine Ware, dich selbst, so gut wie möglich anbieten und handelst deswegen automatisch im Bitte-finde-mich-gut-Modus. Egal, was du sagst oder tust, du versuchst dich stets eine Spur cooler darzustellen, als du wirklich bist. Vielleicht machst du deinen Job interessanter, als er wirklich ist, oder gibst mit berühmten Personen an, die du in Wahrheit doch nicht so gut kennst, wie du behauptest. Du willst ihr einfach gefallen. Deswegen übertreibst du alles ein bisschen. Du willst, dass sie dich als coolen Typen wahrnimmt. Das Problem bei der Sache ist nur, dass Männer, die Frauen wirklich attraktiv finden, niemals so handeln würden. Den wirklich coolen Jungs ist es egal, wie sie wirken. Mehr noch: Sie machen sogar Dinge, die sie im ersten Augenblick unattraktiv erscheinen lassen. Ja, du hast richtig gehört: Coole Jungs machen sich einen Spaß daraus, uncool zu wirken, weil es sie nicht interessiert, was die anderen von ihnen halten. Und genau diese Tatsache erzeugt Anziehung.

Wenn eine Frau mit einem Mann flirtet oder sich einfach nur mit ihm unterhält, dann geht ihr Unterbewusstsein innerhalb weniger Sekunden einen riesigen Fragenkatalog durch:

- Ist er ein möglicher Partner für mich?
- Will ich mit ihm schlafen?
- Will ich HEUTE mit ihm schlafen?
- Ist er ein guter Versorger?
- Ist er ein guter Vater unserer noch ungeborenen Kinder?
- Ist er ein guter Liebhaber?
- Was würden meine Freundinnen/Eltern von ihm halten?

Sie scannt ihn nach seinen Fähigkeiten als Mann ab, vor allem aber checkt sie sein Selbstbewusstsein. Wir alle wissen, dass das Selbstbewusstsein von selbstbewussten Männern in der Regel von ihrem gesellschaftlichen Status herrührt (viel Geld, einflussreiche Position, cooler Job, hohes Ansehen etc.). Wenn er also selbstbewusst wirkt, nimmt sie automatisch an, dass er einen gewissen Status besitzt, auch wenn sie ihn vielleicht noch nicht hundertprozentig einordnen kann. Ihr Unterbewusstsein sendet ihr nun pausenlos Signale: »Der Kerl ist eine gute Partie … er kann sich gegenüber seinen Konkurrenten durchsetzen … er kann mir Schutz und Sicherheit bieten … wenn ich Sex mit ihm habe, gebe ich seine überdurchschnittlich guten Erbanlagen an meine Kinder weiter usw.«

Während all diese versteckten Botschaften im Hintergrund durch ihr Gehirn schwirren, geht vorne eine kleine rote Lampe an, und eine Stimme flüstert ihr leise zu: »Dieser Typ ist gut für dich!« Diese kleine rote Lampe ist nichts anderes als SEXUELLE ANZIEHUNG!

Ich weiß, was du jetzt denkst: »Das hört sich alles verdammt gut an, aber was hat das mit mir zu tun? Ich kann nicht über Nacht cool und selbstbewusst werden, um bei den Frauen sexuelle Anziehung zu erzeugen. Außerdem hast du es selbst gesagt: Die selbstbewussten Männer besitzen Status, und weil sie den haben, sind sie selbstbewusst. Ich komme in diesen Kreislauf einfach nicht hinein.«

Du siehst all die Spitzensportler, Rockstars, Prominenten und supercoolen, stinkreichen Typen und denkst dir: »Die haben es gut! Die haben Selbstbewusstsein, einfach nur deswegen, weil sie sind, wer sie sind.« Jetzt stelle ich dir eine Gegenfrage: Als du das letzte Mal in einem Club warst, wie viele Männer aus den oben genannten Kategorien hast du dort gesehen? Wahrscheinlich nicht viele. Dennoch hast du in allen Ecken hübsche Frauen entdeckt, die mit irgendwelchen Typen rumgemacht haben. Diese Jungs waren weder reich noch außergewöhnlich gut aussehend. Sie haben lediglich einen Weg gefunden, den Kreislauf zu durchbrechen.

PERFEKT IST LANGWEILIG

Wenn sie dich wirklich als den coolen und selbstbewussten Typen wahrnehmen soll, verhalte dich nicht wie die anderen Kerle, sondern stehe zu deinen »Fehlern« und mache sie ganz bewusst zum Gesprächsthema. Erzähle Geschichten, die anderen peinlich wären. Bist du vor Kurzem während eines Meetings in ein Fettnäpfchen getreten, und zwanzig deiner Arbeitskollegen haben darüber gelacht? Sehr gut! Du bist ein Briefmarken-Nerd? Dann berichte ihr davon, und zwar voller Leidenschaft! Wenn du deine vermeintlichen Schwächen nicht ernst nimmst und sogar öffentlich darüber lachen kannst, beweist du nämlich nichts anderes als Selbstbewusstsein. Mehr noch, du strahlst die pure Überlegenheit aus, weil nicht einmal die unangenehmsten Dinge an deinem Ego kratzen können. Frauen werden dich interessiert beobachten und denken: »Wow, dem ist ja wirklich gar nichts unangenehm. Und wie souverän er sich verhält, während er all das erzählt. Mir wäre das ja superpeinlich. Beeindruckend. Was für ein toller Mann!« Schon schlägt die kleine rote Lampe in ihrem Kopf wieder Alarm.

Aber Vorsicht! Bring sie mit deinen lustigen Geschichten hin und wieder in Verlegenheit, aber übertreib es nicht. Zwei, drei Anspielungen genügen. Du wirst schnell merken, wie weit du gehen kannst. Ein weiterer Vorteil ist, dass die Menschen plötzlich mit dir Spaß haben und deine Gesellschaft zu schätzen wissen, weil du im Gegensatz zu den Angebern eine angenehme Lässigkeit ausstrahlst. Indem du vermeintliche Defizite oder harmlose Laster zugibst, nimmst du außerdem der Gruppe den Druck, sich untereinander beweisen zu müssen, und kreierst ein angenehmes Klima, in dem sich alle wohlfühlen.

DEIN SELBSTBEWUSSTSEIN

Früher war ich der schüchternste Kerl, den du dir vorstellen kannst. Keine eigene Meinung, keinen Mumm in den Knochen, keine Eier in der Hose. Nie habe ich Dinge gemacht, die ich wirklich tun wollte. Ständig habe ich abgewogen, was andere wohl darüber denken könnten. Ich suchte nach Bestätigung, wollte gut wirken und auf keinen Fall aus der Reihe tanzen. Und ich war jahrelang auf dem Holzweg. Bis ich eines Tages aufwachte und die Zusammenhänge zwischen Selbstbewusstsein, innerer Zufriedenheit, äußerer Attraktivität und der Wirkung auf Frauen erkannte. Primär geht es nicht darum, das nächstbeste Mädel ins Bett zu bekommen, sondern sein ganzes Leben zu verbessern, sein wahres Ich zu akzeptieren, mehr Freude im Alltag zu empfinden, Spaß zu haben und Dinge zu tun, die einem eine tiefe innere Befriedigung verleihen. Das Unglaubliche daran ist jedoch: Wenn du diese Punkte erfolgreich angehst, werden die Mädels praktisch darum betteln, dich kennenlernen zu dürfen.

TU DINGE, DIE DU SCHON IMMER TUN WOLLTEST

Stell dir vor, niemand würde über dich urteilen. Stell dir vor, du könntest tun und lassen, was du willst, und niemand würde sich daran stören. Und jetzt ... tu es! Es gibt diese abgefahrene Lederjacke mit Goldnieten, in die du verliebt bist? Kauf sie dir endlich, und trag sie voller Stolz! Du wolltest dir schon immer mal die Haare in einer verrückten Farbe färben? Tu es! Du stehst auf Scooter? Dann zieh dir ihre Musik laut im Auto rein und nicht nur heimlich zu Hause über Kopfhörer. Du bist ein Trekkie? Verdammt, dann zeig es der Welt!

Lass die Handbremse einfach mal los und gib Vollgas! Schreib eine Liste mit Dingen, die du schon immer mal tun wolltest, und werde aktiv. Worauf wartest du? Die Uhr tickt. Jede Stunde, jede Minute, jede Sekunde, die du unzufrieden auf dem Sofa hockst, ist für immer verloren. Rudolf Schenker, der Gründer und Gitarrist der Scorpions, schreibt in seinem Buch *Rock Your Life*: »Lebe dein Leben so, wie du es dir vorstellst, und nicht, wie andere es von dir erwarten.« Ganz genau! Die Wahrheit ist, dass die meisten Menschen ohnehin nicht über dich nachdenken. Klingt hart, ist aber eine unfassbar wertvolle Erkenntnis. Und selbst wenn es so wäre, worin läge der Unterschied? Die Menschen denken sowieso, was sie denken wollen. Ob du »ja« sagst oder »nein«, nach links gehst oder nach rechts, spielt dabei keine Rolle. Handle so, wie du dich am wohlsten fühlst, höre auf deine innere Stimme, und vor allem: Entspann dich! Es gibt keinen Grund, sich zu stressen. Wie dich andere Menschen wahrnehmen, hat viel mehr mit ihnen zu tun als mit dir. Oft mögen sie dich oder eben nicht, weil du sie an etwas aus ihrer Vergangenheit erinnerst, die absolut nichts mit dir zu tun hat. Du siehst, es ist nur vergeudete Zeit, herausfinden zu wollen, warum die Menschen denken, wie sie denken, und handeln, wie sie handeln. Lass es einfach sein. Wenn du dieses Prinzip erst einmal verinnerlicht hast, wirst du feststellen, wie viel leichter und unkomplizierter dein Leben sein wird. Was andere von dir halten, ist bedeutungslos. Was du von dir hältst, bedeutet die Welt – einfach alles!

DU BIST DIE WICHTIGSTE PERSON
IN DEINEM LEBEN

Bleib dir treu. Immer. Es gibt keinen Grund, sich für etwas zu schämen, wenn es sich für dich gut anfühlt. Wenn du der Meinung bist, dass etwas richtig ist, dann mach es, und vor allem: Stehe dazu!

Ich habe mal ein Mädel getroffen, das als Model für Abercrombie & Fitch gearbeitet hat. Sie war zwar superhübsch, aber dafür auch supereingebildet. Als sie mir von ihrem Job erzählte, ging sie davon aus, ich würde, wie all die anderen Jungs, voller Ehrfurcht erstarren und ihr sagen, wie cool sie doch sei. Da ich diese Firma, ihren Boss und seine Lebenseinstellung aber nicht leiden kann, habe ich sie müde belächelt und gefragt, wie sie nur für so einen menschenverachtenden Laden arbeiten könne. Ihr ist die Kinnlade runtergefallen, weil das vorher noch nie jemand so deutlich zu ihr gesagt hatte. Was zeichnete mich in dieser Situation aus? Ich hatte eine Meinung, äußerte sie und stand dazu. Ich nahm in Kauf, dass sie mich stehen ließ. Es war mir egal, was sie davon hielt. Was passierte? Sie hing den restlichen Abend an mir wie eine Klette. Eine extrem hübsche Klette! Was ich dir damit sagen will: Express Yourself!

Scheiß auf das, was alle von dir hören wollen, und lebe DEIN Leben. Die unglücklichsten Menschen sind die, die die Meinung anderer höher bewerten als ihre eigene. Diese Menschen sind nicht frei. Sie machen nicht das, was wirklich ihrer wahren Persönlichkeit entspricht, sondern handeln nach einem anerzogenen Muster, immer in der Hoffnung, ihrer Umgebung zu gefallen. Das passiert innerhalb der Familie, im Freundeskreis, in der Nachbarschaft, am Arbeitsplatz oder eben abends beim Ausgehen in Bars und Clubs. Sie verstellen sich, verstecken ihre Natürlichkeit und schlüpfen in eine Rolle, weil sie dem Irrglauben unterliegen, dass die Gesellschaft sie nur auf diese Weise akzeptiert, und weil sie Angst haben, abgewiesen zu werden. Sie wollen dazugehören. Da sie ihren eigenen Wert nicht erkennen, gehen sie den Weg des geringsten Widerstandes und passen sich ihrer Umgebung an. Wie ein Chamäleon. Doch was passiert? Sie werden zu einem unsichtbaren Schaf in einer großen Herde, das niemand beachtet, weil es ja schon so viele davon gibt. Für einen Geheimagenten ist das die perfekte Methode, für einen Mann, der Frauen kennenlernen möchte, eher nicht.

Vielleicht fragst du dich jetzt: »Was soll denn so schlimm daran sein, es den anderen recht machen zu wollen? Schließlich möchte ich niemanden verärgern. Also versuche ich mich so zu verhalten, dass am Ende alle glücklich sind. Wo ist das Problem?« Sich die Bestätigung anderer abzuholen, um sich selbst gut zu fühlen, ist vollkommen okay, solange dein wahres Ich nicht darunter leidet. Die Sache ist nämlich die: Du kannst dich nicht für immer belügen. Das geht vielleicht eine Weile gut, aber der Tag wird kommen, an dem du dein eigenes Gesicht im Spiegel nicht mehr ertragen wirst, weil du zu feige warst, an dich selbst zu glauben.

SAG, WAS DU DENKST!

Wenn du mit dir nicht glücklich bist, erfinde dich neu, kreiere die Person, die du schon immer sein wolltest, hab Spaß dabei, und vor allem: Sei ehrlich zu dir selbst, radikal und schonungslos. Sag zum Beispiel deinen Freunden wirklich einmal, was du von ihnen denkst. Menschen sind keine Hellseher. Verkünde deine Sicht der Dinge, auch wenn deine Stimme am Anfang vielleicht noch ein bisschen zittrig ist. Wenn dir etwas nicht passt, wenn du anderer Meinung bist oder wenn du zu einem bestimmten Thema etwas zu sagen hast, dann steh auf und sag es. Schluck es nicht hinunter. Davon bekommst du nur Bauchschmerzen. Wichtig dabei ist nur, dass du höflich und freundlich bleibst. Bleib locker, entspann dich und lächle. In den meisten Fällen wird sich niemand von deiner Meinung persönlich angegriffen fühlen. Und wenn doch, dann nur, weil du auf eine derart selbstbewusste Art und Weise gehandelt hast, dass sie glauben, mit deiner Power nicht mithalten zu können. Indem du deine Meinung laut aussprichst, demonstrierst du Selbstbewusstsein. Du stichst heraus. Du stehst zu dir. Die Menschen werden zu dir aufsehen!

Wenn dich eine Freundin anruft und einfach nur quatschen will, um Zeit totzuschlagen, du aber gerade die Zusammenfassung der Champions League sehen willst, dann sag ihr das einfach. Diese Einstellung, sich nicht pausenlos nach anderen zu richten, bringt dir eine unglaubliche innere Zufriedenheit. Die große Kunst besteht darin, »nein« zu sagen. Ich schwöre dir, du wirst dich so gut damit fühlen. Es sind Kleinigkeiten wie diese, die in der Summe dein Selbstbewusstsein bis in den Himmel wachsen lassen.

ERFINDE DICH NEU!

Nur keine Panik! Du musst nicht gleich deinen Job an den Nagel hängen, deinem halben Freundeskreis die Freundschaft kündigen oder Gitarrenunterricht nehmen, um Rockstar zu werden. Es reicht schon aus, wenn du dir über dein bisheriges Leben ein paar Gedanken machst, meine Ideen wirken lässt und deine eigenen Schlüsse daraus ziehst. Stelle dir drei Fragen:

1. Wer will ich sein?
2. Was will ich aus meinem Leben machen?
3. Was bin ich bereit, dafür zu tun?

Ich bin mittlerweile der festen Überzeugung, dass die meisten Menschen aus zwei Gründen Probleme haben: Sie können nicht Nein sagen, und sie machen Dinge, die sie eigentlich nicht wollen. Und dann wundern sie sich, dass in ihrem Leben der Spaß fehlt? Übernimm Verantwortung für dein Leben! Zum Beispiel war die Entscheidung, meinen Job als Versicherungsmakler aufzugeben, die beste meines Lebens. Der Job machte mich einfach nicht glücklich. Kein Tag verging, an dem ich keine schlechte Laune hatte. Schon der Anblick des Büros bereitete mir physische Schmerzen. Ich fühlte mich elend. Was glaubst du, wie viel Attraktivität ich in dieser Phase ausgestrahlt habe? Zero! Wenn ich diese Geschichte in meinen Seminaren erzähle, höre ich oft die gleichen Ausflüchte: »Der Traumjob ist es nicht gerade, den ich da habe, aber kündigen kann ich den nicht. Wie soll ich meine Miete und all die Rechnungen bezahlen? Das ist nicht so einfach!« Kommt dir das irgendwie bekannt vor? Meine Antwort darauf ist immer die gleiche: »Falls es dir wirklich wichtig ist, findest du einen Weg. Falls nicht, findest du eine Ausrede.«

Nehmen wir an, du bist Ende zwanzig und unzufrieden mit deinem Job, traust dich aber nicht, einen neuen Weg einzuschlagen. Die bittere Wahrheit ist: Du musst die Scheiße noch dreißig weitere Jahre machen! Hast du dir dein Leben so vorgestellt? Ist es nicht besser, JETZT etwas daran zu ändern und dir eine Aufgabe zu suchen, die dich mit Freude erfüllt, als diesen Ballast für den Rest deines Lebens mit dir herumzutragen? Die Menschen haben immer Angst vor Veränderung. Ich verstehe das. Trotzdem: Sollte man nicht viel mehr Angst davor haben, dass sich in zehn Jahren an der Situation, die einem diese Bauchschmerzen bereitet, noch immer nichts geändert hat? In zehn Jahren immer noch auf der gleichen Couch zu sitzen und zu jammern, warum der Job, die Frau, die Freundin, die Gesundheit, das Geld, der Freundeskreis, die Liebe nicht stimmen. Diese Vorstellung ist doch der reinste Albtraum. Wie oft erlebe ich Partner, die sich gegenseitig belügen und betrügen und nur noch aus Gewohnheit, Faulheit und Bequemlichkeit zusammen sind. Sie reden sich ihre Welt schön, lassen alles, wie es ist, und akzeptieren die vielen stummen Tränen, den Missmut, die Missgunst. Sie haben nicht den Mut, diesen einen Schritt zu gehen und zu sagen: »Ich höre jetzt nur noch auf meine innere Stimme, ob im Berufsleben oder privat.« Genau an dieser Stelle, wenn man die Dinge umsetzt, die man sich vornimmt, entsteht das Selbstbewusstsein, das man braucht, um ein erfolgreiches und somit auch für Frauen attraktives Leben zu führen. Im Großen wie im Kleinen.

Fang an, ehrlich zu dir und deiner Umwelt zu sein. Nur, weil man etwas erwartet oder es zum guten Ton gehört, heißt das noch lange nicht, dass du es auch tun oder hinnehmen musst, wenn du keine Lust darauf hast. Es ist sogar deine Pflicht, dein Leben vor Erwartungen, Anforderungen und gesellschaftlichen Normen zu schützen. Du wirst es ohnehin nie allen recht machen können, also versuche es erst gar nicht. Wenn du das Leben der anderen lebst und dein eigenes Ich immer tiefer in den Boden vergräbst, bleibt von dir am Ende nur noch eine Hülle übrig. Burnout und Depressionen lassen grüßen. Sei dein eigenes Vorbild, werde zu deinem eigenen Rockstar. Sortiere die Menschen aus deinem Leben aus, die dir nicht guttun und die dich nicht weiterbringen. Suche dir Menschen, mit denen du gerne Zeit verbringst, die auf deiner Welle schwimmen. Zeit ist das kostbarste Gut, das es gibt. Du hast nur eine begrenzte Anzahl von Jahren auf dieser Erde, also mach das Beste daraus! Sich mit Vollidioten zu umgeben, macht keinen Sinn, oder? Also, schick sie in die Wüste. Du wirst sie nicht vermissen.

INNERES UND ÄUSSERES SELBSTBEWUSSTSEIN

Es gibt zwei Arten von Selbstbewusstsein: inneres Selbstbewusstsein und äußeres Selbstbewusstsein. Äußeres Selbstbewusstsein erlangst du durch Geld, einen Sportwagen, ein großes Haus oder gesellschaftlichen Status. Also durch materielle Dinge, die augenblicklich wieder aus deinem Leben verschwinden können. Inneres Selbstbewusstsein ist das, was du in dir trägst. Es ist immer da, völlig egal, was um dich herum passiert. Dieses Selbstbewusstsein brauchst du, weil es dich nie im Stich lassen wird. Es ist wie ein unsichtbares Schutzschild, das die negative Energie von dir fernhält. Die große Frage ist nun: Wie erlangt man dieses innere Selbstbewusstsein?

Hast du sichtbaren Erfolg (Job, Geld, Status), wirkt sich das auf dein äußeres Selbstbewusstsein aus und du bekommst einen vorübergehenden Ego-Push, nach dem Motto: Seht her, was ich darstelle! Inneres Selbstvertrauen hingegen baust du auf, indem du wieder aufstehst, nachdem du auf die Schnauze gefallen bist, und dich nicht von deinem Weg abbringen lässt. Wenn wir über Frauen sprechen, bedeutet das: Du wirst hin und wieder abgewiesen werden. Du wirst Körbe bekommen. Niemand kann jede Frau erobern, also immer schön locker bleiben. Wenn ich einen Korb bekomme, gehe ich mental völlig entspannt damit um. So ist das Leben. Womit ich allerdings nur schwer umgehen kann, ist das Gefühl, eine einmalige Gelegenheit verpasst zu haben. Ich würde verrückt werden bei der Vorstellung, dass es die Möglichkeit gab, meine absolute Traumfrau kennenzulernen, und ich sie nicht genutzt habe, nur weil ich Angst hatte, einen Korb zu kriegen oder ausgelacht zu werden. Ich möchte mein Leben nicht unter das Motto stellen: »Was wäre passiert, wenn …«, und ich kann mir nicht vorstellen, dass es dir anders geht.

Hab keine Angst davor, hundert Prozent du selbst zu sein.

Hängt dir diese Phrase »Sei du selbst!« schon zum Hals heraus? Mir geht es nicht anders als dir. Die Werbeindustrie ballert uns täglich zu damit. Ich gehe allerdings noch einen Schritt weiter und sage: »Sei du selbst und treibe es damit zum Äußersten.« Was bedeutet das? Entschuldige dich NIEMALS dafür, du selbst zu sein. Du polarisierst? Super! Du bist anders als die anderen? Perfekt! Lass es die ganze Welt wissen. Steh zu dir! Was auch immer deine Hobbys sind; welchen Fußballclub du unterstützt; welche Filme du guckst; was für Klamotten du gerne trägst; hab keine Angst davor, deine Leidenschaften und Interessen mitzuteilen. Noch einmal: Wenn du auf etwas vermeintlich Peinliches stehst, hab keine Angst davor, dem Mädel, das dir gefällt, davon zu erzählen. Wenn dich Menschen nicht für die Person mögen, die du bist, dann sag ihnen genau zwei Wörter: Fuck you! Warum Zeit verschwenden? Warum dein wahres Ich verstecken? Wenn du raus in die Welt gehst und dich so präsentierst, wie du wirklich bist, werden dich die Menschen automatisch mögen. Weißt du auch, warum? Weil die Menschen, mit denen du ohnehin nie eine Verbindung aufbauen würdest, ganz schnell wieder aus deinem Radius verschwinden. Indem du offen und ehrlich und ohne Scham erzählst, wer du bist, was du machst, wohin du gehst, filterst du sofort all jene raus, die eine andere Vorstellung vom Leben haben als du. Es bleiben nur noch Menschen übrig, die dich so mögen, wie du bist. Natürlich bedeutet das, dass dich nicht mehr jeder lieb und nett finden wird. Einige werden dich sogar irritiert angucken, aber die, die bleiben, werden dich für immer lieben. Wenn du mit den Menschen aus deiner Umgebung weiterhin eine oberflächliche Beziehung führen willst, bitte sehr, mach weiter so … gähhhhn! Wenn du allerdings das Leben wirklich leben und erleben willst; wenn du die besten Erinnerungen aller Zeiten sammeln möchtest; wenn du jeden Tag neue Menschen kennenlernen möchtest, die dich wahrhaftig lieben und die du wahrhaftig zurücklieben kannst, dann geht das nur, indem du keine Angst mehr davor hast, du selbst zu sein.

SCHEISS DRAUF!

Wenn dir irgendwelche gesellschaftlichen Regeln nicht passen, dann scheiß auf sie. Ganz einfach. Klingt hart? Ist es nicht. Es ist DEIN LEBEN. Wer lebt dein Leben? Du oder die Gesellschaft? Wer steckt in deiner Haut? Du oder die Gesellschaft? Wer wird dich lieben, wenn du zu hundert Prozent zu dir stehst, dein eigenes Ding machst und dir von niemandem gegen den Karren pissen lässt? Die Frauen! Und wie sie es tun werden. Wenn du aber weiterhin der schüchterne Kerl bleiben willst, der vielleicht einmal pro Woche ausgeht, mach weiter wie bisher. Wenn du dagegen das tiefe Verlangen hast, endlich den Ballast abzuschütteln, der seit Jahren auf deinen Schultern liegt; wenn du endlich das tun möchtest, was schon immer in dir schlummerte, dann tue es. Lass es raus! Wenn es dieses eine Outfit gibt, das du abgöttisch liebst, von dem du aber weißt, dass deine Freunde es hässlich oder peinlich finden, dann scheiß drauf und trage es. Wenn du einem fremden Mädchen auf der Straße einen Kuss geben willst und sich deine Freunde peinlich berührt umdrehen, scheiß drauf und mach es!

Der berühmte amerikanische Kinderbuchautor Dr. Seuss hat gesagt: »Sei, wer du bist, und sag, was du fühlst. Denn die, die das stört, zählen nicht, und die, die zählen, stört es nicht.« Ich liebe dieses Zitat. Es hängt an der Wand neben meinem Schreibtisch, um mich jeden Tag daran zu erinnern: Kümmere dich nicht um die Menschen, die eine andere Meinung haben. Das ist ihr gutes Recht. Lass sie. Sie müssen dich nicht lieben. Du sie aber auch nicht. Wann immer du eine starke Haltung hast, werden Leute auftauchen, die damit nicht umgehen können. Das ist unumgänglich. Das geht allen so. Unter keinen Umständen sollten dich diese »Hater« davon abhalten, weiterhin deinen eigenen Weg zu gehen und dich so auszudrücken, wie du bist. Und zwar nicht nur einmal pro Woche, am Samstagabend, nachdem du schon zehn Wodka-Bull getrunken hast, sondern immer. An jedem verdammten Tag der Woche. Was ich dir zeigen will, ist eine Lebenseinstellung, kein Punkt auf einer To-do-Liste.

Manchmal gehe ich an einem Freitagabend aus und bekomme zehn Körbe in Folge. Es gibt diese Tage, an denen einfach nichts gelingen mag. Was mache ich? Ich lache laut und scheiß drauf. Warum? 1.) Ich nehme diese Körbe niemals persönlich. Manchmal triffst du eben nicht auf die richtigen Menschen. Das passiert. 2.) Es muss nur dieses eine besondere Mädchen meinen Weg kreuzen, mit der ich diese tiefe Verbundenheit spüre, die meine Seelenverwandte sein könnte, um alle Körbe, die ich jemals in meinem Leben bekommen habe, auf der Stelle in Luft aufzulösen. Wenn du mit 1000 Mädchen sprichst, und sie dir 999 Mal in dein Gesicht lachen, du aber beim tausendsten Versuch deine Traumfrau triffst, dann war es die Mühe wert, meinst du nicht? Ich sage nicht, dass du raus auf die Straße sollst, um dich 999 Mal auslachen zu lassen. Ich sage: Geh raus ins Leben, hör dir ein paar »Nein danke, kein Interesse, aber süß, dass du gefragt hast« an und du wirst gar nicht drum herum kommen, eines Tages auf die Frau deiner Träume zu treffen, die verlegen lächelt und Ja zu dir sagt.

Wenn die Klitschko-Brüder vor einem Boxkampf in den Ring steigen, wird deren Bilanz eingeblendet: 50 Siege, 2 Niederlagen. Wenn die Jungs vom FC Bayern spielen, sieht man am Ende der Saison: 34 Spiele, 30-mal gewonnen, zweimal unentschieden, zweimal verloren. In unserem Spiel gibt es keine Tabelle. Wenn ich mir 999 Körbe einfange, sieht das kein Schwein. Es steht am nächsten Tag auch nicht in der Zeitung. Alles, was du siehst, ist meine wunderschöne Freundin; das eine Model, das mir eben keinen Korb gegeben hat. Du siehst nur das Resultat. Körbe sind unsichtbar. Nächste Frage: Wann hast du denn wirklich mit eigenen Augen mitbekommen, dass ein Kerl einen richtig fiesen Korb bekommen hat? Solange du entspannt und witzig bleibst, passiert das nicht. Selbst, wenn es so wäre, ist es doch vollkommen egal. Dann wünscht du ihr noch einen schönen Abend und gehst weiter. Wo ist das Problem? Genau das ist doch so schön daran. Es ist wie bei einem Computerspiel: Du hast eine unbegrenzte Anzahl von Leben. Und mit jedem Versuch wirst du stärker und selbstbewusster.

Zur Erinnerung, was in meinen Augen echtes inneres Selbstbewusstsein ausmacht:

1. Hab keine Angst vor dem Scheitern.

2. Hab keine Angst davor, hundert Prozent du selbst zu sein.

3. Scheiß drauf und lebe DEIN Leben!

Wir können das gerne durchspielen. Du siehst eine Frau, die dir gefällt. Es gibt drei mögliche Szenarien:

1. Du bist mutig, unternimmst etwas und hast Erfolg.

Du gehst zu ihr und sprichst sie an. Sie lässt sich auf dich ein. Ihr tauscht eure Telefonnummern aus. Du hast Erfolg, bekommst einen Ego-Boost und fühlst dich gut. Sie gibt dir durch ihre Bestätigung äußeres Selbstbewusstsein.

2. Du bist mutig, unternimmst etwas und hast keinen Erfolg.

Davor fürchten sich die meisten Männer und malen sich die schlimmsten Sachen aus. Sobald du dich jedoch traust, passiert etwas Wunderbares. Du stehst zu dir und überwindest deine Angst. Allein das macht dich schon selbstbewusster. Selbst eine Abfuhr lässt dein Selbstvertrauen wachsen. Du weißt jetzt, wenn du das nächste Mal ein attraktives Mädel siehst, kannst du auf dich zählen und lässt sie nicht sausen. Du erlangst ein Gefühl der Zufriedenheit, weil du dir selbst entsprochen hast. Du hast gemacht, weswegen du auf der Welt bist. Du hast es zumindest versucht. Dieser Aspekt, es versucht zu haben, baut dein wahres, inneres Selbstbewusstsein auf. Die Angst vor der Niederlage verschwindet, weil du irgendwann merkst, dass du gar nicht verlieren kannst. Michael Jordan hat gesagt: »In meiner Karriere habe ich über 9000 Würfe verfehlt. Ich habe fast 300 Spiele verloren. 26-mal wurde mir der spielentscheidende Wurf anvertraut, und ich habe ihn nicht getroffen. Ich habe immer und immer wieder versagt in meinem Leben. Deshalb bin ich erfolgreich.« Wenn du es oft genug versuchst, dich von Rückschlägen nicht unterkriegen lässt, wirst du die abenteuerlichsten Geschichten erleben. Es geht darum, seiner Persönlichkeit Ausdruck zu verleihen. Dir wird es immer besser gehen, wenn du es versuchst und sie angesprochen hast.

3. Du siehst sie und unternimmst nichts.

Was dich tötet, ist der Augenblick danach, wenn du darüber nachdenkst, weil du sie nicht angesprochen hast. Dann kommen die Selbstzweifel und die destruktiven Gedanken, die dir schlechte Laune bereiten und dich kein Stück weiterbringen. Erinnere dich: Wenn du nicht fragst, heißt die Antwort immer Nein. Und es fühlt sich scheiße an, immer ein Nein zu hören. Da wird man auf Dauer nur depressiv. Indem du nichts unternimmst, hast du unterbewusst eine erneute Niederlage eingesteckt und diese Erfahrung wird dich beim nächsten Mal wieder hemmen, den Mund aufzumachen. Und wieder. Und wieder. Ein Teufelskreis, den du durchbrechen musst. Noch einmal: Es ist besser, sie nach dem Wetterbericht von morgen zu fragen, als gar nichts zu sagen.

DER ROCKSTAR

Wenn ich den Begriff »Rockstar« verwende – was ich oft tue –, dann meine ich damit nicht den Musiker selbst, sondern vielmehr das, was er verkörpert: seine Aura, seine Lebenseinstellung, seinen Lifestyle, seine ganz besondere Art, durchs Leben zu gehen. Ein Rockstar macht, was er will. Er lebt nach seinen eigenen Gesetzen, unterwirft sich keinen gesellschaftlichen Normen und hat eine Attitüde, die keinen Zweifel zulässt: I don't give a fuck! Wahrscheinlich hat er es sogar auf seinen Körper tätowiert. Dazu kommt, dass er sich in einer Welt bewegt, zu der wir normalerweise keinen Zugang haben, die wir nur vom Fernsehen und aus den Boulevardblättern kennen. Das fasziniert uns und zieht uns magisch an. Wir können uns kaum dagegen wehren: Der Rockstar ist das Spiegelbild unserer eigenen Träume und Phantasien. Er macht Dinge, die wir uns niemals trauen würden. Wir dagegen wägen ab, überlegen, was unser persönliches Umfeld und die Gesellschaft davon halten würde. Aus Angst, uns zu blamieren, halten wir oft still. Der Rockstar kennt diese Einstellung nicht. Ihm ist es egal, was die Welt von ihm denkt. Er will Spaß und die Zeit seines Lebens haben, niemals erwachsen werden und die ganze Stadt bunt anmalen. Und wenn die Welt das nicht versteht, ist das ihr Problem, nicht seins. Punkt. Aus. Ende. Ganz einfach. Ganz einfach? Nicht für uns! Wir lassen den Rockstar unseren

Traum leben. Wir projizieren unsere tiefsten Sehnsüchte auf ihn, und weil er scheinbar völlig spielerisch schafft, was für uns unerreichbar bleibt, vergöttern wir ihn und heben ihn auf ein Podest. Deswegen liegen die Frauen dem Rockstar zu Füßen und suchen seine Nähe. Sie möchten, wenn auch nur für einen Moment, etwas von seiner Magie einatmen.

DER SPIEGEL DER WAHRHEIT

Natürlich sehen wir nicht die Realität. Wir sehen nur, was wir sehen wollen. Das echte Leben eines Rockstars hat wenig mit dem zu tun, was wir uns in unseren Köpfen zurechtspinnen. Wir sehen George Clooney, wie er über die roten Teppiche in Hollywood, Cannes und Berlin stolziert; wie er mit den schönsten Frauen der Welt auf irgendwelchen Jachten fotografiert wird oder in Luxushotels Interviews gibt, um seinen neuesten Film zu bewerben. Wir sehen den Glamour, nicht das jahrelange Training und die harte Arbeit, die dahinterstecken, und lassen uns blenden. Den Rest erledigt unsere Phantasie. Und mit genau dieser Phantasie kannst du arbeiten. Keine Sorge, du musst kein zweiter George Clooney werden, um Erfolg bei Frauen zu haben. Das klappt ohnehin nicht. Aber du kannst den Rockstar-Modus in dir aktivieren und somit ähnliche Emotionen bei den Frauen auslösen, damit sie dich unbedingt kennenlernen möchten.

Erster Schritt: Nimm einen Spiegel, und schau dich an. Was siehst du? Wen siehst du? Stell dir vor, dieser Typ im Spiegel wäre ein Fremder. Was würdest du von ihm halten? Was wäre dein erster Eindruck. Sei gnadenlos ehrlich. Seine Klamotten, seine Frisur, sein Gesichtsausdruck, seine Körperhaltung. Erkennst du ein Leuchten in seinen Augen?

Wofür steht dieser Kerl? Was symbolisiert er? Und gefallen dir deine Gedanken? Wenn ja – was ziemlich unwahrscheinlich ist –, gratuliere! Wenn nein, hier eine einfache Frage: Warum änderst du nichts daran? Warum gehst du weiterhin unzufrieden durch dein Leben?

Ich kann dir nur einen Tipp geben: Veränderungen, so schwer sie anfänglich sein mögen, tun verdammt gut. Du musst dich, wie bei allem, nur überwinden, den ersten Schritt zu gehen. Dieser Spiegel, nennen wir ihn den Spiegel der Wahrheit, ist ab sofort dein ständiger Begleiter. Nutze ihn, um dich selbst besser verstehen zu lernen. Du brauchst nämlich nicht nur für dein Aussehen einen Spiegel, sondern vor allem für deine Taten, für dein Auftreten und für die Worte, die deinen Mund verlassen. Du musst dein eigener Spiegel werden, dich selbst immer wieder kritisch hinterfragen und deinen Verstand trainieren: Wie werde ich gerade wahrgenommen? Versuche ich gerade, zu sehr zu gefallen? Bin ich zu krass, zu frech, zu freundlich, zu unterwürfig? Die Kunst ist, immer mal wieder aus seiner eigenen Hülle zu schlüpfen und sich wie ein Geist von oben zu beobachten. Deine eigenen Erkenntnisse werden dir mehr helfen als alles, was deine Freunde jemals zu dir sagen könnten. Niemand will der Überbringer unangenehmer Botschaften sein, also ist auf deren Urteil kaum Verlass. Hör auf deinen Spiegel der Wahrheit. Er meint es nur gut mit dir.

Zurück zu George Clooney. Haben wir ihn jemals arbeiten sehen? Nein. Und genau das ist das große Geheimnis. Weil er sein Leben scheinbar völlig mühelos auf die Reihe bekommt, erweckt er den Eindruck, uns in allen Disziplinen haushoch überlegen zu sein. Wir rackern und schuften uns ab und kommen gerade so über die Runden, während er völlig entspannt von einem Highlight zum nächsten fliegt. Im Privatjet natürlich. Deswegen: Was auch immer du tust, vermittle niemals das Bild des hart arbeitenden Malochers. Was du anpackst, sei es im Beruf oder in deiner Freizeit, sollte ganz natürlich wirken und dir mit völliger Leichtigkeit von der Hand gehen. Spiele deine Fähigkeiten herunter, wenn du über dich redest. Tu so, als würdest du alles im Vorbeigehen erledigen, mal eben so, ohne große Mühe. Warum bewundern wir Fußballer wie Ronaldo, Ribéry oder Messi? Wegen ihrer schönen Tore? Auch. Vor allem aber, weil ihre Zaubereien aussehen, als würde es sie nicht die geringste Anstrengung kosten.

Wenn du mit einer Frau an der Bar stehst, solltest du nie gestresst wirken, hektische Bewegungen vermeiden und nie den Eindruck vermitteln, unter Zeitdruck zu stehen oder noch woandershin zu müssen. Als Rockstar hast du alle Zeit der Welt. Also entspann dich und genieß den Moment. Versuch nicht, ihr zu gefallen, sie zu beeindrucken oder ihr nach dem Mund zu reden. Keine übertriebenen Allerweltskomplimente, kein ständiges Kämpfen um ihre Zustimmung. Höre ihr aufmerksam zu, lächle sie an, stelle sie aber gleichzeitig immer ein wenig in Frage. Frauen reagieren stets positiv auf kleine Neckereien und noch mehr auf Männer, die sie schwer einschätzen können. Antworte auf persönliche Fragen stets etwas vage. Wichtig ist, genug Raum für Spekulationen zu lassen. Wirf ihr ein paar Informationsbrocken vor die Füße, aber nie zu viel. Lass sie im Zweifel lieber ein bisschen im Trüben fischen. Nicht umsonst heißt ein altes Sprichwort: Reden ist Silber, Schweigen ist Gold. Indem du nicht alles über dich ausplauderst, wirkst du geheimnisvoll. Die meisten Menschen werden von ihrem Ego kontrolliert. Ihr Wunsch nach Anerkennung und seelischen Streicheleinheiten ist so groß, dass sie beginnen, ihre persönlichsten Geheimnisse zu verraten, nur um zu hören, wie toll sie sind. Glaubst du, George Clooney hätte das nötig? Also, lass es einfach! Anstatt zu viel von dir preiszugeben, lenke die Aufmerksamkeit lieber auf sie und lasse sie in dem Gespräch gut aussehen. Verschaffe ihr ein gutes Gefühl. Sorge für einen eindrucksvollen Auftritt, aber rede nicht darüber. Ich versichere dir, damit multiplizierst du deine Wirkung um das x-Fache.

Ich weiß, was du gerade denkst. Du hast Zweifel. Du fragst dich, wie ein ganz normaler Typ, mit einem ganz normalen Job, einer ganz normalen Frisur und ganz normalen Klamotten, jemals dieses Rockstar-Selbstbewusstsein erlangen kann, ohne peinlich oder lächerlich zu wirken. Ein echter Rockstar braucht schließlich keine Anleitung dafür, weil er ja schon so ist, wie er ist. Deswegen kann er auch tragen, was er will. Es wird immer gut aussehen. Die Frauen würden ihn anhimmeln und sexy finden, selbst wenn sein Outfit objektiv betrachtet, schlecht aussähe. Seine Rockstar-Aura würde das komplett überblenden. Wenn Lenny Kravitz eine knallenge schwarze Lederhose trägt, sieht das cool aus, ganz einfach, weil er Lenny Kravitz ist. Peter Müller würde in der gleichen Hose sehr wahrscheinlich ausgelacht werden.

Peter Müller mit der schwarzen Lederhose, der kein Rockstar ist, kann diese Attribute für sich aber ganz genauso verwenden, indem er versteht, was ein Rockstar nicht tut: sich um die Zustimmung der anderen bemühen. Genau diese Einstellung macht Attraktivität aus: Wenn du tust, was du willst. Wenn es dir egal ist, was die anderen davon halten, ob sie dich mögen oder nicht. Somit musst du nicht mehr auf den richtigen Zeitpunkt warten oder dir den perfekten Spruch ausdenken. Jeder Zeitpunkt wird ab sofort der richtige sein.

Diese Einstellung kannst du auf alle Bereiche deines Lebens ausweiten: Freundeskreis, Familie, Frauen, Arbeitsplatz. Wie viele Menschen werden nicht befördert, weil sie nicht gesehen werden? Sie leisten gute Arbeit, machen ihren Job sogar besser als ihre Kollegen, werden aber einfach ignoriert.

Uns allen wird ja schon von klein auf eingetrichtert, um Gottes willen nirgendwo negativ aufzufallen. Ich weiß noch, wie meine Mutter vor der Schule immer zu mir sagte: »Bub, führ dich anständig auf, reiß dich zusammen, sei nett zu allen, und mach mir keine Probleme!« Du wirst sogar dafür gelobt, wenn du dem Rudel folgst, die Klappe hältst und dem Lehrer nach dem Mund redest. Das Problem ist nur: Wenn du nicht auffällst, bist du nur einer von vielen und wirst nicht wahrgenommen. Und wenn du nicht wahrgenommen wirst, kannst du keine Attraktivität erzeugen. Letztlich sind es immer die Rebellen, die von den Frauen Beachtung bekommen. Was hat Muhammad Ali mit James Dean gemeinsam? Sie haben genau das Gegenteil vom Mainstream gemacht. James Dean hat alles infrage gestellt, hat sich von den Studiobossen aus Hollywood nichts sagen lassen, ist nicht zu Dreharbeiten erschienen, weil er lieber mit seinem Motorrad durch die Gegend fahren wollte – die Freiheit genießen. Und Muhammed Ali? Er wird nicht nur wegen seines einzigartigen Boxstils »Der Größte aller Zeiten« genannt. Er trägt diesen Titel, weil er sich nicht hat kleinkriegen lassen. Für mich ist er das personifizierte Selbstbewusstsein. Muhammad Ali hat sich nicht nur mit den stärksten Boxern angelegt, sondern auch mit der mächtigsten Nation der Welt, den Vereinigten Staaten von Amerika – seinem Heimatland! Und hat sie besiegt. Er hat den Wehrdienst verweigert, weil er den Krieg in Vietnam falsch fand, ist für seine Haltung ins Gefängnis gewandert und bekam all seine WM-Titel aberkannt. Jahre später kam er zurück, hat der Welt bewiesen, was echte Willenskraft bedeutet, und sich seinen Titel zurückerkämpft. Das ist in meinen Augen ein wahrer Champion. Was haben James Dean und Muhammad Ali nun gemeinsam? Sie sind für sich und ihre Ideale aufgestanden und haben ihr Leben nach ihren Vorstellungen gelebt. Du musst kein Ali sein oder James Dean oder Elvis Presley oder sonst irgendein Rockstar, aber wenn du für dich einstehst und deinen Weg gehst, kannst du dich genauso fühlen. Elvis wurde in der Schule ausgelacht, weil er so schüchtern war. Von dem kleinen Jungen mit der lustigen Haarlocke hat niemand Notiz genommen. Später wurde er zum begehrtesten Künstler der Welt.

SEI KEIN ANGEBER

Es gibt eine schöne Übung. Lass alles, was man dir erzählt, durch den Bitte-finde-mich-gut-Filter laufen! Du wirst merken, wie eigenartig die Welt plötzlich klingt, weil du feststellst, dass fast alle Menschen permanent danach suchen. Sei die Ausnahme. Sei anders als die anderen. Scheiß drauf! Ein klassisches Beispiel, wie man es nicht machen sollte: Ein Kerl lernt ein Mädel in der Bar kennen und legt ganz »zufällig« seinen Porsche-Schlüssel neben den Aschenbecher. Was will er damit bezwecken? Er bettelt um Bestätigung, nach dem Motto: Bitte, bitte, bitte, finde mich gut! Er denkt, er könne dadurch seine Attraktivität erhöhen. Falsch! Natürlich gibt es Frauen, die für Geld mit einem Mann ins Bett gehen, aber von denen rede ich nicht in diesem Buch. Ich rede nicht von den Gold Diggern, sondern von den atemberaubend schönen Frauen mit Klasse, die sich durch Geld nicht beeindrucken lassen. Was könnte der Typ mit dem Porsche also besser machen? Er könnte sich mit ihr ganz normal unterhalten. Wenn sie später vielleicht zusammen zu seinem Auto gehen, könnte er ihr kommentarlos die Tür aufhalten, als sei es das Normalste der Welt, einen 911 Turbo zu fahren. In diesem Moment beeindruckt er sie, weil er sein Auto vorher nicht zum Thema gemacht und nicht damit angegeben hat. Jetzt wird ihre Phantasie geweckt, und der positive Eindruck, den sie vorher von ihm hatte, nur noch verstärkt. Ein Rockstar muss mit seinen Pfunden nicht angeben. Weil er das weiß, verzehnfacht er seine Wirkung.

Es gibt eine ziemlich gute Formel dafür: Das Interesse, das du bekommst, minus den Aufwand, den du betreibst, ist das Level deiner Attraktivität.

Wenn du in einem teuren Club zwei Flaschen Champagner kaufst, ist es natürlich einfach, fünf Mädels an deinen Tisch zu bekommen. Aber du betreibst einen großen Aufwand, hast hohe Kosten. Dein Attraktivitätslevel liegt fast bei null. Attraktivität wäre gegeben, wenn du eine Coke trinken würdest, vor dir auf dem Tisch stünden drei Gläser Mineralwasser, und du hättest trotzdem fünf Frauen, die um dich herumtanzen. Dein Aufwand ist gleich null, die Resonanz aber gigantisch. Die meisten Männer machen immer wieder den Fehler, einen hohen Aufwand zu betreiben, um gut zu wirken. Sobald sie krampfhaft versuchen, irgendetwas darzustellen, ist das Spiel längst verloren. Frauen lassen sich durch diese peinlichen Angebereien schon lange nicht mehr beeindrucken. Im Gegenteil, sie lachen dich aus und kaufen sich ihren Champagner selbst.

UNDERSTATEMENT MACHT INTERESSANT

Erinnerst du dich an Lars, den Schriftsteller, mit dem ich dieses Buch schreibe? Ich war ein paar Tage mit ihm in Berlin unterwegs, wobei ich einige interessante Beobachtungen gemacht habe. Egal, wo wir waren, überall hatte er hübsche Frauen um sich. Er bemühte sich nicht darum. Sie waren es, die seine Nähe suchten. Sie riefen auch ständig an, um mittags einen Kaffee mit ihm zu trinken, nachmittags essen zu gehen oder sich abends auf Drinks zu treffen. Wenn wir unterwegs waren und neue Mädels kennenlernten, wandte er in meinen Augen – übrigens, ohne es zu wissen – einen unfassbar cleveren Schachzug an: Er demonstrierte Understatement in Perfektion. Obwohl er sehr erfolgreich ist, viele berühmte Menschen kennt und einen spannenden Beruf hat, tat er so, als würde all das nicht existieren. Sobald die Sprache auf ihn kam, lenkte er die Aufmerksamkeit sofort auf die Frau, auf die er ein Auge geworfen hatte, und sagte: »Ich schreibe Bücher. Nichts Besonderes. Erzähl mir lieber von dir. Das ist viel spannender.« Einmal fragte ein Mädel, ob man ein Buch von ihm gelesen haben müsse und ob sie gar eines seiner Bücher in ihrem Regal stehen habe, ohne es zu wissen. Er lächelte nur und antwortete: »Ach, glaube ich kaum.« Er blieb immer etwas mysteriös, erzählte nie sehr viel, fast gar nichts, und kreierte dadurch eine superinteressante Aura. Da er immer mit hübschen Freundinnen unterwegs war, die um ihn herumstanden, passierte etwas, das man mit Geld nicht bezahlen kann. Sie begannen vor anderen, sein Understatement in Schutz zu nehmen. »So ist er eben«, sagten sie, gaben ihm einen Kuss auf die Wange oder umarmten ihn, »ganz bescheiden, aber deswegen lieben wir ihn so.« Seine Freundinnen fingen an, der Frau seiner Träume eine Lobhudelei nach der anderen auf die Nase zu drücken und von seinen tollen Büchern zu erzählen. Er stand da und sah dabei zu, wie alles von selbst passierte. Er forcierte auch nichts, ruhte völlig in sich und baggerte nie fremde Frauen an. Er ließ sich immer durch seine Freundinnen vorstellen. Ihm war gar nicht klar, was er da tat. Da war nichts einstudiert. Keine Routinen. Alles passierte völlig fließend und harmonisch. Ohne es zu wissen, hatte er seine perfekte Masche gefunden.

Was lernen wir aus diesem Beispiel? Nie mit seinen Pfunden prahlen! Wenn du viel Geld hast, mach es um Gottes willen nicht zum Thema. Hast du einen coolen Job oder kennst viele berühmte Menschen, rede nicht lange darüber, sondern hülle dich in geheimnisvolles Schweigen. Mit Understatement hinterlässt du wahren Eindruck. Frag George Clooney!

BE A STAR

Lars ist auch nie lange auf Partys geblieben. Er kam, unterhielt sich mit seinen Freunden oder Menschen, die er interessant fand, und verschwand wieder. Er verabschiedete sich nie, sondern machte den berühmten »polnischen Abgang«. Dadurch hinterließ er eine besondere Wirkung, weil er zu keiner Zeit richtig zu greifen war. Seine Freunde freuten sich, dass er überhaupt gekommen war, wenn auch nur kurz. Er hinterließ ständig Fragezeichen und schaffte es, dass die Menschen in seinem Umfeld über ihn redeten. Er hingegen glänzte durch Abwesenheit und steigerte dadurch kontinuierlich seinen Marktwert. Genial!

Denk immer an den Rockstar in dir. Hätte George Clooney Zeit, stundenlang auf einer Party abzuhängen? Sicher nicht. Er würde vorbeikommen, die Lage checken und nach einer Weile wieder verschwinden. Mach dir das immer wieder bewusst. Je mehr Präsenz du zeigst, desto geringer ist dein Wert. Warum? Weil du gewöhnlich wirst. Weil du scheinbar nichts Besseres zu tun hast. Es ist wie mit dem

Hummer in Lachssauce. Isst du ihn nur zweimal im Jahr, freust du dich schon Wochen im Voraus auf das königliche Festmahl; steht er jeden Tag auf deiner Speisekarte, hängt er dir irgendwann zum Hals heraus. Du erfreust dich nicht mehr daran. Genau das gilt es zu vermeiden. Du musst ler nen, im richtigen Moment die Party zu verlassen. Im Zweifel lieber zu früh gehen als zu spät. Verschwinde einfach. Dein Umfeld muss nicht alles über dich wissen.

Die aufregendste Zeit in einer Beziehung ist meistens die Anfangsphase, wenn man sich kennenlernt und noch nicht so viel voneinander weiß. Wenn sie nicht ans Telefon geht, fragst du dich, wo sie steckt. Schreibt sie mal zwei Tage keine SMS, geht deine Phantasie mit dir durch, und du stellst dir die verrücktesten Dinge vor. Du stellst dir vor, sie wieder verlieren zu können oder sie gar schon verloren zu haben, und bist ständig kurz vorm Durchdrehen. Wenn sie sich dann meldet und dir Küsschen durchs Telefon schickt, schlägt dein Herz doppelt so schnell, und deine Freude kennt keine Grenzen. Die Energie, die in dieser Zeit zwischen euch herrscht, ist unvorstellbar. Ein magischer Moment jagt den nächsten. Bis der Zeitpunkt kommt, an dem du zu viel über sie weißt, keine Fragezeichen mehr durch die Luft schweben, weil sie ständig verfügbar ist. Verstehst du, worauf ich hinaus will? Genau dieses Gefühl kannst du auch erzeugen. In den Zeiten von Facebook, Twitter und Instagram, in denen wir praktisch alles über unsere Mitmenschen online nachschlagen können, ist es besonders wichtig, die Kunst der Abwesenheit gekonnt einzusetzen. Denke immer daran: Du musst nicht ständig erreichbar sein, alles kommentieren und auf jedem Partyfoto zu sehen sein. Lass die Menschen immer etwas im Unklaren, und erschaffe dich neu.

DAS LEBEN FINDET AUSSERHALB DEINER KOMFORTZONE STATT

Ich sehe sie überall: Menschen, denen leider der Mut fehlt, die sich verkriechen in ihrem winzigen Fuchsbau, sich vom Fernseher berieseln lassen, ihr Leben akzeptieren und sich mit ihrer Situation arrangieren. Sie denken: »Ja, ja, ich weiß. Ich habe zwar keinen Traumjob und bin nicht mit meiner Traumfrau zusammen, aber um meine Träume zu erreichen, müsste ich viel zu viel ändern. Was für ein Stress! Ich müsste mich ja richtig stark machen (für mich!) und verändern und für meine Träume (die ich hatte, als ich noch siebzehn war) kämpfen. Aber wenn ich kämpfen muss, verliere ich vielleicht. Und stehe ganz alleine da. Nee, da bleibe ich lieber bei meinem jetzigen Leben, sicher ist sicher. Da weiß ich wenigstens, woran ich bin.«

Ich kann das nachvollziehen. Ich war auch so. Früher. Bis mir meine Freundin davonlief. Ich hatte Schulden. Einen Job, der mir keine Erfüllung brachte. Ich drehte mich im Kreis und vergeudete meine wertvolle Lebenszeit mit Dingen, die mir keinen Spaß machten. Als mir das klar wurde, habe ich auf der Stelle meinen verhassten Job an den Nagel gehängt. Die beste Entscheidung meines Lebens. Ich fühlte mich wie neugeboren. Sofort waren auch die Kopfschmerzen weg, die mich nachts nicht schlafen ließen, und ich rutschte in eine regelrechte Erfolgsspirale. Ich war glücklich und zufrieden, weil ich endlich meiner inneren Stimme gefolgt bin. Dadurch strahlte ich wieder Lebensfreude aus, mein Selbstbewusstsein stieg von Tag zu Tag. Auch die Frauen reagierten plötzlich viel offener auf mich. Ich war raus aus dem Hamsterrad, und schon begann ein völlig neues Leben. Klar, auch ich hatte Bedenken, dass mein neuer Lebensentwurf nicht funktionieren würde, aber die Vorstellung, den Rest meines Lebens unglücklich zu bleiben, war um Lichtjahre schlimmer. Ich eliminierte die negativen Energien aus meinem Leben und schuf neuen Freiraum, der sich auch sofort mit positiver Energie füllte. Warum ich das schon wieder erzähle? Weil mich in dieser Zeit des Umbruchs, der Veränderung, so viele Frauen ansprachen wie selten zuvor. Ich musste gar nichts tun. Meine neue Lebenseinstellung zog sie förmlich an. »Wow, du glühst ja richtig«, sagten sie und fielen mir dabei fast schon um den Hals. »Wie machst du das? Ich will auch so strahlen. Verrate mir dein Geheimnis!«

Mein Strahlen kam von innen. Meine innere Zufriedenheit brachte mich äußerlich zum Leuchten. Darin lag der Unterschied. Denk immer daran: Mit deiner Einstellung, deiner Haltung, deiner Sicht auf die Dinge, änderst du einfach alles. Warum? Ich sage: Warum nicht?

Die meisten machen den Fehler, alles negativ zu sehen: Warum sollte die Frau mich attraktiv finden? Warum sollte sie mit mir sprechen wollen? Warum sollte sie mit mir schlafen wollen? Ich sage: Warum nicht? Warum soll das Beste, das es gibt auf der Welt, nicht auch für mich bestimmt sein? Warum soll ich es nicht wert sein?

Die Leute versuchen oft, dir die Dinge auszureden, für die sie selbst nicht den Mut aufbringen. Das wahre Leben findet außerhalb der Komfortzone statt und zwar deshalb, weil nur dort die spannenden Dinge passieren. Du lernst die heiße Rothaarige nicht in deinem Wohnzimmer kennen, dafür musst du dein Sofa verlassen, duschen gehen, etwas unternehmen. Die Belohnung allerdings, die du für diesen kleinen Aufwand bekommst, ist so unfassbar süß. Und die Auswahl ist unendlich groß. Und wächst immer wieder nach. Geh zu einer zwanzigjährigen attraktiven Schönen hin, quatsch sie an, und höre, wie sie zu dir sagt:

»Ey, das war jetzt echt mal geil, was du gemacht hast. Hier ist meine Nummer. Lass uns treffen.« Bääääm!!! Davon kriegst du einen Adrenalinrausch, der dich Berge erklimmen lässt. Und das Schöne daran ist: Jeder kann es sofort haben. Aber anstatt diesen einen ersten Schritt zu wagen, belügen sich viele selbst mit den absurdesten Ausreden: Fünf gut aussehende Mädels gleichzeitig zu daten ist nicht so mein Ding… wäre mir viel zu stressig, hab keine Zeit für so etwas… ist viel zu anstrengend… traue mich nicht… glaube nicht, dass es so leicht funktioniert, blablabla.

Das erinnert mich an eine schöne Geschichte aus der nordischen Mythologie. Odin schickte eine Botschaft zu den Menschen, in der es hieß: Geht mutig über den Regenbogen, und ihr findet das Tor zum Paradies. Die Bewohner des Dorfes bestiegen daraufhin den höchsten Berg ihrer Region und warteten. Als nach mehreren Stunden immer noch kein Regenbogen am Himmel erschien, verließen die ersten Dorfbewohner den Berg und kehrten frustriert ins Dorf zurück. Nach und nach wurde es immer leerer auf der Bergspitze, bis nur noch ein kleiner Junge übrig blieb. Er las sich die Botschaft des mächtigen Gottes noch einmal in Ruhe durch: Geht mutig über den Regenbogen, und ihr findet das Tor zum Paradies. Bislang hatte er keinen Mut beweisen müssen, dachte sich der kleine Junge. Er war nur auf den Berg geklettert wie unzählige Male vorher auch. Er wollte es aber unbedingt wissen, also nahm er all seinen Mut zusammen, nahm Anlauf und sprang über den Abgrund. Anstatt hinunterzufallen, sah er plötzlich den Regenbogen, der ihn auffing und über den er direkt ins Paradies laufen konnte.

Du willst auch ins gelobte Land? Dann tu diesen einen Schritt… und sprich sie an, verdammt. Wenn du begriffen hast, dass es so einfach ist, wird sich dein ganzes Leben ändern. Du gerätst, wie ich damals, in eine unglaubliche Glücksspirale. Nicht nur dein Selbstbewusstsein wird sich verbessern, dein ganzes Umfeld wird sich ändern. Ganz automatisch wirst du auf deine Ernährung achten und zum Sport gehen, weil du erkennst, wie positiv die Frauen darauf reagieren. Du wirst dich sauwohl in deinem Körper fühlen, viel motivierter sein als früher, an deinem Arbeitsplatz erfolgreicher werden und eine völlig neue Energie ausstrahlen! Du setzt dich auf einmal für Dinge ein, die dir wichtig sind. Du verabredest dich, nutzt jede freie Minute, hängst nicht mehr durch. Nach einem halben Jahr stehst du vor dem Spiegel und siehst einen völlig neuen Menschen. Du kannst es auf keine andere Art und Weise billiger, effektiver und schöner haben als durch diese Ego-Boosts, die dir die Frauen verschaffen. Wenn du dich ins Fitnessstudio quälen musst, um zehn Klimmzüge aus dir rauszupressen, du schon nach zwei Minuten keine Lust mehr hast, dann bringt das nichts. Wenn du aber weißt, dass du in der kommenden Woche drei Dates hast, weil du gerade zehn Mädels angequatscht hast, dann bewegt sich die Hantelstange ganz von selbst. Ganz easy. Die pure Magie. Dieses Gefühl des ständigen Verliebtseins ist die beste Droge, die du dir vorstellen kannst.

Du bekommst im Leben nichts geschenkt, das weiß ich auch, aber wenn du ein bisschen nachhilfst, stehen dir ALLE Türen offen. Alles ist möglich! Vor Kurzem schrieb mir ein Typ auf Facebook, der mit meiner positiven Energie nichts anfangen konnte: »Es kann ja nicht jeder so viel Glück haben wie du.« Was ich mache, hat nichts, aber auch gar nichts mit Glück zu tun. Noch einmal: Glück hat der, der sein Leben so lebt, wie er es sich vorstellt, und nicht, wie andere es von ihm erwarten. Hör auf dein Herz, mach was dir Spaß macht, scheiß auf alles andere! Erfolgreiche Menschen kommen nicht schon erfolgreich auf die Welt. Der

Unterschied ist ganz schnell erklärt: Wo andere aufgeben und umkehren, gehen sie weiter. Mit Frauen ist es nicht anders. Durchhalten ist angesagt!

»Wenn du die Welt verändern willst, musst du schon völlig wahnsinnig sein«, sagte Steve Jobs einmal. »Es sind immer die Verrückten, die Erfolg haben. Die anderen geben irgendwann auf, weil der Moment kommt, an dem es, rational betrachtet, keinen Sinn mehr ergibt, weiter an sich zu glauben. Die Wahnsinnigen tun es trotzdem, weil sie nicht anders können, und verändern die Welt.«

Du musst nicht gleich die ganze Welt verändern. Es reicht schon, wenn du deine Welt veränderst. Spiele die Hauptrolle in deinem eigenen Actionfilm. Denke immer daran: Wenn du im Leben nie etwas riskierst, riskierst du am Ende noch viel mehr.

WIE DU SIE IM GESPRÄCH FÜR DICH GEWINNST

Du hast dich getraut, sie anzusprechen, und sie hat dich nicht weggeschickt. Gratuliere! Jetzt musst du ihr Vertrauen gewinnen. Du darfst nicht vergessen, dass du immer noch ein Fremder für sie bist. Die Zauberformel, um diese Barriere zu überwinden, lautet:

SUCHE NACH GEMEINSAMKEITEN

Damit meine ich nicht:

Sie: »Ich mag Pizza.«

Du: »Wow, ich liebe Pizza. Lass uns miteinander schlafen.«

Du musst zwischen falschen und richtigen Gemeinsamkeiten unterscheiden. Das ist wichtig, weil euch nur die richtigen Gemeinsamkeiten zusammenbringen werden. Männer denken oft, es würde sie in ein gutes Licht rücken, wenn sie scheinbar gemeinsame Interessen vortäuschen. Ein großer Irrtum! Wenn sie erzählt, dass sie als Kind oft geritten ist und sich jetzt mit dem Kauf eines eigenen Pferdes endlich einen großen Traum erfüllen konnte, dann gibt sie folgende Information preis: Pferde sind ihre große Leidenschaft.

Jeder Mann, der mit ihr ins Bett will, wird sich darauf

einschießen, auch wenn er wahrscheinlich nichts mit dem Thema anfangen kann, und Dinge sagen wie: »Wow, das ist ja total interessant. Pferde sind wirklich tolle Tiere. Erzähl mir mehr.«

Er heuchelt eine falsche Gemeinsamkeit vor, um nicht aus dem Gespräch zu fliegen. Das ist substanzlose Schleimerei, die dich nicht weit bringen wird. Das Mädel wird dein Spiel durchschauen und dich sofort für langweilig befinden. Du musst dich nicht bei ihr einschleimen, um zu punkten. Sei einfach aufmerksam und interessiert. Eine gute Antwort wäre zum Beispiel: »Ich gebe zu, ich saß noch nie auf einem Pferd. Erzähl mal, was fasziniert dich denn so an der Reiterei?«

Sie wird auf jeden Fall positiv reagieren und dir etliche Begründungen liefern: »Ich liebe die Natur ... ich liebe den Geruch von frischem Heu ... das Ausreiten ... das Gefühl von Freiheit ... Reiten ist wie Meditieren etc.«

Pick dir jetzt die Punkte heraus, bei denen du nachvollziehen kannst, warum sie ihr wichtig sind, sagen wir Natur und Freiheit. Deine Reaktion könnte beispielsweise sein: »Jetzt verstehe ich das. Einfach mit dem Pferd ausreiten und die Gedanken ausschalten, keine Sorgen haben und eins mit der Natur sein.«

»Ja genau, Michel. Das ist es!«

»Weißt du, was ich gerne mache? Ich fliege, so oft es mir möglich ist, ans Meer und suche mir einsame Strände, um zu tauchen. Unter Wasser existieren dann nur noch die bunten Fische und ich. Diese Stille ist atemberaubend. Kein Handy, keine Termine, keine Idioten. Die pure Magie. Darum geht es doch im Leben: Magische Momente zu sammeln.«

Schon habt ihr mit eurer Verbundenheit zur Natur eine echte Gemeinsamkeit gefunden, in der Emotionen, Träume und Sehnsüchte ins Spiel kommen. Erkennst du den Unterschied zwischen diesem Dialog und der Antwort: »Ja, ich mag auch Pferde«?

SAGE NIE ZU ALLEM JA UND AMEN

Wenn sie beispielsweise Veganerin ist und dir einen Vortrag darüber hält, welche Vorteile ihre Lebensweise habe, du damit aber nichts anfangen kannst, hab den Mut, das zu sagen. Du kannst ruhig kontrovers sein. Stehe zu deiner Meinung! Dadurch machst du dich interessanter als die langweiligen Ja-Sager, und die Botschaft, die du mit dieser selbstbewussten Einstellung unterbewusst aussendest, lautet plötzlich: Ich muss erst einmal abchecken, ob DU für mich überhaupt als Kandidatin infrage kommst.

Die meisten Männer sind so einfallslos, dass sie oft schon nach wenigen Minuten nach ihrem Beruf fragen: »Und, was machst du so?«

Was soll sie darauf schon antworten, außer: »Ich bin Arzthelferin« oder »Ich arbeite in einer Werbeagentur«. Gähn!

Meine Standardantwort, wenn sie ihren Beruf erwähnt, lautet übrigens grundsätzlich (egal, wie cool der Job auch sein mag): »Echt? Das ist ja furchtbar (zwinker, zwinker).« Es gibt eine Ausnahme. Wenn sie im sozialen Pflegebereich arbeitet und sich um kranke/alte/hilfsbedürftige Menschen kümmert, dann hebe ich sie extrem übertrieben auf ein Podest und sage etwas wie: »Ach, endlich jemand, der für mich Karma-Punkte mit sammelt. Gut, dass ich dich gefunden habe. Mir erschien vor Kurzem Mutter Teresa im Traum, die gar nicht mit meinem wilden Lebensstil einverstanden war. Was kann ich tun, dass du mich in dein Team aufnimmst?«

Die Mädels werden immer positiv reagieren, weil du Farbe ins Gespräch bringst. Stell dir vor, du lernst ein Model kennen, das von irgendwelchen »superkrassen« Shootings in Mailand, Paris und New York erzählt. Was glaubst du, wie die guckt, wenn du ihr nicht kopfnickend und sabbernd auf ihre langen Beine glotzt, sondern völlig entspannt und unbeeindruckt erwiderst: »Ist das nicht manchmal hart, immer nur nach Maßen, Typen und dem Äußeren beurteilt zu werden?« Schon bist du in ihrem Radar, weil du anders bist. Weil du unbeeindruckt bist und die Dinge aus ihrer Sicht sehen kannst. Du hast ihr nicht nach dem Mund geredet und somit eine neue Ebene erreicht. Gerade bei sehr attraktiven Mädels ist es oft so, dass Männer versuchen, ihnen zu gefallen, und immer brav alles abnicken. Automatisch begeben sie sich in eine schwächere Position, weil sie offen signalisieren: Ich stehe auf dich! Wenn du aber polarisierst und kreativ deine Meinung vertrittst, setzt du auf eine für die Frau ungewohnte Art und Weise einen Standard. Du stellst sie nämlich direkt infrage. Damit rechnet sie nicht. Dadurch baust du sofort Attraktivität auf.

Einmal antwortete ein Mädchen, das ich bei Abercrombie kennengelernt hatte, auf die Frage, was sie im wirklichen Leben macht, Folgendes:

»Im wirklichen Leben bin ich Bankkauffrau.«

Also was ganz Seriöses (im Gegensatz zu ihrer nebenberuflichen Tätigkeit als Abercrombie-Verkäuferin).

Worauf ich lächelnd zurückgab: »Haha, das ist alles andere als seriös!« Damit hab ich sie herausgefordert und ihr nicht nach dem Mund geredet, wie es wohl die meisten Kerle getan hätten. Sie musste sofort lachen, und das Gespräch entwickelte sich in die richtige Richtung.

BRING SIE ZUM TRÄUMEN

Wichtig ist, Gemeinsamkeiten nicht zu verbalisieren, sondern sie natürlich entstehen zu lassen. Beispiel: Es ist Winter und draußen fallen die ersten Schneeflocken.

Du: »Hey, magst du Skifahren?«

Sie: »Ja, tue ich.«

Du: »Okay.«

Ende.

Du siehst sofort, dass du mit dieser Art der Gesprächsführung nicht weit kommen wirst. Schon beim Lesen schlafen dir die Füße ein. Da ist keine Magie, kein Kribbeln, nicht mal heiße Luft. Fang an, deine Geschichten bildlich auszuschmücken. Bring sie zum Träumen, wecke ihre Phantasie und lass sie für einen Moment den Alltag vergessen. Wenn du es schaffst, sie auf deine Reise mitzunehmen, eröffnen sich dir ungeahnte Möglichkeiten. Lass dich von ihrer Schönheit nicht beeindrucken. Das Bild, das sie von sich selbst in der Öffentlichkeit präsentiert, zeigt selten ihr wahres Ich. Nimm sie an der Hand (bildlich gesprochen), und gib ihr eine Idee davon, was sie mit dir alles erleben könnte. In der Grundschule haben wir das schon beim Aufsatzschreiben gelernt: Nimm den Leser mit auf deine Reise. Beschreibe genau, was du siehst, was daran so schön ist, was dieses Abenteuer ausmacht, wie es dort riecht etc. Wenn du Menschen für dich gewinnen willst, musst du sie an deinem Leben teilhaben und in ihnen positive Gefühle entstehen lassen.

Sei aufrichtig und aufmerksam, und erkenne Gemeinsamkeiten, wenn sie sich zeigen. Das ist die wahre Kunst.

Eine sehr erfolgreiche Fonds-Managerin aus der Schweiz hat mir auf einer Party einmal erzählt, dass sie wieder zurück nach München ziehen möchte, weil sie ihre Eltern, Geschwister und Großeltern so vermissen würde. Sofort ging bei mir ein Alarmsignal an für die erste Gemeinsamkeit. Sie ist ein Familienmensch. Da ich das auch bin, strahlte ich sie an und sagte: »Das kann ich total nachvollziehen. Meine Familie hat letztes Jahr zum ersten Mal seit vielen Jahren wieder zusammen Weihnachten gefeiert. Meine Eltern, Geschwister, Tanten, Onkel, Cousins und Cousinen – das war so schön für mich, weil mich das an meine Kindheit erinnert hat. Das hat wieder mal richtig Spaß gemacht. Jeder hat jedem was geschenkt, und alle haben sich totgelacht. Ich weiß auch nicht, es hat sich einfach gut angefühlt.«

Sie strahlte zurück und schwärmte: »Familie ist wirklich das Wichtigste. Dieses Gefühl, einen Ort zu haben, nach Hause zu kommen.«

»Das passiert mir immer, wenn ich nach Sizilien fahre. Meine Mutter ist Sizilianerin. Wenn ich durch ihr Heimatdorf laufe, die schmalen Gassen entlang und die Menschen sehe, dann spüre ich: Das ist mein Blut, meine Heimat, das bin ich. Wenn ich meine Cousinen dort besuche, fühle ich mich sofort zu Hause. Auch wenn ich sie nur alle zwei, drei Jahre sehe. Das ist mit Worten kaum zu beschreiben.«

Sie hing mir förmlich an den Lippen und sagte: »Ich weiß ganz genau, was du meinst.«

Wir redeten plötzlich über sehr persönliche Dinge, die man normalerweise nur mit seinen besten Freunden bespricht. Warum? Weil sie gemerkt hat, dass wir die gleichen Werte besitzen, dass ich ihr nicht nach dem Mund geredet habe, sondern es ernst meinte. Du kannst dir sicher vorstellen, dass es nicht lange gedauert hat, bis wir uns küssten.

ACHTE AUF DIE ZWISCHENTÖNE

Lass mich dir dazu die Geschichte eines Vertreters erzählen, dessen Job es ist, Büroklammern zu verkaufen. Er kommt zu seinem wichtigsten Kunden, einem großen Unternehmen, und bekommt folgendes Feedback: »Die Büroklammern sind zwar sehr leicht und handlich, aber viel zu bunt.« Normalerweise würde man davon ausgehen, dass der Vertreter jetzt nach Argumenten sucht, warum die Büroklammern bunt sein müssen und welche Vorteile der Kunde dadurch hat. Doch wie reagiert der Vertreter? Er geht mit keinem Wort auf den Vorwurf ein, sondern versucht, die positiven Eigenschaften seines Produkts noch zu verstärken, indem er fragt: »Was mich aus Ihrer täglichen Praxis interessieren würde: Welche Vorteile bieten Ihnen die Büroklammern, wenn sie so leicht und handlich sind?« Der Kunde denkt plötzlich nicht mehr an die eine negative Eigenschaft, sondern zählt die vielen positiven auf: »Ich kann die Unterlagen prima einordnen, die Blätter fliegen mir nicht raus, die Klammern sind sehr stabil, was wirklich von Vorteil ist.« (Blablabla.) Er ruft sich selbst in Erinnerung, was er an den Büroklammern alles gut findet, zählt die vielen positiven Eigenschaften auf, anstatt bei der einen negativen Eigenschaft zu bleiben. Am Ende fällt ihm selbst auf, dass die positiven Eigenschaften viel wertvoller und gewinnbringender sind, und er vergisst seinen ursprünglichen Gedanken wieder. Er verkauft die Büroklammern praktisch sich selbst. Du siehst, es gibt immer zwei Betrachtungsweisen einer Situation, eine negative und eine positive. Je nachdem, von welcher Seite du die Medaille betrachtest, erhältst du ein völlig anderes Bild.

Ich konzentriere mich immer auf die positiven Dinge. Negative Menschen gibt es genug. Deine Aufgabe besteht darin, sie auf deine Seite zu ziehen. Sei ein Quell der Freude, ein Mann, den man gerne um sich hat. Selbst wenn sie dir im Gespräch von ihren Beziehungsproblemen erzählt, hat sie offensichtlich so viel Vertrauen zu dir, dass sie sich dir gegenüber öffnet. Manchmal erzählen wir fremden Menschen, zu denen wir uns auf irgendeine Weise hingezogen fühlen, mehr als unseren engsten Freunden. Wenn sie also schon dabei ist, dir ihr Herz auszuschütten und sie offensichtlich das Bedürfnis hat, darüber zu reden, würde ich mir von ihr genau erklären lassen, was in ihrer Beziehung falsch läuft. Du musst jetzt gar nicht mehr viel tun, außer gut zuzuhören. Sie wird dir eine detailgenaue Anleitung präsentieren: Worauf sie steht, was ihr wichtig ist, wonach sie sich sehnt und, vor allem, was ihr gerade fehlt im Leben. Du kannst diese Leere füllen, indem du ihr erklärst, dass wir nicht auf der Erde sind, um unglücklich zu sein. Erinnere sie an die schönen Momente des Lebens, motiviere sie, und fordere sie heraus, sich nicht hängen zu lassen. Rede ihr auf keinen Fall ihren Freund schlecht! Konzentriere dich nur auf sie. Ich würde ihr sagen: »Das Wichtigste ist doch, dass du dich in deiner Haut wohlfühlst, ohne dass es anderen dabei schlecht geht. Wäre ich an deiner Stelle, würde ich das Problem, das mich belastet, sofort ansprechen und so schnell wie möglich aus der Welt räumen. Ein Problem überhaupt zu erkennen und anzusprechen, daran scheitern schon die meisten Menschen. Du nicht! Du sitzt hier und erzählst mir davon. Und wenn du es mir erzählst, kannst du auch mit den Personen darüber reden, die es direkt betrifft. Mach den ersten Schritt! Sei offen und ehrlich, und du wirst von deinem Gegenüber Respekt ernten, weil du etwas tust, wozu er offensichtlich nicht in der Lage war. Plötzlich hört er, dass du gewisse Dinge nicht in Ordnung findest und wird sich dafür verantworten müssen. Du solltest dir vorher im Klaren sein, was du willst, und letztendlich auch den Mut haben, Konsequenzen zu ziehen, falls dir die Antworten nicht gefallen. Davor haben auch wiederum die meisten Menschen Angst. Sie wünschen sich ein Traumland und erkennen nicht, dass nur sie den Schlüssel dazu haben. Es liegt alleine an dir. Es ist dein Leben! Das solltest du niemals vergessen ...«

Versuche sie darin zu bestärken, dass sie die gleichen Rechte hat, ein glückliches Leben zu führen und ihre Träume zu leben, wie alle anderen Menschen auch. Sie wurde nicht geboren, um traurig zu sein. Wandle ihre negativen Sorgen in positive Zuversicht um. Dein Bemühen wird sich auszahlen. Erstens fühlt sie sich sofort besser, zweitens wird sie sich dir noch mehr öffnen, und drittens wird sie ziemlich schnell einen Seelenverwandten in dir entdecken.

»Oh, mein Gott. Warum erzähle ich dir das alles?«, wird sie sagen und dir Trost suchend um den Hals fallen. »Was machst du mit mir?«

Was du machst? Du hörst ihr zu. Du interessierst dich für sie. Du baggerst sie nicht plump an. Du nutzt ihre Situation nicht aus. Sie ist dir in dem Moment nicht egal. Du wünschst dir, auch wenn du sie noch nicht lange kennst, dass es ihr gut geht. Wenn deine Motivation darin besteht, andere Menschen glücklich zu machen, wirst du sehen, dass alles hundertfach zu dir zurückkommt. Sogar besser und schöner und unglaublicher, als du es dir jemals erträumen könntest. Ich sage immer: Being a gentleman doesn't mean you're a pussy; it gets you pussy.

Frauen suchen Männer, an die sie sich anlehnen können, die nicht nur physisch anwesend sind, die ihnen zuhören. Das bedeutet nicht, dass du ein Weichei bist. Im Gegenteil. Wenn du nicht in der Lage bist, deiner Freundin zuzuhören, wirst du sehr schnell ein ziemlich großes Problem bekommen. Warum? Weil sie sich dann einen anderen Mann sucht, mit dem sie reden kann, der sie versteht und ihre Sorgen ernst nimmt. Hat sie den erst einmal gefunden und eine emotionale Bindung zu ihm aufgebaut, ist das der langsame Tod einer jeden Beziehung. Ich liebe es, mich mit Frauen zu unterhalten. Ich könnte das stundenlang. Ich höre einfach nur zu. Viele Männer machen in meinen Augen den Fehler, ständig zu versuchen, ihren eigenen Willen durchzudrücken. Wenn du aber einen Menschen für dich gewinnen willst, führt kein Weg daran vorbei, ihm erst mal zuzuhören. Wenn eine Frau sich nach Aufmerksamkeit sehnt, was in den meisten Fällen zutrifft, dann gib ihr genau das. Hör zu. Sei bei ihr.

Um eine tiefe Verbindung eingehen zu können, muss der Mensch sich erst einmal öffnen. Wann öffnet er sich? Wenn er sich wohlfühlt. Wann fühlt er sich wohl? Wenn er merkt, dass niemand an ihm zerrt, nichts von ihm fordert. Ich verspreche dir, dass du alles bekommen wirst, wovon du nur träumst, wenn du aufhörst, aggressiv danach zu suchen. Die Frauen werden dir noch mehr geben, als du dir jemals vorstellen kannst, aber nur, wenn du nichts erwartest, wenn du ihnen signalisierst: »Mädel, entspann dich. Ich will nichts von dir.« Das gilt auch für alles Sexuelle. Früher habe ich gedacht, ich müsste den Frauen explizit erzählen, worauf ich stehe und was sie alles im Bett für mich tun sollen. Quark mit Soße. Es ging erst dann richtig zur Sache, als ich genau das weggelassen habe, als keine Erwartungen da waren, kein Druck, und ich den Frauen somit das Gefühl gab: Wir können alles machen, was DU willst. Verrate mir deine Geheimnisse, deine tiefsten Sehnsüchte, und lass uns auf die Reise gehen. Lass uns das gemeinsam entdecken. Die Energie, die du mit dieser Einstellung aussendest, ist eine völlig andere. So können auch One-Night-Stands außergewöhnliche Erlebnisse werden.

DAS GESETZ DER ANZIEHUNG

Ich bin weder Wissenschaftler noch Biologe oder Psychologe. Ich komme aus der Praxis. Ich habe mich jahrelang durch die Bars und Clubs meiner Stadt gekämpft, habe beobachtet, ausprobiert und gelernt. Und dabei habe ich festgestellt, dass es gewisse Verhaltensweisen bei Männern gibt, gegen die Frauen nicht immun sind. Zunächst ist es wichtig zu verstehen, dass es keine ultimative Wahrheit gibt. Zwischen Theorie und Praxis liegt ein riesiger Unterschied. Nur weil etwas auf dem Papier logisch erscheint, muss es noch lange nicht in der Praxis so sein. Während beispielsweise der freche Humor oft bei jungen, noch nicht so lebenserfahrenen Frauen sehr gut funktioniert, wird er eine zweiunddreißigjährige selbstbewusste Anwältin vielleicht nicht aus der Reserve locken. Oder nehmen wir gutes Aussehen. Das mag viele Frauen zunächst faszinieren, wenn aber dahinter keine interessante Persönlichkeit steht, wird der Schönling auf Dauer keinen Erfolg bei ihnen haben.

Es gibt Frauen, die auf der Suche nach ihrem Seelenverwandten sind; genauso gibt es welche, die nur auf unberechenbare Draufgänger stehen. Nicht jede Frau reagiert auf die gleichen Attribute. So kann sich beispielsweise eine Frau, die besonders großen Wert auf Treue legt – möglicherweise aufgrund schlechter Erfahrungen –, von einem

Mann abgestoßen fühlen, obwohl er ihr optisch gut gefällt, einfach deswegen, weil sie aufgrund seines Verhaltens davon ausgeht, dass er ein Frauenheld ist. Sie lässt sich bewusst nicht darauf ein, um sich selbst zu schützen und weil sie die Befürchtung hat, ihn mit anderen teilen zu müssen. Eine andere Frau könnte genau darin wiederum ein Attraktivitätsmerkmal für sich ausmachen. Sie würde den sozialen Status genießen, den ein gut aussehender und begehrenswerter Mann mit sich bringt. Ein und derselbe Mann könnte also eine unterschiedliche Wirkung auf verschiedene Frauen haben. Es gibt keine Patentlösung, die immer gleich gut funktioniert. Die Kunst besteht darin zu erkennen, mit welcher Frau man es zu tun hat. Es gibt jedoch einige Merkmale, die auf die meisten Frauen positiv wirken. Ich möchte dir einen Überblick über die wichtigsten Anziehungsfaktoren geben, um dir dabei zu helfen, in Zukunft bessere Resultate zu erzielen.

DEIN ERSCHEINUNGSBILD

Männer, die sich gut zu kleiden wissen, fallen den meisten Frauen positiv auf. Während jeder von uns seinen individuellen Stil verfolgt, gibt es gewisse Grundregeln, die man beherzigen sollte, um aus der Masse herauszustechen und von den Frauen wahrgenommen zu werden. Jeder Mann profitiert von gut sitzenden dunklen Jeans, dunklen Socken und sauberen dunklen Lederschuhen. Dazu ein schlichtes Hemd, tailliert geschnitten. Je nach persönlichem Stil, kannst du einige Knöpfe offen lassen, vielleicht die Ärmel bis zum Unterarm umschlagen. Schon kann's losgehen.

Auch mit einem gut sitzenden Anzug liegst du immer weit vorne und kannst nichts falsch machen. Frauen lieben

Männer in Anzügen! Wichtig dabei ist nur, dass er perfekt sitzt. Man sieht es einfach, ob mal eben ein Anzug im Kaufhaus gekauft wurde oder ob sein Träger sich tatsächlich mit seinem Anzug identifiziert. Nicht dass wir uns falsch verstehen: Gegen einen günstigen Anzug aus dem Kaufhaus ist nichts einzuwenden, solange er perfekt in Länge und Größe sitzt. Andernfalls einfach vom Schneider anpassen lassen. Sobald du dich in gut sitzender Kleidung präsentierst, wirst du schnell feststellen, wie sich automatisch deine Körpersprache, dein Selbstbewusstsein und damit deine Ausstrahlung verbessern. Frauen nehmen diesen Unterschied wahr.

Ich denke, über Hygiene und Körperpflege muss ich nicht viel sagen. Das versteht sich von selbst. Zur Sicherheit aber noch mal die wichtigsten Grundregeln: Saubere Hände und gepflegte Fingernägel sind ein Muss. Putz dir dreimal am Tag die Zähne, und lass zweimal im Jahr eine Zahnreinigung von deinem Zahnarzt durchführen. Und bitte, entferne deine Nasen- und Ohrenhaare. Bart ist heutzutage in jeder Form erlaubt, solange er gepflegt ist.

DEIN KÖRPER

Es ist wichtig, sich in einem guten Zustand zu befinden. Natürlich kriegen nicht nur gottgleiche Kerle mit Waschbrettbauch hübsche Frauen ab, gleichwohl es in keiner Weise schadet, sich fit zu halten und ausgewogen zu ernähren. Erstens erhält es deine Gesundheit, zweitens verbessert sich dein Selbstbewusstsein. Falls du mit deiner Figur nicht zufrieden bist, ist es wichtig, daran sofort etwas zu ändern und es nicht auf die lange Bank zu schieben. Es bedarf keines täglichen Hardcore-Workouts. Dreimal in der Woche für eine Stunde durch den Park zu joggen reicht schon aus, um deinen Kreislauf in Schwung zu bringen und deinen Stoffwechsel anzuregen. Wenn du dazu noch ein wenig auf deine Ernährung achtest, kannst du schnell messbare Ergebnisse erzielen.

Wenn du es wirklich ernst meinst, empfehle ich dir einen Personal Fitness Coach zu nehmen. Mit professioneller Hilfe kannst du in kurzer Zeit phantastische Resultate erzielen. Ich mache das selbst regelmäßig mit meinem Personal Coach Tom. Diese Ergebnisse fördern dein Selbstbewusstsein in zweierlei Hinsicht. Zum einen wächst du an den Herausforderungen (du überwindest deinen inneren Schweinehund). Und zum anderen wird dein Umfeld deine Fortschritte bemerken und dir mit Komplimenten begegnen. Ich kann jeden nur dazu ermuntern, sich einen Personal Coach zu leisten. Es ist erstaunlich, was man innerhalb von nur drei Monaten erreichen kann, wenn man konsequent ein Ziel verfolgt.

DER ERSTE EINDRUCK

Der erste Eindruck kommt nie zurück! Daher empfiehlt es sich, stets eine gute Wirkung auf die Menschen in deiner Umgebung zu haben. Wie gesagt, du sollst nicht versuchen, krampfhaft gefallen zu wollen, sondern lediglich einen guten Eindruck zu vermitteln, wenn man dich sieht oder bemerkt. Egal, in welcher Situation du dich auch befindest, lächle, fühle dich nicht gelangweilt (selbst wenn es so ist), und betrachte dich als sozialer Botschafter. Unterhalte dich mit den Menschen, beziehe die Leute aus deinem Umfeld mit ein, egal, ob du sie kennst oder nicht. Wenn du alleine auf einem Empfang stehst, starte eine Unterhaltung, mach ein paar Scherze, oder stoße mit anderen Gästen an und beginne einfachen situativen Small Talk. Die Gespräche müssen nicht lange dauern, es geht nur darum, das Gefühl zu vermitteln, dass du dich wohlfühlst, wenn du aktiv mit anderen Menschen kommunizierst. Frauen nehmen sehr schnell Notiz von Männern, die gerne interagieren und mit denen man lachen und eine gute Zeit haben kann.

DEIN LÄCHELN

Ist dir schon mal aufgefallen, dass Lachen ansteckend ist? Wenn du eine Gruppe siehst, die sich köstlich über etwas amüsiert, wirst du automatisch ebenfalls anfangen zu lächeln, obwohl du gar nicht weißt, warum sie eigentlich lachen. Das Gleiche passiert, sobald du mit einem freundlichen Lächeln durchs Leben gehst. Egal ob abends im Club oder tagsüber auf der Straße, im Freundeskreis oder während der ersten Verabredung – ein Lächeln steckt an und hebt die Laune. Menschen begegnen dir viel offener und sind freundlicher zu dir. Wie von selbst ergeben sich plötzlich nette Gespräche und neue Kontakte. Mir passiert es regelmäßig, dass ich von Frauen angesprochen werde, nur weil ich der einzige Kerl im Club bin, der lächelt und nicht versucht, mit bösen Blicken Stärke zu demonstrieren. Wenn du dem Irrglauben unterliegst, du könntest nicht lächeln, konzentrier dich einfach darauf, es nicht zu tun. Du wirst sehen, wie einfach du dich selbst manipulieren kannst.

ACHTE AUF DEINE BLICKE

Eine kleine Anekdote hierzu: Durch einen Zufall lernte ich eines Abends ein bekanntes Oben-ohne-Model/Playmate kennen. Ich war mit einer Freundin, die sich ein wenig in dieser Szene bewegte, zum Essen verabredet. Es ergab sich, dass wir im Restaurant ein paar Freunde trafen, die wiederum einige Leute im Schlepptau hatten. Wir landeten zu acht an einem großen Tisch. Ironischerweise setzte sich das Busenwunder, das ihre Vorzüge durchaus zur Schau stellte, direkt neben mich. Ich ließ mich dadurch nicht beeindrucken. Fast alle Männer glotzten ihr auf die Brüste. Ich nicht! Ich unterhielt mich mit allen Anwesenden, auch mit ihr, völlig normal. Es dauerte nicht lange, und sie suchte das Gespräch. Ich bemerkte ihr immer größer werdendes Interesse aufgrund ihrer mir deutlich zugeneigten Körpersprache. Natürlich wusste sie ihre Reize perfekt in Szene zu setzen, und die meisten Kerle wären sofort darauf reingefallen. Genau das wäre aber der Fehler gewesen, denn wie alle schönen Frauen, die man aus den Medien kennt, war auch sie es gewohnt, von Männern Zuspruch zu bekommen. Bleibt der ausnahmsweise aus, intensivieren Frauen gerne ihre Interessenssignale, die aber nicht ernst gemeint sind, sondern lediglich dazu dienen, herauszufinden, ob der Mann nicht doch weich werden würde. Wie gesagt, die meisten Männer fallen auch darauf herein und wundern sich dann, warum sie plötzlich so schnell wieder aus dem Rennen sind. Während sie also ihre Signale deutlich erhöhte und ihr Dekolleté sichtlich in Szene rückte, konzentrierte ich mich vollständig darauf, den Augenkontakt zu halten und keinen einzigen Blick in ihren Ausschnitt zu riskieren. Hätte ich das getan, wäre ich aus dem Spiel gewesen. Nach einiger Zeit verabschiedete sich ein Teil der Leute, interessanterweise blieb sie aber neben mir sitzen, obwohl ihre Freundin ebenfalls verschwand. Am Ende saß ich mit meiner ursprünglichen Verabredung und ihr alleine am Tisch. Wir plauderten noch eine Weile, bis sie sich zu meiner Begleitung wandte und sagte: »Also, ich muss schon sagen, der Michel beeindruckt mich. Ich habe schon lange keinen Mann mehr getroffen, mit dem ich mich so gut unterhalten habe und der mir nicht ständig in meinen Ausschnitt gestarrt hat.« Um ehrlich zu sein, so gut war die Unterhaltung gar nicht. Es muss ihr nur so vorgekommen sein, weil sie es als angenehm empfand, nicht nur auf ihre Brüste reduziert zu werden.

Was ich dir also sagen möchte: Kontrolliere deine Blicke, und starre den Damen nicht unentwegt auf den Hintern etc. Damit hebst du dich von neunzig Prozent aller Kerle ab und gewinnst an Sympathie, ohne viel dafür tun zu müssen.

AUGENKONTAKT

Männer begehen, wenn sich die Blicke treffen, oft zwei gravierende Fehler, die Frauen ziemlich schnell abturnen können.

Der erste Fehler besteht darin, dass sie, sobald eine Frau den Augenkontakt mit ihnen sucht, verstohlen zur Seite blicken und so tun, als ob sie es nicht bemerkt hätten. Das ist ein Zeichen von geringem Selbstbewusstsein und zerstört sofort jegliche Anziehung. Hingegen machen Männer, die den Augenkontakt halten und sie dabei selbstbewusst anlächeln, auf der Stelle einen positiven Eindruck. Sie demonstrieren damit, dass sie es gewohnt sind, von Frauen Flirtsignale zu bekommen, diese auch verstehen und damit umzugehen wissen.

Der zweite Fehler besteht darin, Frauen anzustarren. Männer verfallen oft in eine Art Schockstarre, sobald sie attraktive Frauen entdecken. Leider unterschätzen sie den Umstand, dass Frauen es sehr wohl wahrnehmen, wenn sie auf diese Art beobachtet werden. Ich kann davon nur abraten. Frauen empfinden es als unheimlich und werden kaum positiv reagieren, wenn du sie ansprichst, nachdem du sie vorher minutenlang angestarrt hast.

Gleichwohl bemerken es besonders attraktive Frauen, wenn man ihnen NICHT nachblickt und scheinbar keine Notiz von ihnen nimmt oder schlicht unbeeindruckt von ihnen ist. Das macht dich interessant, und du wirst den Frauen zur Herausforderung.

LIFESTYLE

Ein weiterer Aspekt, der Anziehung hervorrufen kann, ist der Lifestyle, den du lebst. Damit meine ich nicht zwingend ein Jet-Set-Leben à la George Clooney, sondern die Frage, wie du dein Leben gestaltest. Frauen wollen einen Mann, der seinen Leidenschaften folgt und einen positiven Einfluss auf seine Umwelt hat. Sobald du das Leben lebst, das du liebst, wirst du es kaum verhindern können, diese lebhafte Begeisterung zu versprühen, zu der Frauen sich stets hingezogen fühlen. Deswegen besteht auch der Großteil dieses Buches darin, dir klarzumachen, wie wichtig es ist, dass du deinen Weg gehst, nicht den der anderen. Wenn Frauen sehen, dass du für etwas brennst und leidenschaftlich bist, wird dich das automatisch attraktiv machen. Niemand liebt Couchkartoffeln, deswegen reise um die Welt, entdecke neue Kulturen, erlebe Abenteuer, von denen du auf Partys erzählen kannst. Dabei ist es nicht wichtig, ob eine bestimmte Frau diese Leidenschaft mit dir teilt, entscheidend ist, dass sie erkennt, dass du ein aktiver Mensch bist, der das Leben in vollen Zügen genießt und mit Enthusiasmus lebt. Genau diese positive Energie ist es, die dich für Frauen interessant macht.

DEINE EINSTELLUNG

Wenn du eine positive Einstellung zum Leben hast, ziehst du automatisch die richtigen Menschen an. Jeder will glücklich sein, und ein Mensch, der anderen Menschen eine gute Zeit ermöglicht, wird niemals alleine sein. Wenn du dich mit einer Frau unterhältst, achte darauf, dich nicht zu beklagen, nicht zu jammern und nicht über andere zu lästern. Eliminiere jegliches Leid aus deinen Gedanken. Richte deine Aufmerksamkeit stattdessen auf das Gute im Leben, verbreite Freude, höre aufmerksam zu, und interessiere dich aufrichtig für deine Mitmenschen. Diese Einstellung wird dich zu einem gern gesehenen Gast machen, der bei jedermann beliebt ist. Schnell wirst du damit ein Alleinstellungsmerkmal innerhalb deines Freundeskreises, deiner Familie und deiner Arbeitskollegen genießen. Es ist doch so: In der Regel ist jeder auf sich fokussiert und stets darauf bedacht, sich selbst in den Vordergrund zu drängen, um möglichst viel Aufmerksamkeit und Wertschätzung zu erhalten. Da liegt es auf der Hand, den Menschen die Anerkennung zu geben, nach der sie streben. Du machst ihnen das größte Kompliment, wenn du dich aufrichtig für sie interessierst und ihnen eine Plattform gibst, um zu glänzen. Aber Achtung! Heuchle kein falsches Interesse! Gespieltes Interesse ist nicht lange aufrechtzuerhalten. Die Menschen werden dich entlarven und es dir übel nehmen.

BLEIBE UNBERECHENBAR

Egal, ob du sie gerade erst kennengelernt hast oder schon seit einigen Wochen mit ihr ausgehst – bleibe unberechenbar. Wenn sie deinen nächsten Schritt nicht vorhersehen kann, wird sie deine Nähe suchen, weil du Spaß und Abenteuer versprichst. Werde zur süßen Frucht, die man nicht jeden Tag in die Finger bekommt. Schenk ihr deine volle Aufmerksamkeit, wenn ihr Zeit miteinander verbringt, aber sei nicht ständig für sie erreichbar. Mach ihr das Geschenk, dich vermissen zu dürfen. Sei ehrlich, aber erzähle nicht alles. Bleibe immer ein bisschen vage und mysteriös. Lüg sie nicht an, um zu beeindrucken. Die meisten Männer sind wie ein offenes Buch. Du kannst schon aus zehn Metern Entfernung ihre Absichten erkennen. Du kannst ihre Bedürftigkeit förmlich riechen. Wenn eine Frau merkt, dass sie dich wie eine Schachfigur bewegen kann, ist es schon zu spät. Überrasche sie! Nimm ihr das Gefühl, die Kontrolle über die Situation zu haben, weil sie dein sprunghaftes Verhalten nicht einschätzen kann. Wenn sie glaubt, dich fest am Haken zu haben, steh einfach mal auf und verschwinde für eine Weile! Mit nur einer gezielten Aktion kannst du dich sofort zurück ins Spiel bringen. Denke immer daran, anders zu sein als alle anderen. Heb dich ab. Wenn du Dinge tust, mit denen niemand rechnet, entsteht um dich herum automatisch eine Aura der Anziehung. Die Leute werden über dich reden, werden versuchen, deine Handlungen zu verstehen und zu interpretieren.

WERDE ZUR HERAUSFORDERUNG

Frauen wollen, was sie nicht haben können. Wenn du attraktiv erscheinen möchtest, funktioniert das am besten, wenn du ihnen nicht hinterherjagst. Versteife dich nicht auf eine bestimmte Frau. Schnell wirkst du verkrampft und bedürftig und bist dadurch alles andere als eine Herausforderung. Je offensichtlicher du hinter einer Frau her bist, desto unattraktiver machst du dich. Ein Teufelskreis, den es unter allen Umständen zu vermeiden gilt.

Je mehr Frauen sich in deinem Umfeld befinden, desto weniger Aufmerksamkeit kannst du einer Einzelnen schenken. Wenn du also jemanden kennenlernst und sie feststellt, dass du stets busy bist und Optionen hast, wirst du schnell zu einem wertvollen Mann, den es zu erobern gilt. Keine Frau will teilen! Auf diese Weise drehst du den Spieß um und bist nicht mehr der Jäger, sondern wirst zum Gejagten. Und wenn dich erst mal eine jagt, jagt dich schnell eine zweite usw.

So wird aus einem Teufelskreis leicht ein wahrer Gotteskreis. Du musst nur dein Ego im Griff haben, darfst nicht übermütig werden und niemals versuchen, einem möglichen Verlust nachzujagen. Tust du es doch, verlierst du sie höchstwahrscheinlich und wirst dir deine Bestätigung bei anderen Frauen suchen. Die sind es jedoch nicht von dir gewohnt, dass du es bist, der plötzlich nach Bestätigung sucht. Auch sie werden sich zurückziehen, nicht weil sie gemein sind, sondern weil sie nicht anders können. Der Grund, warum du anfänglich so interessant für sie warst, ist mit deiner Suche nach Bestätigung nicht mehr gegeben. Deswegen gilt die eiserne Regel: Bleib stets eine Herausforderung. Die Frauen werden es dir danken.

VERWIRRUNG STIFTEN

In der Regel läuft es immer auf die gleiche Art und Weise ab: Der Mann erliegt der Schönheit einer Frau, möchte mit ihr zusammen sein, legt seine Absichten offen auf den Tisch, und sie entscheidet, ob er infrage kommt oder nicht. Das Problem ist nur, sobald eine Frau um die Absichten eines

Verehrers weiß, ist sie in der stärkeren Position, und du bist keine Herausforderung mehr. Schnell verliert sie das Interesse. Ich behaupte sogar, dass Frauen sich nicht zu Männern hingezogen fühlen können, von denen sie wissen, dass diese keine Herausforderung mehr für sie sind. Es empfiehlt sich also, seine Absichten nicht gleich offen zu legen. Das kreiert Spannung und Aufregung. Für mich die wichtigsten Zutaten, wenn es um das Rezept für die Liebe geht. Du magst sie? Dann lass sie im Ungewissen! Mach ihr nicht zu viele Komplimente, und versuche, sie nicht mit Zuspruch zu überhäufen. Halte dich zurück! Stifte Verwirrung, indem du eben noch fürsorglich und aufmerksam bist, um im nächsten Moment wieder neutral und gleichgültig zu sein. Achte darauf, dass dein nächster Schritt für sie nicht vorhersehbar ist. So wirkst du höchst attraktiv, vor allem bei Frauen, die es gewohnt sind, viel Aufmerksamkeit von Männern zu bekommen. Als Faustregel solltest du dir merken: Sie muss dich mindestens genauso erobern wie du sie. Wenn du es auf eine gesunde und lange Beziehung abgesehen hast, ist das die beste Basis.

WENN SIE VERGEBEN IST

Ich bin der Meinung, dass die große Mehrheit aller Beziehungen reine Kompromissbeziehungen sind. Ich sehe in den Augen von Frauen oft keine tiefe Verbundenheit, keine unendliche Liebe ihrem Partner gegenüber, sondern vor allem die Angst vor dem Alleinsein. Sie sagen sich: »Lieber nehme ich jemanden, der halbwegs okay ist, bevor ich an Weihnachten nur mit meiner Katze unter dem Weihnachtsbaum sitze.« Merke dir, dass die wenigsten Frauen wirklich einen Partner haben, der sie komplett erfüllt, der ihr Seelenverwandter ist, nach dem sie in Wahrheit tief in ihrem Herzen suchen. Sobald sie jemanden kennenlernen, der in irgendeiner Form noch besser zu ihnen passt, werden sie anfällig. Wenn sie also zu dir sagt, dass sie einen Freund hat, hat das nicht zwingend zu bedeuten, dass sie kein Interesse hat. Johnny Depp hat mal gesagt: »Wenn du zwei Menschen zur gleichen Zeit liebst, dann wähle den zweiten Menschen. Denn wenn du den ersten wirklich lieben würdest, hättest du dich nie in den zweiten verliebt.« Ich behaupte nicht, dass sich die Frauen sofort in dich verlieben werden, aber zumindest löst du, wenn du dich an meine Regeln hältst, immer etwas in ihnen aus, was ein positives Licht auf dich wirft.

Ganz wichtig: Werde kein Egomane, der nicht damit klarkommt, wenn eine Frau ihm freundlich mitteilt, dass sie bereits vergeben ist und daher kein Gespräch mit dir führen möchte. Sollte eine ernst gemeinte Äußerung dieser Art kommen, respektiere diese Tatsache, und lass die Dame in Ruhe. Sei ein Mann von Welt, kein Sklave deines Egos.

DER KUSS

Es gibt die abenteuerlichsten Theorien, wie und wann man eine Frau am besten küsst. Es wird über das richtige Timing, die richtigen Fragen und den perfekten Zeitpunkt philosophiert. Ich halte das alles für Humbug. Wir sind Rockstars, und der beste Zeitpunkt, eine Frau zu küssen, ist immer!

Frauen haben häufig die Sehnsucht, von einem Mann einfach mal angepackt, an die Wand gedrückt und geküsst zu werden. Der Kuss lebt immer vom Moment. Wenn du mit einem Mädel sprichst und plötzlich das Bedürfnis verspürst, sie zu küssen, dann gibt es nur eine Lösung: Küsse sie! Frag nicht, zögere nicht, und zeig ihr, dass du ein Mann bist. Frauen lieben Männer, die sich nehmen, was sie wollen. Vor allem lieben sie es, geküsst zu werden.

Dazu fällt mir eine passende Geschichte ein, die ich nie vergessen werde. Als ich achtzehn war, besuchte ich den Abschlussball meines besten Freundes. Zu fortgeschrittener Stunde kam ein äußerst gut aussehendes Mädchen an unseren Tisch, um kurz Small Talk mit ein paar Leuten zu halten, die sie anscheinend kannte. Sie schien mich nicht weiter zu beachten und war auch schnell wieder weg, sodass sich keinerlei Gelegenheit bot, mit ihr ins Gespräch zu kommen.

Eine Stunde später stand ich dann auf der Tanzfläche und redete mit einer Freundin meines Kumpels, als mich von hinten plötzlich jemand antippte. Ich drehte mich um. Es war die Schönheit von vorhin.

Sie lächelte und meinte kurzerhand:

»Hey, das ist ein Spiel. Bitte mach mit!«

Ehe ich michs versah, fiel mir die fremde Schönheit um den Hals und küsste mich leidenschaftlich. Unglaublich. Dann lächelte sie, sagte »Danke, das war schön«, drehte sich um und verschwand in der Menge. Ich war völlig geplättet. Ihre Aktion hat mich so beeindruckt, dass ich noch minutenlang regungslos auf der Tanzfläche stand. So sehr imponierte mir ihr Mut.

Heute weiß ich, dass ich durch mutiges Handeln das gleiche Gefühl bei Frauen auslösen kann. Als ich kürzlich einen befreundeten Barkeeper im Club besuchte, standen wir hinten im Lager und tranken mit ein paar Leuten. Es herrschte eine superentspannte Stimmung. Alle lachten und hatten Spaß. Plötzlich lief eine Gogo-Tänzerin an uns vorbei, um raus auf die Bühne zu gehen. Da ich eine Schwäche für schöne Frauenbeine in Hotpants und High Heels habe, packte mich just in dem Moment die Euphorie und ich rief ihr hinterher: »Hey Dancing-Queen, warte mal!«

Sie drehte sich um und meinte nur: »Was is'? Ich muss gleich raus zum Tanzen, sorry!«

Von meinem jugendlichen Leichtsinn getrieben, sprang ich auf, machte einen Satz direkt vor sie. Sie wich nicht aus, und so beugte ich mich zu ihr und küsste sie. Einfach so. Volles Risiko. Und siehe da, sie wehrte sich zwar kurz, ließ es dann aber doch zu. Wir küssten uns ein paar Sekunden, ehe ich sie wieder los ließ und grinsend meinte: »JETZT kannst du tanzen gehen!«

Sie lachte mich an und verschwand. Die Jungs feierten mich natürlich für diese Aktion, viel interessanter waren allerdings die Reaktionen der anwesenden Mädels. Die waren allesamt überwältigt und fragten, warum ihnen so etwas nicht mal passierte. Verstehst du, worauf ich hinaus möchte?

Natürlich hätte mich die Tänzerin auch ohrfeigen können. Aber es kann klappen, und nur darauf kommt es an. Gerade weil ich so frech war, hatte ich sie für mich gewonnen. Also merke dir: Der beste Zeitpunkt, eine Frau zu küssen, ist immer!

Vielleicht interessiert es dich zu erfahren, wie die Sache weiterging.

Nun, von da an war alles relativ leicht. Meine mutige Aktion hatte schwer Eindruck auf sie gemacht, und so kam es, dass wir uns zwischen ihren Auftritten knutschenderweise kennenlernten. Am Ende tauschten wir Nummern aus, und es entwickelte sich eine leidenschaftliche Sommerromanze.

Was du daraus lernen kannst:
Der Versuch, eine Dame zu küssen, sei es während eures ersten Gesprächs, bei eurem ersten Date oder in welcher

Situation auch immer, ist unendlich wichtig. Die meisten Kerle trauen sich einfach nicht, den entscheidenden Schritt zu wagen, und möchten den richtigen Zeitpunkt abwarten. Der richtige Zeitpunkt, liebe Freunde, ist nichts weiter als ein Mythos der Filmindustrie. Du machst tausendmal mehr Eindruck, wenn du eine Frau im unpassenden Moment küsst, so wie ich in eben genannter Situation.

Je unorthodoxer die Situation, je unpassender der Zeitpunkt, je höher das Risiko und je schneller du es versuchst – desto mehr Anziehung und Faszination übst du auf Frauen aus. Wilde, unberechenbare Kerle sind die Sehnsucht beinahe aller Frauen! Zu deren Leidwesen gibt es nicht sehr viele Männer dieser Art. Genau hier liegt dein Vorteil. Ich habe festgestellt, dass, wenn du sie erst mal geküsst hast, der Rest viel einfacher, schneller und mit viel besseren Ergebnissen vonstattengeht, als wenn du wie jeder auf den »richtigen« Moment wartest. Zusätzlich vermeidest du so die Gefahr der Freundschaftsfalle.

Es wird vielleicht nicht immer klappen, aber es wird öfter klappen, als du denkst. Und je öfter du es versuchst, desto öfter wird es in Zukunft klappen. Sollte es mal nicht funktionieren, ist das kein Grund, in Panik zu geraten. Frauen lächeln meist bei dem Versuch, geküsst zu werden. Bleib entspannt und versuch es einfach zu einem späteren Zeitpunkt erneut. Durch das schnelle und unpassende Küssen steigerst du deine Attraktivität. Küssen und der Mut, es zu tun, können wahre Wunder bei Frauen bewirken.

Sei ab heute einer der seltenen mutigen Männer, die Frauen das Gefühl geben können, begehrt zu werden.

SCHWÄCHEN ZUGEBEN

Die größte Demonstration von Mut ist, offen zu seinen Schwächen zu stehen. Die meisten Männer wollen den unbesiegbaren Supertypen darstellen: Ich bin der Reichste, der Schönste, der Coolste. Sie versuchen, den makellosen Anführer zu mimen, und weil sie das nicht sind, verstecken sie ihr wahres Ich hinter einer Maske. Eine Schwäche zuzugeben bedeutet also im Umkehrschluss, dass du damit umgehen kannst und Herr deiner Lage bist. So absurd es klingt, aber indem du eine Schwäche offen zugibst, beweist du gleichzeitig enormes Selbstbewusstsein. Du sagst einfach frei heraus, wie es ist, und versuchst nicht, durch eine Lüge zu gefallen. Das macht dich authentisch und sympathisch. Wenn du selbstbewusst damit umgehst, ist es keine Schwäche mehr. Zu einer Frau sagte ich einmal während des Gesprächs: »Ich habe meine Cousine aus New York schon so lange nicht mehr gesehen. Sie fehlt mir gerade wahnsinnig.« Damit zeigst du deine sensible und feminine Seite, die viele Männer wiederum als Weichei-Seite bezeichnen würden. Frauen finden es durchaus anziehend, wenn du, in dosierten Einheiten, Gefühle offen zeigen kannst. Du musst ja nicht gleich vor ihr anfangen zu weinen (bitte niemals!). Frag dich selbst: Würdest du mit einem gefühlskalten Eisblock schlafen wollen? Kleine Emotionen können große Wunder bewirken. Frauen lieben Männer, die einen Sinn für Familie haben. Wenn du dann erzählst, wie du immer mit den Kindern deines Bruders spielst und was ihr nicht alles für Blödsinn anstellt, werden sie dich auf der Stelle heiraten wollen. Warum? Weil sie dich sofort als potenziellen Vater ihrer Kinder sehen. Viele Männer lassen diesen Aspekt völlig außer Acht. Ein guter Vater zu sein könnte zum Beispiel auch bedeuten, zu sagen: »Ja, ich verdiene zurzeit ganz gut, aber ich will mir jetzt kein dickes Auto kaufen. Ich spare lieber noch ein bisschen, bis ich mir eine schöne, große Wohnung leisten kann. Denn wenn ich mal eine Familie habe, sollen meine Kinder Platz haben. Bis dahin muss das geregelt sein. Ich brauche keinen Porsche als Schwanzverlängerung.« Mit solchen Aussagen triffst du die Frauen mitten ins Herz.

MUT

Je größer das Risiko, das du eingehst, um eine Frau kennenzulernen, desto größer ist die Wirkung auf sie. Es gibt beispielsweise immer noch sehr wenige Männer, die sich trauen, auf eine Gruppe aus drei, vier, fünf Mädels zuzugehen. Ich kann das nachvollziehen. Bei sechs Frauen hast du zwölf Augen, die dich durchlöchern, nicht nur zwei. Du musst bei sechs Frauen punkten, nicht nur bei einer. Genau aus diesem Grund ist das zu meiner Lieblingsdisziplin geworden. Ich liebe es, größere Gruppen zu erobern. Wenn ich beispielsweise zwischen sechs Mädels stehe und mich mit allen angeregt unterhalte, erzeuge ich enorme Wirkung. Auf meine Gesprächspartnerinnen sowie auf alle, die mich in der Frauengruppe agieren sehen. Die Tatsache, es überhaupt zu tun, sie aus dem Nichts anzusprechen, reicht aus, um bei ihnen Eindruck zu hinterlassen. Sie überschütten dich regelrecht mit Vorschusslorbeeren, weil du etwas getan hast, was ihnen vorher wahrscheinlich noch nie oder zumindest sehr selten passiert ist. Du hast Mut bewiesen. Und Mut ist verdammt sexy. Daher mein Rat an dich: Such dir die schwierigsten Situationen aus, um heiße Ladys anzusprechen. Gehe dort hin, wo die Gefahr, sich eine Abfuhr zu holen, am größten ist. Sprich die schönste Frau im Club an, selbst wenn sie von fünf Kerlen umringt ist.

DER ANFÜHRER

Lass uns Klartext reden! Frauen fühlen sich nicht von dem kleinen Jungen aus der letzten Reihe angezogen, der schüchtern auf den Boden blickt. Frauen lieben den Rockstar, den Champion, den Anführer! Niemand kennt den Bassisten einer Band, der abseits steht. Alle bewundern den Sänger, der vorne den Ton angibt. Frag eine Frau, welchen Fußballer sie kennt, und sie wird dir nur Stürmer aufzählen: Jungs, die vorne die wichtigen Tore schießen, die beim Jubeln fotografiert werden und deren Gesichter man in den Zeitungen sieht. Egal, in welche Bereiche des Lebens du gehst, am Ende bleiben immer die Anführer in Erinnerung. Mit ihnen verbinden wir Erfolg, Ruhm, Anerkennung, Macht und Geld. Dieses Wissen kannst du für dich nutzen. Nehmen wir an, du siehst im Club eine Gruppe, die an einem Tisch sitzt. Woran erkennst du den Anführer, auf den die anderen hören, der die Flasche Champagner bezahlt und um dessen Aufmerksamkeit alle buhlen? Die Antwort liegt auf der Hand. Dort, wo er für seine Gruppe am besten zu erreichen ist – in der Mitte. Der Anführer sitzt nie am Rand. Er ist der Mittelpunkt. Er ist derjenige, der seinen Freunden einschenkt. Er verteilt den Spaß. Er sieht zu, dass es allen in seiner Gruppe gut geht. Er gibt den Takt an. Wenn du mit einigen Freunden abends unterwegs bist, achte darauf, dich zentral zu positionieren. Lass dich nicht nach außen drängen, sondern bleib in der Mitte. Schon bist du innerhalb deiner kleinen Gruppe die wichtigste Person. Deine Freunde werden das nicht bemerken, und du musst deswegen auch nicht gleich die Tischrunde bezahlen, aber deine Wirkung, sowohl nach innen auf deinen Freundeskreis als auch nach außen auf die anderen Gäste (und somit auf die Frauen), wird eine ganz andere sein.

Besetze zum Beispiel so schnell wie möglich den einzigen freien Barhocker, sodass deine Gruppe um dich herum positioniert ist, während du mit dem Rücken zur Bar sitzt und alles perfekt beobachten kannst. So erweckst du Interesse, weil sich die Leute fragen, wer dieser Kerl ist, um den alle herumstehen. Du verhältst dich wie ein echter Boss! Wenn der prominente Star vom FC Bayern mit seiner Entourage im Club einmarschiert, dann sitzt er immer zentral, und seine Kumpels bilden um ihn einen Kreis. Du kannst dieses Verhalten ganz einfach adaptieren, um einen ähnlichen Effekt zu erzeugen. Wenn dann ein Mädchen vorbeiläuft, du sie am Arm festhältst und sagst »Hey, warte mal, ich muss mit dir reden«, wird das auf sie eine völlig andere Wirkung haben, als wenn du sie einfach nur so ansprichst. Deine Führungsposition innerhalb der Gruppe lässt dich deutlich attraktiver erscheinen, was die Reaktionen der Damen oft verbessert.

UNBEKÜMMERTHEIT

Frauen stehen auf Charakterstärke, Persönlichkeit und Mut. Eine Eigenschaft kommt noch dazu: Unbekümmertheit.

Ich kenne eine Frau, die es gewohnt war, dass alle Jungs vor ihr in Ohnmacht fielen. Sie war in Mailand, weil sie dort als Model gebucht war, und schrieb mir per Skype genau das: »Bin in Milano auf der Fashion Week und laufe für blablabla, 123 und schnischnaschnuck.« Meine Antwort: »Du, das finde ich alles wahnsinnig spannend, aber ich habe jetzt keine Zeit. Ruf dich später zurück.« Das war keine Masche, um ihr einen Dämpfer zu verpassen. Ich saß einfach in meinem Auto, mitten im Berufsverkehr, war schon viel zu spät zu einem Termin unterwegs, und neben mir stand die Polizei und winkte mich raus, weil ich telefonierend am Steuer saß. Zehn Minuten später schickte ich ihr schnell eine Nachricht: »Tel heute 19 Uhr«. Da ich an dem Tag aber so beschäftigt war, etliche Termine hatte, vergaß ich sie anzurufen. Ganz offensichtlich war sie mir zu dem damaligen Zeitpunkt nicht wichtig genug. Wie gesagt, das war keine Masche, aber genau diese unnahbare Art, dass sie mich nicht richtig zu fassen bekam, faszinierte sie.

»Die anderen Kerle reißen sich Füße und Beine aus, damit sie mich anrufen dürfen, und du hast entweder kaum Zeit oder meldest dich einfach nicht. ICH muss dir sogar hinterhertelefonieren. So etwas hatte ich noch nie!«

»Na ja, nur weil du sauhübsch und ziemlich nett bist, heißt das ja noch lange nicht, dass ich gleich in dich verliebt sein muss und mein eigenes Leben vernachlässige.«

»Ja, stimmt schon«, sagte sie leise, »aber ich bin das eben nicht gewohnt.«

Sei unbeeindruckt, unbekümmert und nicht bedürftig. Verhalte dich wie einer, der zu jeder Zeit mehrere Optionen hat. Das ist die wahre Waffe!

GÜTESIEGEL DURCH ANDERE FRAUEN

Eine ganz wichtige Regel lautet: Rede mit Traumfrauen wie mit allen anderen Frauen auch. Halte dich mit Komplimenten zurück, und unterdrücke deine Euphorie. Wenn eine Frau nicht weiß, ob sie dich haben kann, wird ihr innerer Jagdinstinkt aktiviert. Attraktive Frauen wollen dich meist erst, wenn sie dich nicht haben können. Sie finden dich erst interessant, wenn andere dich auch interessant finden. Sie greifen nach dir, wenn sie dich an eine Konkurrentin verlieren könnten. Nutze dieses Wissen für dich. Wenn du zu offensichtlich auf der Suche bist, denken die Mädels, dass dich niemand will. Und wenn die anderen dich nicht wollen, muss es dafür einen Grund geben. Bleibst du aber entspannt und ziehst unbekümmert dein Ding durch, bedeutet das womöglich, dass du nicht auf der Suche bist. Männer, die nicht auf der Suche sind, haben in der Regel Frauen in ihrem Leben.

Und Männer, die eine oder mehrere Frauen im Leben haben, sind immer interessanter als Männer, die auf der Suche sind.

Du achtest also ab sofort darauf, dich so zu verhalten, als hättest du bereits Frauen in deinem Leben. Wenn du beispielsweise in einem großen Unternehmen tätig bist, ist es von Vorteil, dich mit einer attraktiven Kollegin in der Kantine zum Mittagessen zu verabreden. Unabhängig davon, ob zwischen ihr und dir etwas läuft, hebt sie deinen »Marktwert«. Andere Frauen werden schnell auf dich aufmerksam.

Gleiches gilt für Clubs und Bars: Sobald Frauen sehen, dass du in Begleitung attraktiver Frauen bist, steigt dein Marktwert.

Du kannst die gleiche Wirkung auch ohne Beisein von anderen Frauen erzeugen. Wie vorhin schon beschrieben, achtest du auf deine Blicke und starrst Frauen nicht an. Bleib unbeeindruckt, ändere deine Körperhaltung nicht, nur weil plötzlich eine Frau neben dir steht. Versuch nicht, wie alle Männer jede Gelegenheit beim Schopfe zu packen, versuch nicht, gleich zu »closen« oder sonst etwas zu erreichen. Das machen nur Kerle, die es nötig haben.

Du bist nicht auf der Suche und unternimmst deshalb nichts, um zu gefallen. So fällst du schnell auf und hebst dich von anderen Männern ab.

HARTNÄCKIGKEIT

Wenn ein Mann im richtigen Maße hartnäckig ist, kann das ein großes Attraktivitätsmerkmal sein. Ein berühmtes Beispiel dafür ist Jennifer Lopez, von der es heißt, dass man sich bei ihr als Mann nur lange genug bemühen müsse. Männer, die zu schnell aufgeben, hätten keinerlei Chance, ihr neuer Mister Right zu werden. Ich habe unzählige Frauen zu diesem Thema interviewt, und nahezu alle bestätigten mir die positive Wirkung, die ein Mann hat, sobald er um eine Frau kämpft und sich nicht von ersten Hindernissen verunsichern lässt. Indem du sie überwindest und nicht aufgibst, zeigst du einer Frau, dass sie dir wirklich etwas bedeutet, was im Hinblick auf eine mögliche gemeinsame Zukunft absolut wichtig ist, und von einigen Frauen sogar als Auswahlkriterium betrachtet wird. Die alles entscheidende Frage lautet jetzt: Wann ist das richtige Maß an Hartnäckigkeit erreicht? Schließlich willst du trotz alledem als attraktiver Mann gesehen werden und nicht als Stalker. Die Antwort liegt auf der Hand. Solange eine Frau den Kontakt zu dir aufrecht erhält, heißt das für dich: Zeig ihr, dass du ein echter Kerl bist, mit dem es sich lohnt, zusammen zu sein. Bleib auf witzige und verspielte Weise hartnäckig, lass dich von möglichen Dramen nicht runterziehen, bleib souverän und vor allem: Übe dich in Geduld! Selbst wenn es aktuell keine Möglichkeit gibt, sie für dich zu gewinnen, kann es sich durchaus lohnen, den Kontakt aufrechtzuerhalten.

DER FELS IN DER BRANDUNG

Ob in festen Beziehungen, losen Affären, speziellen Freund-
schaften oder in der Kennenlernphase – Frauen wünschen
sich fast immer eine starke Schulter, an die sie sich anlehnen
können. Das hat nichts mit einem altmodischen oder veral-
teten Frauenbild zu tun. Ganz im Gegenteil. Meine persönlichen Erfahrungen haben immer wieder gezeigt, dass sich
Frauen aller Couleur davon angezogen fühlen, wenn der
Mann in der Lage ist, für sie der berühmte Fels in der Brandung zu sein. Jemand, der ihnen stets das Gefühl gibt, dass
im Leben alles bewältigt werden kann und die Dinge nie so
schlimm sind, wie sie scheinen. Die Fernsehserie *Sex and
the City* war unter anderem deshalb so ein bombastischer
Erfolg, weil sich die Frauen in den alltäglichen Unsicherheiten und Sehnsüchten von Carrie Bradshaw, Samantha
Jones, Charlotte York und Miranda Hobbes wiedergefun-
den haben. Der Wunsch nach einem festen Halt im Leben,
nach einem Mister Big, eint die Frauen.

Leider verstehen es immer weniger Männer, Frauen diesen Halt zu geben. Sind wir doch mal ehrlich: Die Emanzipation der Frau hat vielen Männern ein großes Maß an
Selbstbewusstsein geraubt. Eine starke, unabhängige Frau
wirkt oft bedrohlich und einschüchternd. Wie soll der
Mann da für sie der Fels in der Brandung sein? Er ist mit
dieser neuen Rollenverteilung schlicht überfordert. Anstatt
ihr den Halt zu geben, den sie braucht, ist er viel zu sehr damit beschäftigt, seine Position als starkes Geschlecht zu verteidigen. Dadurch stellen sich Männer selbst infrage, werden unsicher und wirken unmännlich. Frauen wiederum
können mit derart schwachen und verweichlichten Männern nichts mehr anfangen. Während sie früher auf ihn an-
gewiesen waren, um sozial nicht abzurutschen, können sie

ihn heutzutage in die Wüste schicken, sobald er seine Rolle als Mann nicht mehr erfüllt. Was ich damit sagen will: Nur, weil die heutigen Frauen mehr Rechte besitzen und mehr Freiheiten genießen als unsere Mütter und Großmütter, bedeutet das nicht, dass sie sich nicht einen charakterstarken Mann an ihrer Seite wünschen, der weiß, was er will.

DER ENTSCHEIDER

Der Ruhepool im Leben einer Frau zu sein bedeutet auch, voranzugehen und Entscheidungen zu treffen. Ich erlebe es immer wieder, dass Männer dazu nicht mehr in der Lage sind, aus Angst, etwas falsch zu machen. Sie holen sich, selbst bei Kleinigkeiten, stets die Zustimmung der Frau ab. Auf Dauer werden Frauen so ein Verhalten nicht tolerieren. Nicht weil sie emanzipierte Vamps sind, sondern vielmehr deshalb, weil sie aufgrund ihrer Natur einem Mann keinen Respekt entgegenbringen können, der ihnen stets alle Entscheidungen überlässt. Eine Frau kann sich nicht fallen lassen und in Sicherheit wiegen, wenn sie sich permanent um alles kümmern muss. Sie wünscht sich einen Entscheider, der ihr den Freiraum schafft, den sie benötigt. Im Übrigen ist das einer der Hauptgründe, warum viele junge Frauen auf ältere Männer oder Männer mit Autorität stehen. Vermeide daher unbedingt, dich wie ein wartendes Hündchen zu verhalten. Deine Frau ist dein Partner, nicht dein Frauchen. Triff Entscheidungen, gehe als gutes Beispiel voran und gib die Richtung vor, in die es gehen soll. Keine Sorge, sollte deine Angebetete einmal anderer Meinung sein, wird sie es dich wissen lassen. Dann kannst du dich immer noch mit ihr abstimmen. Deine Beziehung wird es dir danken.

HUMOR

Die einfachste Art, um Attraktivität aufzubauen, ist Humor. Wer von uns lacht nicht gerne? Lachen ist ansteckend. Lachen ist gesund. Wenn du jemanden anlächelst, lächelt er in der Regel zurück.

Sogar, wenn du jemanden lachen siehst oder hörst, wirkt das ansteckend. Wenn du Frauen zum lachen bringen kannst, erleichtert das die Mission deutlich. Achte nur darauf, dich nicht zum »Clown« zu entwickeln, der sie unterhält.

Wenn ich beispielsweise mit meinen Kumpels im Club bin, albern wir oft rum und haben richtig Spaß. Immer wieder fallen uns die absurdesten Dinge ein und oft steigern wir uns in bestimmte Situationen dermaßen hinein, dass wir alles um uns herum vergessen. So werden wir ungewollt zum Mittelpunkt der Szenerie, alle nehmen Notiz von unserer Energie und unserer Freude. Nicht selten passiert es, dass wir Leute um uns herum mit animieren oder mit einbeziehen. Auf diese Art kommen wir sehr leicht mit vielen Leuten und damit auch mit vielen Frauen in Kontakt. Manchmal sprechen sie uns sogar von selbst an. Nicht, weil wir so unfassbar gut aussehen. Wir versprühen Freude, Spaß und Lebensqualität. Das steckt alle Menschen gleichermaßen an.

Wenn du dich jedoch mit Frauen unterhältst, ist es nicht ganz einfach, auf Anhieb witzig zu sein, wenn man es bisher noch nicht war. Deshalb möchte ich dir eine kleine Hilfestellung geben, die es dir erlaubt, spontan gute Lacher zu erzeugen und gleichzeitig Attraktivität aufzubauen. Mit ein bisschen Übung wirst du sehr schnell deinen eigenen spontanen Humor entwickeln. Bis dahin nimm dir die folgenden Anregungen zu Herzen.

Bilde dir ein »Mindset«, nach dem du entsprechend der

Situation Dinge interpretierst. Ich habe für mich zwei Mindsets entwickelt, letztlich kannst du dir unzählige eigene aneignen.

Mein erstes Mindset lautet: Sie versucht, mich zu verführen.

Dieser Grundeinstellung entsprechend kannst du nun sämtliche Aussagen und Situationen passend für dich interpretieren. Die eigentliche Pointe dabei ist, dass du den Spieß umdrehst und ihr schlichtweg unterstellst, dass sie es auf dich abgesehen hat und dabei noch versucht, dies abzustreiten. Angenommen, sie schlägt dir vor, abends essen zu gehen, dann würde wohl jeder Kerl zustimmen und etwas sagen wie: »Ja klar, klingt gut. Wann soll ich dich abholen?«

Du aber bringst nun etwas Humor rein und antwortest beispielsweise: »Na gut, wenn es sein muss. Aber denk ja nicht, dass du mich abfüllen kannst.«

Diese beiden Sätze beinhalten eine Menge Humor, der dich auf Anhieb interessant bei ihr machen kann. Mit »Na gut, wenn es sein muss« unterstellst du ihr, dass sie es ohne dich nicht mehr aushält. Mit dem zweiten Satz »Aber denk ja nicht, dass du mich abfüllen kannst« untermauerst du diese Behauptung und stellst dazu noch heraus, dass es schon höherer Gewalt bedarf, damit zwischen ihr und dir was laufen kann. Damit machst du dich zur Herausforderung, und Frauen reagieren auf Männer, die eine Herausforderung darstellen, mit deutlich höherem Interesse als auf Männer, die sie ohne Weiteres jederzeit haben können. Zusätzlich pflanzt du den Gedanken, es könnte zwischen euch etwas laufen, in ihren Kopf, was es dir beim Treffen einfacher macht, das dann auch tatsächlich zu realisieren. Mit solchen direkten Aussagen umschiffst du nebenbei elegant die Gefahr der Freundschaftsfalle.

Mein zweites Mindset lautet: Absurd gewinnt!

Das ist auf den ersten Blick etwas komplexer als das erste, lässt sich aber mit ein wenig Übung relativ gut lernen. Du kannst hier mit Ironie, Sarkasmus und enthusiastischen Übertreibungen arbeiten. So kannst du auch schnell und effektiv aus einer »normalen« Begegnung eine außergewöhnliche Erfahrung für sie machen.

Wenn sie dich beispielsweise fragt, was du gestern gemacht hast, dann antworte nicht: »Ich habe mir mit einem Kumpel diesen neuen Horrorfilm angeguckt, war ganz cool.« Sondern antworte emotional: »Ich habe mir diesen neuen Horrorfilm angesehen. Beruht auf einer wahren Begebenheit, aber das hätten sie besser nicht sagen sollen. Traumatisch!«

EHRLICHKEIT

Heutzutage kann Ehrlichkeit ein Attraktivitätsmerkmal sein.

Jeder ist nur noch darauf bedacht, in gutem Licht dazustehen und überall Eindruck zu hinterlassen. Das Problem ist, dass dadurch die Menschen verlernt haben, ehrlich zu sein. Aus Angst anzuecken, nimmt man sich meist zurück und wahrt lieber die guten Sitten, den Anstand bzw. erfüllt die Erwartungen oder die gesellschaftlichen Normen. Die Folge dieses Verhaltens sind oberflächliche Beziehungen, die niemanden glücklich machen. Wenn du dich jedoch von der Meinung anderer unabhängig machst und stets sagst, was du denkst, ohne dich zu verstellen, übst du schnell unfassbare Faszination auf andere aus.

So ist es zum Beispiel fast unüblich, »nein« zu sagen. Wenn jemand aber Dinge von dir erwartet, die du nicht möchtest, oder es dir nicht behagt, wie jemand mit dir umgeht, hab den Mut, und sprich diese Dinge an!

Steh für dich ein, mach es niemandem recht, und du wirst schnell sehen, wie sehr dir mit Respekt und Anerkennung begegnet wird.

Ehrlichkeit kann dich auch bei Frauen sehr schnell ans Ziel bringen. Frauen sind es nicht gewohnt, dass ein Mann ihnen direkt und unverblümt sagt, was er denkt oder mit ihnen vorhat. So hab ich einmal einem Mädchen, das ich am Vortag in der Fußgängerzone kennengelernt hatte, Folgendes getextet:

»Lass uns abends zum See fahren und auf ner Decke chillen. So was Ähnliches wie ein Date, nur mit Nacktbaden und Rummachen.«

Ihre Antwort kam prompt: »Klingt gut.«

Obwohl wir uns kaum kannten, hab ich ihr gesagt, was ich von ihr wollte.

Natürlich ist das ein gewisses Risiko, ich hätte sie ziemlich leicht verlieren können. Doch genau, weil ich dieses Risiko eingehe, hat mein Verhalten eine so enorme Wirkung auf Frauen.

Das war ehrlich, und ehrlich bedeutet mutig.

Du kannst also mit Ehrlichkeit eine Menge Mut demonstrieren.

DER VERFÜHRUNGSCODE

Ich habe in den vorangegangenen Erläuterungen die wichtigsten Punkte zusammengefasst, die Anziehung und Faszination auslösen können. Wichtig dabei ist, dass Frauen nicht auf alle Punkte gleichermaßen reagieren. Je nach Charakter, Alter, Erfahrungen, Mentalität, aktueller Situation und persönlichen Vorlieben können die genannten Punkte unterschiedlich starke Faszination auslösen.

Der wichtigste Punkt sind jedoch die Emotionen.

Nichts beeinflusst Menschen so sehr wie Emotionen.

Du hast sicher schon mal die Erfahrung gemacht, bei einem Live Konzert dabei zu sein. Wenn 80 000 Fans mit Robbie Williams »Angels« singen, hat das auf jeden einzelnen ein überwältigende Wirkung.

Dabei ist es nicht immer entscheidend, welche Emotionen entfacht werden. Viel wichtiger ist, dass welche entfacht werden.

So habe ich beispielsweise die Erfahrung gemacht, dass eine zunächst bestehende Antipathie in intensive Leidenschaft füreinander verkehrt werden kann. Ich habe lange nicht verstanden, wie das trotz der denkbar schlechten Ausgangslage möglich ist, bis ich dahinterkam, dass die Antipathie selbst der Schlüssel zur später entstandenen Leidenschaft war.

Sobald Menschen emotional stimuliert werden und Emotionen wie Spannung, Aufregung, (Verlust-)Angst, Neugier, Erleichterung oder Freude empfinden, nehmen sie alles viel intensiver wahr und bewerten Umstände sowie Menschen höher, als sie es im »Normalzustand« tun würden.

Geh immer davon aus, dass Frauen emotional stimuliert werden wollen. Du solltest als Mann also die Kunst der »emotionalen Kommunikation« beherrschen, wenn du Frauen für dich begeistern willst.

Achte ab sofort darauf, ob die Dinge, die du unternimmst, um bei ihr zu landen, genannte Emotionen entfachen, oder ob du vielleicht noch zu gewöhnlich und berechenbar agierst.

Zum Beispiel bei außergewöhnlich schönen Frauen: Männer verfallen oft schon bei ihrem Anblick in eine derartige Euphorie, dass sie all ihre Prinzipien vergessen und sich »zu viel Mühe« geben, nur um bei dieser einen speziellen Frau zu landen. So wird die Angebetete mit Zuspruch, Komplimenten, Hilfestellungen und vielen anderen Gefallen überhäuft, in der Hoffnung, damit Eindruck auf sie machen zu können.

Hier kann die entscheidende Emotion Spannung sein.

Spannung erzeugt man in solchen Fällen durch wenig Aufwand. Eine Frau wird viel schneller von dir Notiz nehmen, wenn du ihr unbeeindruckt auf Augenhöhe begegnest, anstatt dich wie die 25 anderen Kerle zu verhalten, die sich allesamt in ihrem Werben um sie überschlagen und mit den ausgefallensten Dingen zu punkten versuchen.

Es gilt der schöne Satz: Weniger ist mehr.

DIE FREUNDSCHAFTS-FALLE UND WIE DU SIE VERMEIDEST

Nahezu jeder Mann hat schon mal Erfahrungen mit dieser schlimmen Situation gemacht.

Du hast dich in deine Traumfrau verliebt und versuchst nun, ihr zu zeigen, dass du der Richtige für sie bist. Du gibst dir Mühe, unterstützt sie, tust ihr Gefallen, bist für sie da – alles in der Hoffnung, dass sie irgendwann versteht, dass du der Mann ihres Lebens bist.

Leider ist »irgendwann« ein dehnbarer Begriff, und in den seltensten Fällen passiert dieses Wunder tatsächlich. Die Wahrheit sieht so aus, dass deine Rolle für sie festgelegt ist und sie dich nicht als potenziellen Partner, sondern einfach als guten Freund sieht. Die meisten Männer verstehen nicht, dass das zwei verschiedene Dinge sind, und unterliegen dem Irrglauben, wenn erst mal genug Zeit vergangen ist, wird sie schon merken, dass man der Richtige ist.

Ein »guter« Freund steht für eine Frau auf der gleichen Ebene wie eine Freundin. Ein guter Zuhörer mit dem Vorteil, dass er notfalls »Männerarbeiten« verrichten oder die männliche Begleitung zu bestimmten Anlässen mimen kann. Ein guter Freund eignet sich daher auch sehr gut als »Eifersuchtswerkzeug« für den Kerl, auf den sie es eigentlich abgesehen hat. Ansonsten ist er gerne Bezugsperson, Egopusher oder einfach nur nice to have für Frauen.

Von sexueller Anziehung keine Spur.

Einen potenziellen Partner zeichnen hingegen andere Attribute aus.

Aus irgendeinem Grund hat sie ein Auge auf ihn geworfen. Sei es aufgrund seines Aussehens, seines Jobs oder einfach nur der Art, wie er mit ihr umgeht. Er ist nicht ganz berechenbar und nicht wirklich greifbar. Tatsache ist, sie ist sich nicht ganz sicher, ob er auch interessiert ist, denn eins ist klar: Dieser Mann hat Auswahl. Das veranlasst sie zu Spekulationen, Interpretationen und Mutmaßungen über sein Handeln oder seine Absichten.

Sofern sie sich schon einige Tage kennen, hat auf jeden Fall sexueller Kontakt stattgefunden.

Erkennst du den Unterschied?

Männer, die sich auf eine Frau eingeschossen haben, neigen dazu, schwerwiegende Fehler zu machen. Der erste Fehler ist, dass sie diese Frau meist auf ein Podest heben. Das ist in der Regel nicht der tollen Frau geschuldet, sondern hat viel mehr mit den mangelnden Optionen des Mannes zu tun. Wenn ich nur eine Frau habe, mit der ich in näherem Kontakt bin, ist sie zwangsläufig etwas Besonderes für mich.

Der beste Weg aus der Freundschaftsfalle ist, erst gar nicht hineinzutappen. Wenn du glaubst, deine Angebetete sei eine ganz besonders außergewöhnliche Frau, kennst du schlicht zu wenige Frauen.

Wenn du erst mal eine Fülle von Frauen in deinem Leben hast, wirst du nicht mehr so leicht das Prädikat »außergewöhnlich« vergeben. Interessanterweise verändert sich deine Wirkung auf Frauen enorm, sobald diese feststellen, dass du ein Mann bist, der Auswahl hat. Es ist beinahe ein physikalisches Gesetz. Männer, die Optionen haben, sind weitaus begehrter als Männer, die keine Auswahl haben.

Ein Mann mit wenig oder keiner Auswahl wird sich logischerweise mehr Mühe geben und weniger Risiko eingehen. Er möchte sichergehen, seine Angebetete nicht zu verlieren, und lässt ihr deshalb oft den Vortritt bei Entscheidungen.

»Sag, was du lieber möchtest, dann machen wir das.«

Trotz aller Emanzipation und moderner Zeiten hat sich jedoch, wie bereits erwähnt, eine Sache nicht geändert: Frauen wollen keine Weicheier, für die sie Entscheidungen treffen müssen. Frauen wollen Männer, die Entscheidungen treffen. Sobald du also versuchst, es ihr stets recht zu machen, ruinierst du deine Chancen, als Mann wahrgenommen zu werden. Sie mag dich vermutlich, weil du immer nett und zuvorkommend bist. Aber nächtliche Sehnsüchte bekommt sie davon nicht. Ehe du dichs versiehst, kommt ein »Mann« um die Ecke, raubt ihr den Verstand, und weg ist sie. Im schlimmsten Fall holt sie sich dann noch Rat bei dir, wenn es mit ihm nicht so wirklich läuft.

Wenn du erst mal in dieser Falle sitzt, ist es sehr schwer, wieder rauszukommen. Doch es gibt immer einen Ausweg.

Es bedarf einiger Disziplin und grundsätzlicher Veränderungen, doch dann kann man es schaffen und sich aus der misslichen Lage ein für alle Mal befreien.

Das Wichtigste ist, dass du dein Interesse an ihr, solltest du es schon kund getan haben, revidierst.

Sag ihr bei nächster Gelegenheit, dass du über alles nachgedacht hast und du der Meinung bist, dass eure Freundschaft dir wichtiger ist. Damit stellst du euren »Status« erst mal auf eine neutrale Basis.

Ein neutraler Status ist zwar nicht der perfekte Zustand zwischen Mann und Frau, aber in dieser Situation die einzige Möglichkeit, etwas zu verändern.

Damit nimmst du den Druck heraus und machst allen möglichen peinlichen Situationen und Momenten den Garaus. Ist der Druck erst mal weg, geht man viel unbeschwerter miteinander um. Sie muss nicht mehr so darauf achten, dir nicht zu viel Hoffnung zu machen, und du erwartest keine Bekenntnisse mehr von ihr. Beispielsweise kann sie, wenn sie mit dir unterwegs ist, problemlos Händchen halten, ohne dass du dies gleich falsch interpretierst und dir wieder Hoffnungen machst oder sie sich dir gegenüber erklären muss.

Deine Aufgabe ist es ab sofort, der witzige, spannende Mann zu sein, der eine tolle Zeit mit ihr hat, aber eben nicht mehr versucht, bei ihr zu landen. Hast du das erst mal geschafft, ist es wichtig, euer gegenseitiges Vertrauen weiter auszubauen. Ihr öffnet euch beide und lernt euch immer besser kennen.

Gleichzeitig solltest du einige Veränderungen an dir vornehmen.

Vermutlich hast du noch Hemmungen, was dich selbst betrifft. (Sonst hättest du dich viel früher getraut, dich ihr gegenüber wie ein »potenzieller Partner« zu verhalten.)

Jetzt ist der beste Zeitpunkt, etwas dagegen zu unternehmen. Vielleicht willst du wieder in Form kommen, vielleicht möchtest du die lang ersehnte berufliche Veränderung vollziehen, dir einen lang gehegten Traum erfüllen. Vielleicht ist es aber auch nur der Tanzkurs, der dir neues Selbstvertrauen gibt. Ganz gleich, was es ist, unternimm den ersten Schritt, sofort!

Kündige es nicht groß bei ihr an, sondern lass Taten sprechen. Taten sagen mehr als Worte.

Du erfindest dich neu, und diese Veränderungen werden deinem Umfeld nicht verborgen bleiben. Schon bald wirst du Anerkennung und Wertschätzung erhalten, was dein Selbstbewusstsein weiter fördern wird.

Zusätzlich wird dein neuer Lebensstil auch Zeit in Anspruch nehmen, weshalb du plötzlich nicht mehr »ständig verfügbar« bist. Das erhöht deinen Marktwert weiter.

Mit deinem neuen Selbstbewusstsein solltest du selbstverständlich auch neue Frauen kennenlernen. Werde aktiv, und fang an, Frauen, die dir gefallen, in allen möglichen Situationen anzusprechen. Komm gerne zu mir ins Seminar, gemeinsam lösen wir sämtliche Hemmungen, und du wirst so viele neue Frauen kennenlernen wie noch nie zuvor in deinem Leben.

Deiner Angebeteten wird deine Entwicklung nicht verborgen bleiben, und schon bald wirst du feststellen, wie sie anfängt, um deine Gunst zu buhlen. Wenn sie erst mal mitbekommt, dass du auch andere Frauen in deinem Leben hast, werden die Karten ganz neu gemischt. Du bist jetzt nicht mehr der unscheinbare Kerl, der sich um sie bemüht, du bist jetzt ein selbstbewusster Kerl, der Auswahl hat.

Je mehr Frauen du kennst, desto einfacher wird es dir auch fallen, sexuell mit ihnen zu werden. Du traust dir mehr zu, gehst mehr Risiko ein und wirst damit zwangsläufig begehrenswerter.

Du siehst, ein positiver Kreislauf, der nur einmal in Schwung gebracht werden muss. Wenn du Hilfe in einem konkreten Fall brauchst, wende dich also gerne an mich.

DIE UNERREICHBAREN

Der Mensch ist im Umgang mit anderen Menschen wirklich eigenartig. Er vergleicht sich nämlich pausenlos. Tag und Nacht. Solange wir in dem Vergleich positiv abschneiden, geht es uns gut, aber wehe, wenn nicht, dann nimmt das Drama seinen Lauf, und die Komplexe setzen ein. Vergleiche zu ziehen, ist die Quelle allen Übels. Auch wenn es dir schwerfällt, lass es einfach sein. Höre auf, dich mit Menschen zu vergleichen, die scheinbar erfolgreicher sind als du! Der Grund ist simpel: Es bringt dich nicht weiter. Du bekommst nur Kopfschmerzen dadurch. Die Wahrheit ist: Niemand auf der Welt kann dein Leben besser leben als du, also konzentriere dich auf dich. Auf niemanden sonst.

Viele verwechseln diese Einstellung mit Arroganz oder Selbstverliebtheit. Das Gegenteil ist der Fall. Ich möchte einfach das Beste für mich und mein Umfeld, und das bekomme ich nur, wenn mir die Sonne aus dem Hintern scheint. Willst du von anderen geliebt werden, musst du dich selbst lieben. Willst du wie ein König behandelt werden, dann denke wie ein König. Einem König ist es egal, was andere von ihm denken, weil er nun mal der König ist. Ein König respektiert sich selbst und weckt damit dasselbe Gefühl bei anderen. Alles beginnt in deinem Kopf. Lass dich vom äußeren Schein nicht beeindrucken. Jeder Mensch baut eine Fassade um sich auf. Jeder Mensch hat vor irgendetwas Angst. Jeder Mensch ist verletzlich. Jeder Mensch sehnt sich nach Liebe. Ob arm oder reich, bekannt oder unbekannt.

Man verhält sich oft unnatürlich, sobald man auf Menschen mit vermeintlich höherem Status trifft. Man kann sich gar nicht dagegen wehren. Wenn ein Kerl mit einem Porsche vorfährt und im Club die teuren Champagner-Flaschen auf dem Tisch stehen, ist man automatisch beeindruckt und will dazugehören. Man schaut, wenn auch nur für einen Moment, zu ihm auf und lässt sich blenden. In der Familie oder im Freundeskreis ist das genauso. Es gibt immer einen Anführer, der den Ton angibt und bestimmt, was gemacht wird. Und in neun von zehn Fällen ist das derjenige, der am meisten Geld besitzt. Der höchste soziale Status ist fast immer an den Kontostand gekoppelt. Es gibt diesen natürlichen Reflex, dass die Menschen versuchen, sich die Zuneigung dieser Person zu sichern, ihre Sympathie zu gewinnen oder ihren Zuspruch zu erhalten, weil sie von ihrem sozialen Ansehen profitieren wollen. Genau da beginnt der Fehler. Mit dieser Einstellung machst du dich angreifbar, schwächst deine eigene Position und hebst den anderen unnötig auf ein Podest. In der Praxis sieht das so aus, dass du der vermeintlich höher gestellten Person alles durchgehen lässt. Auch wenn er oder sie sich wie ein ekelhaftes Schwein verhält, du siehst darüber hinweg, lachst sogar und konzentrierst dich darauf, in ihrer Anwesenheit bloß nichts falsch zu machen. Du ordnest dich unter, um dir ihre Gunst zu sichern, damit du weiterhin in ihrer Nähe sein darfst. Du verstellst dich. Du stehst nicht mehr zu dir. Das lässt sich gut beobachten, wenn normale Menschen auf Prominente treffen. Ihre Körpersprache ändert sich, ihre Stimmlage, einfach alles. Aus Unsicherheit versuchen sie eine Rolle zu spielen, weil sie glauben, so besser anzukommen. Wenn ich das bemerke, muss ich immer schmunzeln und an Robert De Niro denken, der einmal sinngemäß sagte: »Es ist schwierig, neue Leute kennenzulernen, auf die man sich wirklich einlassen kann. Sie finden ja alles sofort gut, was ich sage und tue. Niemand sagt mir die Wahrheit. Ich kenne natürlich den Grund dafür. Ich bin fuckin' Robert De Niro.«

Prominente Menschen sind es gewohnt, von Ja-Sagern umgeben zu sein. Das ist ihr Tagesgeschäft. Willst du einen Promi auf dich aufmerksam machen, dann sollte dein Verhalten folgende Aussage kommunizieren: Ich respektiere deine künstlerische Leistung und deinen sozialen Status, aber ich respektiere mich ebenso. Nur, weil du berühmt bist, bist du für mich kein gottgleicher Übermensch. Ich finde dich interessant. Lass uns an der Bar was trinken, ganz easy. Nicht mehr, nicht weniger.

Eine Freundin, die gut mit einigen Spielern des FC Bayern München befreundet ist, bat mich, sie auf eine Party zu begleiten. Nach einer Weile lief dort die halbe Mannschaft ein, und Franck Ribéry setzte sich direkt neben mich. Ich stellte mich ganz normal vor, gab ihm die Hand und dachte mir: Bevor ich mich ihm jetzt an den Hals werfe oder noch schlimmer, nach einem Autogramm oder Foto frage (was mein erster Gedanke war), bleibe ich einfach mal cool, halte meine Klappe und beobachte, was um mich herum passiert. Ich genieße den Moment, und lass mein Handy in der Tasche. Ich unterhielt mich mit einigen Mädels und versuchte, den Fußballstars an diesem Abend nicht so viel Beachtung zu schenken. Meine Freundin stellte mich den Jungs vor, und da ich ihnen gegenüber so gelassen war, waren auch sie sehr entspannt und zugänglich. Drei Wochen später war Ribéry mit seiner Crew im P1. Ich ging zu ihm an den Tisch, sagte kurz Hallo, wünschte ihm einen schönen Abend und wollte schon wieder gehen, als er fragte, ob ich mich nicht setzen wolle. Wir feierten eine ganze Weile zusammen und hatten eine richtig gute Zeit. Ich hätte sicher auch den restlichen Abend dort verbringen können, aber man sollte die Gastfreundschaft anderer nie zu lange ausreizen. Wenn du in eine ähnliche Situation gerätst, kann ich dir nur raten: Gehe lieber fünf Minuten zu früh als zu spät. Du willst nicht, wie all die anderen, als Speichellecker abgespeichert werden. Du bist du. Du bist anders. Vergiss das nie!

»Jungs, haut rein«, sagte ich und klopfte gut gelaunt auf den Tisch. »Ich bin noch verabredet. Wir sehen uns bestimmt bald mal wieder.«

Alle nickten freundlich, und ich hatte einen guten Abgang. Ribéry hätte mich niemals auf ein paar Drinks zu sich an den Tisch eingeladen, wenn ich während unseres ersten Aufeinandertreffens direkt nach einem Foto gefragt hätte. Gib den Menschen mit höherem Status das Gefühl, dass du nichts von ihnen willst, und sie schenken dir ihre volle Aufmerksamkeit, vielleicht sogar ihr Vertrauen. Versetze dich einfach in ihre Lage, und frag dich, wie du handeln würdest.

ERKENNE DEINEN WERT

Denk immer daran: Du bist nicht weniger wert, nur weil du ein anderes Leben führst. Wenn sich dir die Möglichkeit bietet, ein Mädel kennenzulernen, das im Rampenlicht steht, sprich sie genauso an wie jedes andere auch. Bist du cool und entspannt, wird sie es auch sein. Bist du aufgeregt und nervös, wird sie dir keine Beachtung schenken. Sie ist nicht dein Babysitter! So verrückt es sich vielleicht anhören mag, aber Prominente sind oft die einsamsten Menschen der

Welt. Wir interpretieren so viel in ihr Leben hinein, doch die Wahrheit sieht fast immer anders aus. Also: Nur keine Hemmungen. Viele Männer denken, es sei superkreativ, extra so zu tun, als würden sie die Frau nicht erkennen, die sie gerade ansprechen. Davon rate ich ab. Mach es einfach nicht zum Thema. Das ist ein riesengroßer Unterschied.

Mir ist mal eine superwitzige Geschichte im Bayerischen Hof – dem teuersten und exklusivsten Hotel von ganz München – passiert. Ein Freund hatte mich auf eine Veranstaltung mit anschließender Gala eingeladen, eine Preisverleihung, zu der haufenweise Stars und Sternchen kamen. Nach dem Essen und der Verleihung fand noch eine große Aftershowparty statt. Es gab ziemlich viel zu trinken, und wir amüsierten uns großartig mit ein paar Leuten, mit denen wir ins Gespräch gekommen waren. Übrigens sind solche Veranstaltungen Gold wert, um zu networken. Wir standen also an einem der vielen Stehtische, und plötzlich fiel mir ein prominenter Ex-Fußballprofi auf, der sich mit einer brünetten Traumfrau unterhielt. Eine Zehn mit Sternchen. Um uns herum wimmelte es nur so von prominenten und schönen Frauen, aber sie stach heraus. Sie sollte es sein! Sie und keine andere. Das Problem war nur, dass sie mit dem Fußballer quatschte. Besser gesagt, er quatschte mit ihr. Sie stand einfach nur neben ihm und nickte eifrig. Ich musste schnell handeln, bevor der innere Schweinehund wieder hundert Gründe fand, um es mir doch noch auszureden. Als sie sich eine Zigarette anzünden wollte, ergriff ich meine Chance. Schnell machte ich ein paar Schritte auf sie zu und fischte ihr die Zigarette, die schon zwischen ihren Lippen steckte, aus dem Gesicht. Sie starrte mich mit ihren türkisfarbenen Augen an, als sei ich gerade vom Mars gelandet. Der Fußballer stand völlig baff neben ihr und brachte kein einziges Wort heraus.

»Muss das sein?«, lächelte ich sie an. »Das Motto dieses Abends lautet doch Nachhaltigkeit, oder?«

In meinem Sakko, das ich schon eine Weile nicht mehr getragen hatte, war noch immer meine Zigaretten-verschwinde-Wundermaschine eingenäht. Ein Partyspaß aus alten Zeiten. Ich ließ vor ihren Augen ihre Zigarette verschwinden. Sie flippte völlig aus.

»Oh, wie cool!«, rief sie laut applaudierend. »Was war das denn jetzt?«

Ich war im Spiel.

Ich kann diesen Supermädels kein Leben in Saus und Braus bieten, so wie es Rockstars oder Millionäre können, aber ich kann sie für einen kurzen Augenblick in eine Traumwelt entführen, sie verzaubern, Dinge tun, die du mit Geld eben nicht kaufen kannst. Und du kannst das auch. Auf deine Weise. Natürlich bin ich in der Situation ein extrem hohes Risiko eingegangen. Mir hätte die Zigarette aus der Hand fallen können. Das Mädel hätte sich nach vorne beugen können, und meine Hand wäre voll in ihrem Gesicht gelandet. Der Zaubertrick hätte in die Hose gehen können. Hätte, hätte, Fahrradkette. Wer nicht wagt, der nicht gewinnt. Alles lief perfekt. Der Fußballer war übrigens abgemeldet. Er sagte noch etwas wie »Du bist ja ein doller Typ«, drehte sich um und verschwand. Ich war mit der Traumfrau alleine. Sie strahlte wie ein kleines Kind und sagte: »Noch mal, noch mal, mach das noch mal.«

»Nein, nein«, lachte ich sie an. »Das klappt nur einmal. Ich bin übrigens der Michel.«

»Hi, Michel, ich bin Sophia.«

Wir unterhielten uns eine Weile, ohne die Menschen um uns herum auch nur wahrzunehmen. Ich konzentrierte mich voll auf sie. Gar nicht so einfach, wenn um dich herum Deutschlands A-Prominenz abhängt. Aber genau das beeindruckte sie. Dass mir die anderen Frauen egal waren. Dass ich nur Augen für sie hatte.

Merke dir: Wenn dir eine Frau gefällt, fokussiere dich voll und ganz auf sie, und zwar nur auf sie. Nicht auf drei Frauen gleichzeitig. Glaube mir, Frauen merken es, wenn deine Gedanken permanent abdriften und du nur halb bei der Sache bist. Sei ganz bei ihr. Dadurch lässt du sie in dem Glauben, dass es für dich in diesem Moment nichts Wichtigeres gibt als sie. Verbinde dich mit ihr. Hör nur noch auf ihre Stimme, auf nichts anderes. Ich weiß nicht, woran es lag, ob sie an diesem Abend anders geschminkt war oder eine neue Frisur hatte, jedenfalls ging mir erst nach einer Viertelstunde ein Licht auf. Ich machte einen Schritt von ihr weg, schaute sie eindrücklich an, kniff die Augen zusammen, kam wieder einen Schritt auf sie zu.

»Sag mal, klingt jetzt vielleicht komisch, aber muss ich dich eigentlich kennen? Nicht, dass ich einen Star vor mir hab und unhöflich bin, weil ich es nicht merke.«

»Nee, nicht wirklich«, lachte sie. »Ich bin Schauspielerin«, fing sie an zu erzählen. »Spiele auch am Theater, und ...«

Es stellte sich heraus, dass die Dame durchaus bekannt war, und ich erwiderte: »Nett dich kennenzulernen. Du bist ganz anders, als die Sachen, die man so liest über dich.«

»Ja, was liest man denn so über mich?«, lächelte sie interessiert.

Es machte ihr anscheinend großen Spaß zu erfahren, wie ein »Normalo« sie sieht, und sie gab sich dabei große Mühe, nicht den Star raushängen zu lassen. Ehrlich gesagt, war ich sogar überrascht, wie natürlich sie war. Wir alberten eine Weile herum, und ich fing an, sie zu mögen. Sie genoss es sichtlich, jemanden getroffen zu haben, der mit ihr ganz normal umgehen konnte. Keine überschwänglichen Komplimente und genauso wenig Versuche, sie in ihrem Selbstbewusstsein zu erschüttern. Das passiert Stars und Sternchen nämlich sehr häufig. Entweder sie werden behandelt wie Könige oder manche »klugen« Köpfe wollen ihnen auf Teufel komm raus zeigen, dass sie nichts Besseres sind. Beides ist unangebracht. Normaler Umgang ist das größte Geschenk, das du berühmten Menschen machen kannst.

»Wo wohnst 'n du?«, fragte ich und griff nach ihrer Hand.

»Heute Abend hier«, sagte sie.

»Im Bayerischen Hof?«

»Ja.«

Ihr Manager kam zu uns, flüsterte ihr etwas ins Ohr und ging weiter.

»Ich muss noch mal los, Interviews geben. Aber lass uns nachher gerne was trinken. Hier sind sonst nur oberflächliche Leute, da kommst du mir gerade recht.«

Ich bestellte mir einen Champagner und stieß auf mich selbst an.

Du musst dich immer wieder selbst daran erinnern: Es gibt keine Grenzen! Alles ist möglich. Immer. Überall. Jederzeit. Überwinde deine Angst, und du wirst im Paradies landen.

PARIS HILTON

Vor einigen Jahren bin ich im P1 auf der Tanzfläche an eine zierliche junge Lady und ihre Freundin geraten. Es lief alles nonverbal ab, etwas Augenkontakt, ein kleines Lächeln mit einer herausfordernden Geste, und schon tanzten wir miteinander. Sie und ihre Freundin waren bester Laune und rockten richtig gut mit. Schnell tanzten die beiden mich offensiv an, wozu ich mich natürlich nicht zweimal bitten ließ. Ich ließ die Energie der Musik auf mich wirken und genoss den Augenblick mit meinen neuen »Freundinnen«. Es gibt Momente im Leben, in denen man nichts sagen muss und sich trotzdem blindlings versteht. Das war so einer. Ich hatte mit ihnen nicht ein Wort gewechselt, und doch hatten wir zu dritt einen Heidenspaß. Irgendwann kam mir das blonde Mädchen ziemlich nah, ihre Beine bewegten sich schon zwischen meinen, und ich legte meine Hände um ihre Hüften. Wir sahen uns in die Augen und lächelten. Ich dachte, gleich geht's los mit der Knutscherei. Ich nahm einfach an, sie sei eine von diesen stinkreichen Mädels, die das Geld von Papa auf den Putz haut. Von denen gibt es in München ja reichlich. Wir tanzten immer enger und kamen uns auch sonst immer näher. Genau in dem Moment, als meine Hände wieder ihre Taille berührten, hatte ich plötzlich eine riesige schwarze Pranke auf meiner Schulter, die mich sehr bestimmend beiseitenahm. Als ich mich leicht erschrocken umdrehte, stand ein Schrank von einem Kerl neben mir. Der Typ sah aus wie Hightower aus *Police Academy*. Ich wusste erst gar nicht, was er von mir wollte, bis die Lady ihm signalisierte, dass alles okay sei. Ich fragte sie entgeistert, wer der Kerl gewesen sei und vor allem, wer sie sei, dass sie ihm Anweisungen geben könne. Sie antwortete: »I'm Paris and this guy makes sure, that nobody gets that close to me. Sorry about that. Are you okay?«

Erst jetzt realisierte ich, mit wem ich die ganze Zeit geflirtet hatte. Paris Hilton! Nicht zu fassen! Ich hatte sie tatsächlich nicht erkannt. Wie auch? Sie war viel kleiner, als ich vermutet hätte, und bei Weitem nicht so aufgetakelt. Sie verhielt sich außerdem völlig normal. Und verdammt noch mal, sie war in München. Wer rechnet denn mit so was? Wir sprachen noch kurz, aber ihre Aufpasser waren scheinbar der Meinung, dass sie genug geplänkelt hatte.

Wenig später verließ Paris mit ihrer Freundin den Club. Später erfuhr ich, dass sie an diesem Abend »privat« da war, weil sie am nächsten Tag einen großen Auftritt im P1 haben sollte. Ihre kleine, brünette Freundin kennt man heute übrigens als Kim Kardashian. Sie hatte mich sogar noch gebeten, am nächsten Tag wiederzukommen, was ich auch tat, aber bei dem Aufmarsch an Presse und Schaulustigen war ein Herankommen an sie nicht mehr möglich.

Ich erzähle dir diese Geschichte nur, um dir vor Augen zu halten, dass es keinen Unterschied gibt zwischen Superpromis, normalen Mädchen und echten Gewaltschönheiten, von denen du denkst, sie kämen gerade vom Victory Secret's Cover-Shooting. Es sind auch nur Menschen, und je entspannter du ihnen begegnest, desto besser ist deine Wirkung. Der Grund, warum ich Paris überhaupt so nah kommen konnte, war, dass ich nicht vor Ehrfurcht erstarrte. Ich dachte, es handle sich um irgendein normales Mädchen aus München. Und für diesen kurzen Moment konnte sie auch einfach ein junges Mädchen sein, das mit einem Kerl auf der Tanzfläche flirtet. Hätte ich gewusst, um wen es sich handelte, wäre ich vermutlich voreingenommen gewesen und hätte niemals etwas versucht.

DIE UNERREICHBARE BARKEEPERIN

Freitagabend. Mitte Dezember. Ich war mit zehn Seminarteilnehmern in Düsseldorf unterwegs. Als wir den Club betraten – es war noch recht früh –, entdeckte ich etwas abseits von der Bar eine Frau, die alleine herumstand und offensichtlich auf jemanden wartete. Sie rauchte eine Zigarette und starrte gelangweilt in die Luft. Ich zögerte keine Sekunde.

Ob du mit einer größeren Gruppe unterwegs bist oder

alleine, es ist wichtig, sofort nach Betreten des Clubs etwas zu unternehmen. Nicht abwarten, nicht gelangweilt in der Gegend herumstehen, nicht überlegen. Gib deinem Kopf erst gar nicht die Möglichkeit, abzuwägen. Dein innerer Schutzmechanismus, auch bekannt als Verstand, wird dich immer zurückhalten, weil er dich vor Gefahr, Abweisung und unberechenbaren Situationen bewahren will. Deswegen darfst du ihm keinen Raum geben, sondern musst blitzschnell zuschlagen. Psychologisch hat das den wunderbaren Nebeneffekt, dass du dich auf einen Schlag unglaublich gut fühlen wirst. Denn: Du hast deine Angst überwunden. Du hast etwas unternommen. Du hast keine Zeit verschwendet. Du wirst, unabhängig von ihrer Reaktion, für den restlichen Abend eine unfassbar positive Energie ausstrahlen. Und genau darauf kommt es an.

Außerdem erweckst du damit eher den Anschein eines zufälligen Aufeinandertreffens. Als ich zwei Meter neben ihr stand und unsere Blicke sich kurz trafen, machte ich einen Schritt auf sie zu.

»Du, kann ich mir schnell eine Zigarette bei dir ausleihen?«

»Wie ausleihen?«, lachte sie.

»Ich rauche eigentlich nicht, aber jetzt brauche ich ganz dringend eine.«

»Na klar, hier!«

Sie stellte sich als Chiara vor, und wir unterhielten uns entspannt, ohne dass ich auf ein Ergebnis fixiert war. Um mich »aufzuwärmen«, unterhalte ich mich gerne zwanglos mit Leuten, die mir anfangs begegnen. Nach ein paar Minuten Small Talk verließ ich sie wieder. Das hat übrigens meist eine sehr gute Wirkung auf Frauen, denn sie sind es gewohnt, dass Männer ewig bleiben und versuchen, irgendein Ergebnis zu erzielen.

»Cool. Also bis später. Und danke für die Kippe.«

Sie lächelte mir hinterher. Ich ging nicht sofort zu meiner Gruppe zurück, sondern mit einem guten Gefühl direkt weiter an die Bar. Das war wichtig! Für die anderen Mädels im Club sah es nämlich so aus, als hätte ich Chiara gekannt, sie kurz begrüßt und eine Zigarette mit ihr geraucht. Männer, die viele Frauen kennen, sind für andere Frauen automatisch interessant. Ich hatte also meinen Wert gesteigert. Außerdem hatte ich mir durch diese Aktion eine weitere Option eröffnet, nämlich immer wieder zu ihr zurückkehren zu können.

Ich hatte es aber nicht auf Chiara, sondern auf die Barkeeperin abgesehen. Sie war mir bereits aufgefallen, als wir den Club betraten, aber ich wollte sie nicht kalt ansprechen, sondern mich erst etwas aufwärmen. Und Chiara lieferte die perfekte Vorlage. Die Barkeeperin war genau nach meinem Geschmack – superhübsch und dabei natürlich. Durch ihren gelangweilten Gesichtsausdruck strahlte sie allerdings unmissverständlich aus, dass sie für die üblichen Ansprachen nicht empfänglich war. Ich deutete ihre verschlossene Körpersprache so: Du, zahlender Gast dieses Hauses, kannst bei mir deine Getränke bestellen, aber quatsch mich ja nicht an! Genau das tat ich auch. Nicht mehr, nicht weniger. Ich orderte die erste Runde für die Jungs und mich und verschwand wieder. Nach einer Dreiviertelstunde kam ich zurück. Ich lehnte mich nicht, wie die anderen Leute, halb über die Bar, um meine Bestellung aufzugeben, sondern stellte mich seitlich an den Bar-Eingang. So wie die »Insider« es tun würden. Die Bar war recht lang und »meine« Barkeeperin bediente am anderen Ende. Da noch immer relativ wenig los war, unterhielt ich mich kurz mit einer ihrer Kolleginnen. Als sie mich fragte, was ich trinken wolle, sagte ich: »Ich muss das bei deiner Kollegin bestellen, weil nur sie meinen Sonderwunsch kennt. Das würde jetzt zu lange dauern, um es zu erklären. Hol sie doch mal bitte her!«

Sie kam zu mir. Ich lächelte.

»Hi, ich bin Michel.«

Keine Reaktion.

»Und du?«, fügte ich schnell hinzu.

»Anna.«

Sie lächelte nicht. Ich gab meine Bestellung auf, aber sie war völlig desinteressiert, hörte nicht richtig zu, was ich ihr erzählte, und so schnell sie gekommen war, war sie auch wieder weg. Ich musste mich ohnehin um meine Jungs kümmern, aber jedes Mal, wenn ich an die Bar ging, ließ ich mir die Drinks von ihr mixen. Von Minute zu Minute wurde sie unnahbarer und strahlte eine unglaubliche Attraktivität aus. Nach der vierten Bestellung machte sie einen Fehler, indem sie zu mir sagte: »Was lungerst du denn schon wieder hier rum?«

Das hätte sie nicht gesagt, wenn ich mich normal an die Bar gestellt hätte, frontal. Nur weil ich seitlich und halb in ihrem Bereich stand, nahm sie überhaupt Notiz von mir. »Ganz einfach«, antwortete ich. »Wegen dir!«

»Aha!«, sagte sie unbeeindruckt.

Ich wählte die direkte Art, weil alles andere sinnlos gewesen wäre. Sie sah mich an, ohne auch nur eine Miene zu verziehen.

Sie trug eine Jeans, ein weißes Top mit einem Gürtel, doch ihr Gesicht sah wie gezeichnet aus, und diese Information konnte ich verwenden. Ich sagte: »Du bist die erste Barkeeperin, die ich kenne, die nicht geschminkt ist.«

Mir fiel in diesem Moment nichts anderes ein. Aber es stimmte. Sie hatte gerade so viel Schminke aufgetragen, dass ihre natürliche Schönheit umso mehr zur Geltung kam. Ihre blauen Augen funkelten durch den ganzen Club, da hätte eine fette Schicht Make-up ohnehin nur gestört. Zum ersten Mal lächelte sie.

»Oh, das war jetzt echt nett. Danke.«

Wir tauschten drei, vier Sätze aus, bis ich mich wieder verabschiedete. Sie nickte leicht und kümmerte sich um die anderen Gäste. Ich war ihr einen kleinen Schritt näher gekommen. Eine Stunde später hatten meine Seminarteilnehmer ihre ersten Erfolgserlebnisse gehabt und wollten noch irgendwo einen Absacker trinken gehen. Mir blieb keine andere Wahl, als den finalen Versuch zu starten. Ich ging wieder an die Bar. Als sie mich sah, kam sie zu mir.

»Weißt du was? Du hast irgendwas an dir, was mir wahnsinnig gut gefällt«, sagte ich. »Ich möchte dich gerne kennenlernen.«

Sie sah mich mit ihren hübschen blauen Augen an und sagte eiskalt: »Du glaubst doch nicht ernsthaft, dass ich dir jetzt meine Nummer gebe!«

»Doch, das glaube ich.«

Sie sah mich an. Abwartend.

»Kann sein, dass wir vielleicht heiraten werden«, ergänzte ich. »Das weiß man nie so genau.«

»Du bist echt ein Spinner«, lachte sie. »Okay, warte mal hier.«

Weg war sie. Sie verschwand einfach. Ich wartete. Und wartete. Wo zum Teufel steckte sie? Nach fünfzehn Minuten kam sie lachend zurück an die Bar und blieb völlig erstaunt neben mir stehen.

»Ey, du bist ja immer noch da«, sagte sie.

Sie nahm eine Serviette und schrieb ihre Nummer drauf. Das war's. Keine Verabschiedung. Kein weiterer Blick. Nichts.

Drei Tage später war ich wieder in München, kam gerade von einem Abendessen zurück, saß im Auto und dachte mir: Das Mädel aus Düsseldorf rufst du jetzt einfach mal an. Keine SMS schreiben. Direkt anrufen. Es läutete ein paar Mal. Dann nahm sie ab.

»Hallo?«

»Hi, ich bin's, Michel.«

»Welcher Michel?«

»Na, überleg doch mal! Wie vielen gut aussehenden Typen hast du letztes Wochenende deine Nummer gegeben?«

»Ja, schon ein paar«, lachte sie.

»Ich bin der, von dem du dir gewünscht hast, dass er dich niemals anruft.«

»Ah, jetzt weiß ich's wieder.«

Sie machte eine flapsige Bemerkung als Test, und ich legte noch einmal eins drauf. Das saß!

»Ich hätte nicht gedacht, dass du dich meldest«, sagte sie.

»Und ich hätte nicht gedacht, dass deine Nummer stimmt.«

»Du warst hartnäckig«, sagte sie. »Dafür musste ich dich belohnen.«

»Belohnung geglückt.«

»Freut mich.«

Wir hatten überraschenderweise eine richtig gute Basis gefunden und verstanden uns auf eine besondere Art, die mir großen Spaß machte.

Am Ende des Gesprächs sagte ich zu ihr: »Für eine Barkeeperin bist du echt cool.«

»Du bist auch in Ordnung. Für einen Münchner.«

Von da an waren wir in regelmäßigem Kontakt und lernten uns per Telefon immer besser kennen. Ihre anfänglich abweisende Art wich einer sehr warmen und herzlichen. Sie erwähnte es einmal sogar von selbst, als sie sagte: »Wenn ich mit jedem Kerl reden würde, der bei mir landen will, würden die anderen Gäste verdursten. Aber du hast ja ständig fast hinter der Bar rumgelungert, und ich bin dich nicht mehr losgeworden.« Ich liebte ihren Sarkasmus.

Vor Weihnachten telefonierten wir dann ein weiteres Mal. Wir redeten über alles Mögliche, auch über Weihnachten und Silvester.

Ich: »Und musst du an Silvester wieder ran?«

Sie: »Ja, leider.«

Ich: »Lust auf einen New Year's Eve Kuss?«

Sie: »Glaube nicht, dass du das machen würdest.«

Ich: »Ich habe nicht gesagt, in welchem Jahr.«

Sie: »Siehst du, Angsthase!«

Ich: »Watch out, unverhofft kommt oft!«

Sie: »Niemals.«

Als wir auflegten, überlegte ich mir, wie es wohl wäre, wenn ich um 0:00 Uhr an Silvester hinter ihr stehen würde. Die Idee gefiel mir immer besser und tatsächlich erwischte ich einen Flug, der bezahlbar war, und buchte kurzerhand, sagte ihr aber nichts. Ich wollte sie richtig von den Füßen hauen. Bis zu Silvester hatten wir ziemlich viel Kontakt, und ab und zu meinte sie im Spaß: »Wehe du wagst es, an Silvester zu kommen.« Übersetzt aus ihrem Sarkasmus bedeutete das: »Ich rechne nicht damit, aber wenn du tatsächlich kommst, würdest du mir eine große Freude bereiten.«

Ich beschwichtigte sie damit, dass ich erstens Pläne hätte und zweitens so kurzfristig keine Flüge mehr gehen würden.

An besagtem Silvesterabend landete ich also in Düsseldorf und fuhr ins Hotel. Kaum dort angekommen, rief sie mich an, um mir zu sagen, dass sie gleich los müsse und mir noch einen guten Rutsch wünschen wolle. Sie erwarte im Übrigen eine SMS um exakt 0:00 Uhr, nachdem ich schon nicht zu ihr gekommen sei.

»Klar, bekommst du«, lachte ich.

Gegen 23:30 Uhr fuhr ich zu ihr in den Club, um mich dort entsprechend zu positionieren. Es war superviel los, aber zum Glück kam ich noch rein. Drinnen schlenderte ich in großem Bogen um ihre Bar, um sie aus sicherer Entfernung zu erspähen. Und dann sah ich sie: hektisch am Arbeiten, aber trotzdem wunderschön. Es war inzwischen 23:50 Uhr, als ich noch von einer anderen Bar zwei Gläser Sekt organisierte. Schließlich braucht man etwas, um anzustoßen. Ich brachte mich also in Position und achtete darauf, dass sie mich nicht sehen konnte.

Dann war es so weit, der Club war am Toben, und der Countdown lief runter. 10-9-8. Exakt um 2 Sekunden vor Mitternacht sprang ich zu ihr hinter die Bar, drehte sie um und …

VOLLTREFFER! Sie konnte es kaum fassen, freute sich überschwänglich und fiel mir mit einer Wucht um den Hals, dass wir beide dabei fast umfielen. Dann küsste sie mich stürmisch und wollte mich gar nicht mehr loslassen.

»Wahnsinn, wie krass bist du denn?? Wie bist du hierher gekommen??«

Noch bevor ich antworten konnte, küsste sie mich wieder und wieder.

Ein wirklich gelungener Moment, an den ich nur allzu gerne zurückdenke. Diese schöne und anfangs unerreichbare Bartenderin, unglaublich!

Du kannst dir sicher vorstellen, welch enormes Kompliment ich ihr mit meinem Besuch gemacht habe. Das Selbstbewusstsein, davon auszugehen, dass alles so funktionieren würde, wie es letztlich funktioniert hat, zeugt außerdem von großem Mut und Leidenschaft. Denk daran, wenn du das nächste Mal eine Frau schwer beeindrucken willst.

AUCH DIE UNERREICHBAREN SIND ERREICHBAR

Später erzählte sie mir, dass sich sogar ihre Kolleginnen gefragt hatten, was für ein schräger Vogel ich gewesen sei, der sich durch nichts aus der Ruhe bringen ließ. Ich machte eben alles anders als die anderen Männer, die an die Bar kamen und sie anbaggerten. Ich ließ mich von ihrer abweisenden Art nicht verunsichern. Ich bestand ihre Tests.

Merke dir: Die Menschen sind viel eher das, was sie verbergen, als das, was sie zeigen. Hübsche Frauen tragen fast immer eine Maske der Unerreichbarkeit. Nicht aus Arroganz, sondern aus praktischen Gründen: Sie wollen einfach nicht am laufenden Band von Vollidioten belagert werden. Sie handeln aus purem Selbstschutz. Wenn sie also beim ersten Mal etwas schroff reagiert, nimm es nicht persönlich. Es hat nichts mit dir zu tun! Es bedeutet lediglich, dass du dir zu wenig Mühe gegeben hast.

Warum glaubst du, habe ich dir auch diese Geschichte erzählt? Um dir zu zeigen, dass die eigenen Grenzen nur in deinem Kopf existieren. Diese Gedanken, es nicht schaffen zu können, nicht gut genug zu sein, haben nichts mit der Realität zu tun. Ändere deine Gedanken, und du änderst deine Welt! Wenn du begreifst, dass du alles erreichen kannst, wenn du die richtigen Gedanken zulässt, kann dir nichts mehr passieren. Du wirst unbesiegbar werden. Nicht weil du jeden Kampf gewinnst, sondern weil einzelne Niederlagen dir nichts mehr anhaben werden. Negative Menschen denken: »Manchmal gewinnt man, manchmal verliert man.« Positive Menschen hingegen denken: »Manchmal gewinnt man, manchmal lernt man.« Erkennst du den Unterschied? Auch ich habe schon etliche Körbe von Barkeeperinnen bekommen. Und jetzt? Wen interessiert's? Niemanden! Ich war in einer fremden Stadt, ohne dort jemanden zu kennen, sah ein unfassbar hübsches Mädel in einem High-Class-Club, sprach sie an, bekam ihre Telefonnummer und hatte unglaublichen Sex mit ihr. Nur das interessiert! Ein einziges Abenteuer wie dieses sticht tausend Körbe aus. Immer.

WENN SIE DICH TESTET

Wenn Frauen dich testen und necken und ihre so genannten Shit-Tests bei dir abfeuern, musst du nicht gleich die Flucht ergreifen. Im Gegenteil. In meinen Augen ist das nichts anderes als ein Zeichen von Interesse. Warum sollte ein heißes Mädel ihre Zeit mit dir vergeuden, wenn du nicht wenigstens eine Option für sie wärst? Außerdem will sie wissen, mit wem sie in die Kiste steigt, und das ist, verdammt noch mal, ihr gutes Recht. Würdest du ein Auto kaufen, ohne es vorher auf Herz und Nieren getestet zu haben? Ich vergleiche diese Situation immer mit einem Pokerspiel. Du bist am Zug. Sie schaut sich dich in Ruhe an und kontert mit einem Test. Sie antwortet frech, gekonnt arrogant oder bewusst provokant, nur um herauszufinden, wie du darauf reagierst. Sie testet dich: Ist der Kerl stark genug? Ist er mir gewachsen? Hat er genug Selbstbewusstsein, um neben mir bestehen zu können? Das Geheimnis besteht darin, immer eine Schippe draufzulegen, also deinen Einsatz zu erhöhen. Wenn du merkst, dass sie ein Spiel spielt, hab keine Skrupel, gib niemals klein bei, und feuere aus allen Kanonen. Der Punkt wird kommen, an dem sie lachend nachgeben wird und sagt: »Du bist vielleicht eine freche Sau – unglaublich!«

Hast du deinen Einsatz während des Gesprächs drei- bis fünfmal erhöht, wird ihre Fassade langsam, aber sicher zu bröckeln beginnen. Du darfst nicht vergessen, dass jeder

Mensch seine ganz spezifischen Schwächen hat. Auch die schönsten und scheinbar perfektesten Frauen der Welt haben stille Sehnsüchte, heimliche Laster, unerfüllte Bedürfnisse. Frauen sind wahre Meister darin, diese Schwachstellen zu verbergen und einen Schutzwall um sich zu errichten, um sich vor Verletzungen und Angriffen zu schützen. Ein gutes Mittel, diese Schwachstellen zu entlarven, ist, nach Gegensätzen zu suchen. Hat sie dir gegenüber eine große Klappe oder verhält sich provokant und aufbrausend, versucht sie in vielen Fällen nur ihre eigene Schüchternheit zu kaschieren, ihr einsames Herz und ihre verletzte Seele zu verstecken. Für die Schweigsamen gilt natürlich das Gegenteil: Stille Wasser sind tief.

Wenn du es also schaffst, sie aus der Reserve zu locken, ihre Strategie zu durchschauen, ihren schwachen Punkt zu erkennen und entsprechende Gegenmaßnahmen zu ergreifen, wird ihre Schutzmauer einstürzen. Es geht gar nicht anders. Dann kletterst du gemütlich über ihre Mauer, und das Spiel beginnt von vorne: Ohne Fassade, ohne Make-up, ohne eine Armee von Soldaten, die gegeneinander antreten. Erst dann, wenn sie merkt, dass du eine Herausforderung darstellst, wirst du für sie ernsthaft als potenzieller Partner infrage kommen. An diesem Punkt kannst du regelrecht spüren, wie sie weich wird.

Ein Beispiel:

Sie: »Wieso soll ich DIR meine Nummer geben?«

Der normale Typ, der keine Chance bei ihr hat, würde antworten: »Dann könnten wir vielleicht, also wenn du willst, zusammen einen Kaffee trinken, oder so.«

Du jedoch erhöhst den Einsatz und sagst direkt: »Ganz einfach, weil ich dich heiß finde und ab sofort alles versuchen werde, um dich ins Bett zu kriegen.«

Was ist passiert? Das Mädel drückt dir einen blöden Text

rein, und du schießt direkt einen noch blöderen hinterher. Die erste Runde hast du überstanden. Sie wird von deiner frechen Antwort etwas geschockt sein, aus Unsicherheit lachen, irritiert in die Luft starren oder verwundert mit dem Kopf schütteln. Alles unwichtig. Du hast ihr Interesse geweckt. Nur darauf kommt es an. Sie merkt: Hoppla, der Junge kann mit meiner selbstbewussten Art umgehen. Der sagt, was er denkt, und hat keine Angst vor mir. Und er steht für sich ein! Das gefällt mir.

Noch ein Beispiel:

Du hast ein paar Kilo zu viel auf der Waage, und sie sagt zu dir, dass du ruhig mal ein bisschen mehr Sport treiben könntest. Dann grinst du nur und antwortest: »Ja, das weiß ich selbst. Es ist nur, nach dem Sex hab ich einfach immer Bock auf Chips.« Und wieder: Sie drückt dir einen fiesen Spruch rein, und du schießt etwas Lustiges oder Absurdes hinterher. Es läuft immer nach dem gleichen Prinzip. Keine Sorge, du musst hier nicht superkreativ oder superwitzig werden. Sie muss nicht lachend vom Stuhl fallen. Dein einziges Ziel ist, ihr mit deiner Antwort zu demonstrieren, dass ihre Ansage keinen Einfluss auf dich hat.

Würde ein Mädel zu mir sagen: »Eigentlich stehe ich ja nicht auf Typen mit Glatze«, würde ich antworten (wenn sie blond ist): »Das trifft sich ziemlich gut, ich nicht auf Blondinen«, oder »Finde ich super, dann machen wir zwei einfach auf best friends« oder »Gott sei Dank! Endlich mal ein Mädel, mit dem ich nicht ins Bett steigen muss – Barkeeper, bitte einen Drink für meine neue beste Freundin«.

Du siehst, mit meinen Aussagen neutralisiere ich sie auf der Stelle. Die Mädels denken dann oft, ich würde das ernst meinen und das Flirt-Thema sei vom Tisch. Wenn das passiert, stehen dir alle Möglichkeiten offen. Du kannst sie in den Arm nehmen, sogar auf die Stirn küssen. Alles unter dem Deckmantel: Wir sind ja best friends. Geh mit ihr auf die Tanzfläche, zieh sie an dich ran, pack ihr beim Tanzen an den Hintern, und sage: »Hey, ich hatte noch nie so eine coole beste Freundin wie dich. Du bist der Hammer!« Sie wird verunsichert sein. Auf der einen Seite machst du mit ihr Sachen, die sie eigentlich keinem fremden Mann erlauben würde. Auf der anderen Seite glaubt sie, dass du sie sexuell nicht anziehend findest. Und genau diese Tatsache wird sie reizen. Was passiert? Sie wendet sich dir plötzlich zu, öffnet sich, lächelt mehr als vorher und lacht über deine Sprüche. Sie kann nicht mehr anders. Du hast ihren natürlichen Instinkt aktiviert. Du hast Anziehung geschaffen.

EINE FRAU SPRINGT IN DEN BRUNNEN

Es war eine laue Sommernacht in München. Ich zog mit einem Kumpel durch die Stadt. Ohne Plan. Ohne Ziel. Auf der Terrasse einer Bar entdeckte er drei Freundinnen, die ihm sofort um den Hals fielen. Da ich sie nicht kannte, begrüßte ich sie mit einem freundlichen Lächeln und stellte mich vor: »Hi, ich bin Michel.«

Zwei der drei Mädels waren extrem hübsch. Ich fühlte mich sofort wohl. Sie erzählten meinem Kumpel, dass sie sich betrinken wollten, um »endlich mal richtig die Sau rauszulassen« – Musik in meinen Ohren.

Am Anfang hielt ich mich eher im Hintergrund, ließ die anderen reden, hörte dafür umso besser zu. Ich beobachtete einfach, was um mich herum passierte, lehnte mich zurück und genoss den Abend. Die Mädels waren schön anzugucken, in kurzen Hotpants und mit ihren langen Beinen. Wir bestellten Drinks und alberten herum. Nach einer Weile verabschiedeten sich zwei der Mädels, um noch weiterzuziehen, aber die Hübscheste von ihnen, auf die ich es von Anfang an abgesehen hatte, war in Partylaune und wollte noch bleiben. Auf einen Schlag waren alle weg, auch mein Kumpel verzog sich.

»Wie es aussieht, sind nur noch wir beide übrig«, sagte ich und nippte an meinem Drink.

»Ja, kannst dich mal geehrt fühlen«, kam es wie aus der Pistole geschossen zurück. Sie wollte mich testen. Sie wusste um ihr gutes Aussehen. Sie war eine Frau, die es gewohnt war, die Männer mit ihrer Schönheit um den Finger zu wickeln. Ich musste ihr sofort einen kleinen Dämpfer verpassen. Das Spiel konnte beginnen.

»Du hättest ruhig mit deinen Mädels mitgehen können«, grinste ich. »Nicht, dass ich dich jetzt den ganzen Abend an der Backe habe.«

»Sag mal, was soll das denn? Ich bleibe, so lange ich will. Das lasse ich mir doch nicht verbieten. Und von einem wie dir schon gleich gar nicht.«

Eine herrliche Ausgangssituation, weil direkt Spannung zwischen uns entstand. Das ging noch etwa zehn Minuten so weiter. Sie disste mich. Ich disste zurück. Sie boxte mich für meine »Frechheiten« gegen den Arm. Ich legte ihr meine Hand aufs Bein, sah ihr mitleidig in die Augen und sagte: »Kann ja nicht jeder so schlau sein wie ich.«

Sie hieß übrigens Tina.

»Ich habe nichts mehr zu trinken«, sagte sie irgendwann.

»Und jetzt?«, grinste ich.

»Eigentlich wollten wir uns alle eine Flasche teilen, aber jetzt sind die anderen ja weg. Was ist, lädst du mich auf einen Jackie-Cola ein?«

Ich fing an zu lachen.

»Was ist denn daran so lustig?«, fragte sie.

»Schau mal dahinten«, sagte ich belustigt. »Da stehen

lauter notgeile Typen. Die kannst du fragen, ob sie dich einladen, nicht mich.«

»Wieso denn nicht?«, fragte sie überrascht.

Sie zupfte sich auffällig oft an ihrem Kleidchen herum. Ein Zeichen, dass sie mit meiner frechen und forschen Art doch nicht so souverän umgehen konnte, wie sie tat. Wenn sie versuchte, mich aus dem Gleichgewicht zu bringen, setzte ich immer wieder einen drauf. Das Spiel machte ihr Spaß. Es war ungewohnt und neu. Und alles, was neu ist, ist aufregend.

»Ich lade Mädchen nicht einfach so ein«, erklärte ich ihr. »Sie müssen es sich schon verdienen. Oder sehe ich aus wie ein Geldautomat?«

»Hmm«, murmelte sie vor sich hin.

»Okay, hör zu«, lächelte ich. »Ich lad dich ein, wenn du dort drüben in den Brunnen springst und eine Runde für mich planschen gehst.«

Ich sagte das, ohne mir lange Gedanken darüber zu machen. Just for fun. Außerdem ging sie mir mittlerweile etwas auf die Nerven, weil sie schon ein kleiner Gold Digger war, und Mädels, die sich nur Männer suchen, um sich aushalten zu lassen, wenn auch nur für einen Abend, konnte ich noch nie leiden. Ich ging davon aus, dass sie mir einen Vogel zeigen würde.

»Okay, Michel, wenn ich das mache, dann krieg ich einen Drink von dir?«

»Kriegst du!«

»Okay, ich mach's.«

Sie strahlte über beide Ohren. Wie ein kleines Kind. Sie nahm mich an die Hand und zog mich raus vor die Tür. Als wir vor dem Brunnen standen, sagte sie: »Du willst also wirklich, dass ich jetzt da reingehe.«

»Es ist mir, ehrlich gesagt, egal. Aber wenn du das machst, bist du auf jeden Fall cool.«

Sie schnürte sich ihre Schuhe auf, ließ ihr Kleidchen fallen und stand nur noch im Tanga vor mir. Ohne mit der Wimper zu zucken, hüpfte sie ins Wasser und strahlte wie eine Sonnenkönigin. Ihre Arroganz war vollkommen verschwunden. Ich stand staunend vor ihr und konnte es kaum glauben.

»So, was ist jetzt, reicht das schon, oder soll ich auch noch mit meinem Kopf untertauchen?«

»Na klar, wenn, dann richtig.«

Sie tauchte ihn tatsächlich unter, kam wieder aus dem Wasser gestiegen, klitschnass, und sprang mich an.

»Brrrr, ist mir kalt.«

»Jetzt hast du dir deinen Drink aber wirklich mehr als verdient«, flüsterte ich in ihr Ohr, rubbelte die Wassertropfen von ihrem nackten Körper und gab ihr einen Kuss. Direkt, ohne zu zögern. Worauf warten? Sie erwiderte ihn, schlang ihre Arme um mich, und ich freute mich schon darauf, später mit ihr ins Bett zu steigen.

Sie zog sich ihr Kleid wieder an, und wir gingen zurück in den Club.

»Du brauchst gar nicht zu glauben«, sagte sie, »dass da was geht zwischen uns. Ich habe einen Freund. Nur dass du's weißt.«

»Den kannst du auch behalten«, winkte ich lächelnd ab. »Das passt mir gut, wenn ich dich gleich wieder los bin.«

Ich ließ mich gar nicht erst auf ihr altes Spiel ein. Nachdem wir unsere Drinks geholt hatten, sagte sie allerdings etwas, dass mich dann doch kurz verwirrte: »Michel, ich gehe auf die Toilette. Du wartest hier an der Bar, ja?«

Der Klassiker jeder Frau, um einen Typen elegant loszuwerden. Wenn nach so einem Spruch kein Kuss folgt, keine Umarmung, keine liebevolle Geste oder eine kleine Anmerkung wie »Ich beeile mich auch für dich«, kommt sie ohnehin nicht wieder, sondern nutzt die Gelegenheit, um heimlich zu verschwinden. Ich nickte kurz, verließ auf der Stelle meinen Platz an der Bar und drehte eine Runde durch den Club. Fünfzehn Minuten später lief sie mir wieder in die Arme. Und sie war sauer. So sauer, dass es ihr egal war, dass ich mich grade mit zwei jungen Damen unterhielt.

»Hey, du Arsch! Wo warst du? Ich habe dich überall gesucht!«

Ich zog bloß eine Grimasse und sagte: »Wie, wo ich war?«

»Ich hab doch gesagt, bin nur kurz auf dem Klo und gleich wieder da.«

»Ach so, du hast das ernst gemeint?«, lachte ich.

»Na klar. Was bist denn du für einer? Das ist mir ja noch nie passiert. Du kannst mir echt gestohlen bleiben. Ich gehe jetzt.«

Sie drehte sich um und ging ein paar Schritte von mir weg. Ich hinterher, packte sie erst an der Schulter, dann an der Hand und wirbelte sie zu mir zurück, bis ich sie fest mit meinen Armen umschlossen hatte. Ich hauchte in ihr Ohr: »Wann ich dir gestohlen bleibe, das bestimme immer noch ich.«

Alles oder nichts. Sie versuchte, sich zu wehren, sich aus meinem Griff zu befreien, und trommelte gegen meinen Rücken. Ich zog ihren Kopf nach hinten und küsste sie. Sie verlor auf der Stelle ihre Körperspannung, schmiegte ihren Körper an mich, machte mit.

»Du bist so ein Wichser«, fluchte sie, während sie ihre Zunge in meinen Mund schob. »Glaub ja nicht, dass du mich jetzt ficken kannst.«

»Doch, das glaube ich.«

»Du bist so ein… so ein… Wichser«, wiederholte sie immer wieder und wurde von Minute zu Minute geiler auf mich. »Normalerweise gehorchen die Typen aufs Wort, wenn ich denen was befehle. Aber du, du gehst mir einfach nur auf den Geist.«

»Und normalerweise halten die Mädels die Klappe, wenn ich mit ihnen rummache.«

Sie bekam völlig die Krise und wurde fuchsteufelswild, weil ich nicht, wie die anderen Männer, auf ihr Spiel einging, sondern im Gegenteil, immer noch eins draufsetzte. Im Prinzip machte ich das Gleiche wie sie – ein Spiel spielen. Als klar war, dass der Abend bald vorbei sein würde, fragte sie: »Und, sehen wir uns mal wieder?«

»Ich hoffe nicht. Du hast doch einen Freund.«

»Ja, also«, fing sie an herumzudrucksen. »So genau weiß ich das gar nicht mit dem. Es ist kompliziert. Also, ich gebe dir jetzt meine Nummer, und wenn du Lust hast, dann meldest du dich.«

»Na gut, wenn du dich dann besser fühlst, hau mal raus.«

Sie hatte plötzlich ihre Maske abgesetzt und stand wie ein verletztes Bambi vor mir. Die fauchende Löwin war verschwunden.

»Also, wenn du dich meldest, dann weiß ich, dass du Interesse hast. Darüber würde ich mich nämlich sehr freuen.«

»Na klar, Tina. Ciao und bleib, wie du bist.«

Wir küssten und verabschiedeten uns. An diesem Abend sollte es dabei bleiben. Wie gesagt, an diesem.

Sie hatte mich von Anfang an permanent auf die Probe gestellt, spielte die hübsche, unerreichbare Diva und testete mein Selbstbewusstsein. Ich ließ mich von ihrer Schönheit nicht beeindrucken (jedenfalls ließ ich es sie nicht spüren), selbst dann nicht, als sie fast nackt ins Wasser sprang. Sie wollte mich mit ihren körperlichen Reizen verführen, spielte aber gleichzeitig hard to get. Sie war frech zu mir, ich war frech zu ihr, und sie liebte es.

Merke dir: Wenn Mädels dich testen, haben sie grundsätzlich Interesse. Alles, was ich getan habe, war, das vorhandene Interesse konstant zu füttern. Aber ich habe sie zu keiner Zeit in den Vordergrund gestellt. Ich gab ihr immer das Gefühl, dass ich jederzeit verschwinden könnte. Vor allem zog ich keine Show für sie ab. Das war sie nicht gewohnt. Ich erweckte den Anschein, mir mit ihr keine große Mühe zu geben, und genau das beeindruckte sie. Das war ihr Anzünder.

Also: Halte deine Gefühle unter Kontrolle, und fall nicht auf das Offensichtliche herein. Sei du derjenige, der die Regeln bestimmt, und lass dich nicht in eine Rolle pressen, in der du der Unterlegene bist. Zeig ihr, dass du in der Lage bist, jederzeit den Überblick zu bewahren. Das ist, gerade bei hübschen Frauen, ein echtes Attraktivitätsmerkmal. Betreibe keinen sichtbaren Aufwand, um deine Ziele zu erreichen. Alles muss leicht und fließend aussehen. Lass sie in dem Glauben, dass du Supergirls wie sie jeden Tag triffst.

ERKENNE, WEN DU VOR DIR HAST

Auch, wenn sie auf den ersten Blick unerreichbar zu sein scheinen, wirst du überrascht sein, wie oft sie dir eine Chance geben, sie kennenzulernen. Wenn sie nicht davonrennt, nachdem du sie angesprochen hast, go for it! Die Mädels freuen sich immer, wenn mal ein Mann daherkommt, der ihnen normal begegnet und kein auswendig gelerntes Balzritual abzieht. Wichtig ist lediglich, dass du erkennst, wen du vor dir hast. Bei Tina musste ich einfach rotzfrech sein. Alles andere hätte sie gelangweilt. Schönheiten wie sie reagieren darauf in der Regel positiv. Bei eher bodenständigeren Frauen wäre ich mit der Nummer hingegen voll gegen die Wand gefahren. Jede Frau ist anders, jede reagiert auf etwas anderes, jede mag etwas anderes. Die eine steht auf den souveränen, selbstbewussten Typen, der frech und dreist ist; die andere mag den ehrgeizigen Gentleman, der Erfolg im Beruf hat und ihr abends bei einem Glas Wein sein Ohr leiht; die dritte sucht nach dem wilden Kerl, der sie einfach packt und mit nach Hause nimmt. Die Kunst ist zu erkennen, wen du vor dir hast. Man muss nicht Albert Einstein sein, um zu erahnen, dass man einer fünfunddreißigjährigen Geschäftsfrau mit anderen Themen kommen muss als einer achtzehnjährigen Studentin. Wenn du weißt, mit wem du es zu tun hast, bist du den anderen Männern immer einen Schritt voraus.

MUT ZAHLT SICH IMMER AUS

In München gab es eine legendäre Partyreihe, die einmal im Monat in einem alten Fabrikgebäude stattfand. Die Mädels liefen dort alle nur in BHs, High Heels und Strapsen herum; die Männer kamen oberkörperfrei oder hatten zumindest ihr Hemd sehr weit aufgeknöpft. Dresscode: Porno! Viele klebten sich auch diese künstlichen Bärte an, um wie Dirk Diggler in *Boogie Nights* auszusehen. Viel Schmuck, viel Gold, viel Bling Bling. Alles im Siebzigerjahre-Style. Die Location bestand aus zwei Räumen: Im ersten befand sich die Tanzfläche; im zweiten gab es eine Bar und eine kleine Bühne für die Stripperinnen. Überall liefen Pornofilme, die auf große Leinwände projiziert wurden; die Wände waren voller Fotos und riesiger Poster: Mädels, die Schwänze lutschten; Gruppensex; feuchte Muschis in Großaufnahme – nichts für prüde Geister.

Der Club war voll, ich hatte schon ein bisschen was getrunken und war extrem gut drauf, weil ich innerhalb der ersten Stunde bereits mit zwei Mädels auf der Tanzfläche geknutscht hatte. Ich hatte die doppelte Portion Selbstbewusstsein getankt, noch bevor der Abend überhaupt richtig in Schwung kam. Der perfekte Start!

Irgendwann ging ich mit meinem Kumpel an die Bar, um kurz durchzuatmen und neue Drinks zu besorgen. Während es auf der Tanzfläche ziemlich heiß herging, war es hier etwas ruhiger. Vor der Bühne drängelten sich schon die Typen, um die beste Sicht auf die Stripperinnen zu bekommen, die sich seitlich auf einer Treppe auf ihre Show vorbereiteten. Wir kamen keine Minute zu früh. Ein Kerl aus dem Publikum sprang plötzlich leicht übermütig auf die Bühne und versuchte, eine der Tänzerinnen anzuquatschen, wurde aber sofort von den Securitys gepackt und rausgeschmissen. In einer Sitzecke, nicht weit von uns, entdeckte ich acht Mädels, die eine Junggesellinnen-Party feierten. Die perfekte Vorlage! Wir mussten nur rübergehen und der Braut gratulieren. Nichts einfacher als das. Dachte ich jedenfalls. Zuerst schien alles super zu klappen. Wir stießen mit der Braut und ihren Freundinnen an, aber nach den ersten Höflichkeitsfloskeln war die Gruppe wieder unter sich. Ich tauschte zwar noch ein paar Sätze mit den beiden Mädels aus, die in meiner Reichweite waren, aber die Tür hatte sich wieder geschlossen. Die Hübscheste von ihnen, die an der anderen Seite des Tisches saß, machte nicht mal den Versuch, mich zur Kenntnis zu nehmen. Sie ignorierte mich total. Aufgeben? Ich sah es als Herausforderung. Ich musste eine krasse Aktion bringen. Aber was? So jedenfalls durfte die Geschichte nicht enden.

Michi und ich standen wieder an der Bar. Ich nahm einen großen Schluck Gin Tonic und kam ins Grübeln. Tausend Sprüche geisterten durch meinen Kopf, aber der Killer-Move wollte mir partout nicht einfallen. Die beiden Tänzerinnen waren jetzt kurz davor, nach oben auf die Bühne zu gehen. Da sich die Securitys vor und nicht neben der Bühne positioniert hatten, nutzte ich die Gunst der Stunde, vor allem, um wieder auf andere Gedanken zu kommen, und marschierte direkt auf die Ladys zu. In einem Film hatte ich mal gesehen, wie sich Stripperinnen in der Garderobe über ihre Shows unterhielten, und ich hatte mir gemerkt, dass es zwei Dinge gab, die sie hauptsächlich verwendeten: Eiswürfel und Babyöl. Bingo, dachte ich mir. Als ich zwei Sekunden später vor einer der Stripperinnen stand, sagte ich einfach nur: »Eiswürfel oder Babyöl?«

Die Stripperin sah mich an und öffnete gerade ihren Mund, um zu antworten, als bereits einer ihrer Beschützer neben mir stand, um dazwischenzugehen.

»Nein, nein, das passt schon«, sagte sie und legte dem Bodyguard beruhigend ihre Hand auf den Arm. »Ist okay, der gehört dazu.«

Der Muskelprotz nickte, zog wieder ab, und ich dachte mir triumphierend: Ja, eben! Ich gehöre dazu. Aber wozu eigentlich?

»Wir machen es mit Eiswürfeln«, sagte sie und schaute suchend durch den Raum, »aber wir brauchen die noch, wenn du mitmachst. Kannst du schnell welche besorgen?«

»Wieso ich?«, lachte ich.

»Na, wenn du keine Eiswürfel besorgst, gibt's auch keine Eiswürfelshow für dich.«

Mein Puls gab Vollgas. Ich hatte zwar nicht die leiseste Ahnung, wovon sie sprach, aber in meiner Naivität glaubte ich, sie würde mir gleich irgendwo hinter verschlossenen Türen eine private Eiswürfelshow spendieren. Ich winkte Michi heran und sagte ihm, er solle an der Bar einen Kübel Eiswürfel organisieren. Er schüttelte grinsend den Kopf und kam wenig später mit einem vollen Eimer zurück. Ich konnte ihn gerade noch an die Stripperin weiterreichen, als das Licht ausging, die Musik einsetzte, und ich von ihr mit auf die Bühne gezogen wurde. Für den Bruchteil einer Sekunde wusste ich nicht, wie mir geschah, aber dann verstand ich plötzlich, was sie mit »Der gehört dazu« gemeint hatte. Sie hatte mir tatsächlich abgenommen, dass ich ein Teil der Show sei. Für Erklärungen war es jetzt zu spät! Die

Menge applaudierte und grölte, und die Mädels fingen an, um mich herum zu tänzeln und mir langsam meine Klamotten auszuziehen. Zum Glück ging ich damals regelmäßig ins Fitnessstudio. Mein Oberkörper war gut trainiert. Meine Dancing-Skills waren dagegen die reinste Katastrophe. Mein erster Gedanke: Oh mein Gott, ist das peinlich! Mein zweiter Gedanke: Scheiß drauf, genieß die Show, und hab Spaß! Die Mädels rieben mich mit den Eiswürfeln ein, spielten an meinen Nippeln herum, pressten ihre Silikonbrüste gegen mein Gesicht, und ich dachte nur: Jaaaa, ganz genau. So ist's recht!

Michi hing lachend an der Bar und traute seinen Augen kaum. Was für eine Freakshow! Die Leute filmten natürlich alles mit ihren Handys, was mir in dem Moment aber völlig egal war. Ich stand mit einer Megalatte auf der Bühne und betete nur, dass die Mädels nicht meine Jeans ausziehen wollten. Dann wäre es wirklich lustig geworden. Als ein Stuhl auf die Bühne geschoben wurde, setzten sie mich drauf, ließen Wodka über ihren Mund in meinen laufen, während sie wie wild ihre Titten und Muschis an mir rieben. Nach zehn Minuten war der Spaß vorbei. Sie kippten das restliche Eiswasser über mich, die Menge jubelte, der Wodka fing an zu wirken, und beim Verlassen der Bühne realisierte ich plötzlich, wie crazy das gerade war. Dabei wollte ich doch nur kurz mit der Stripperin reden.

»Wieso warst du denn so schüchtern?«, grinste die Stripperin mich an, als wir wieder an der Treppe standen und uns abtrockneten. »Hättest ruhig ein bisschen mehr Gas geben können.«

»Ja, also, ich bin noch neu und so«, versuchte ich mich rauszureden.

»Ah, okay. Bei welcher Agentur bist'n?«

»Ich hab noch keine, bin noch auf der Suche.«

»Echt, ja? Und wie bist du ohne Agentur an den Job gekommen?«

»Um ehrlich zu sein, nur weil du mich hochgezogen hast.«

»Waaaas? Du bist gar kein Tänzer?«

»Ich?«, lachte ich. »Neee.«

»Krass, ey! Du bist mir ja einer!«

»Ich wollte eigentlich nur mit dir reden«, sagte ich. »Ein Gespräch anfangen. Du weißt schon, dich kennenlernen.«

»Oberkörperfrei?«

»Also, ich dachte eben, wenn du dich ausziehst, mach ich das auch. Wäre doch sonst total sexistisch.«

»Du bist mir ja einer«, zwinkerte sie und gab mir ganz förmlich die Hand. »Aber wow, das hast du echt gut hingekriegt. Ich bin die Claudi.«

Ich winkte Michi zu uns, Claudi erzählte der zweiten Stripperin von meiner Aktion, wofür ich eine anerkennende Umarmung von ihr bekam, und wir lachten und quatschten bestimmt noch zwanzig Minuten zusammen. Ich merkte bereits, wie ich die Blicke der anderen Frauen auf mich zog. Auf einmal war ich nämlich kein normaler Gast mehr, sondern gehörte zum Team, war Teil der Show, ein Insider. Die Mädels vom Junggesellinnen-Abschied bekamen das natürlich auch mit, und ich spürte schon, wie sie immer wieder den Augenkontakt zu mir suchten. Auf einmal wurde ich doch wieder interessant für sie. Fünf Minuten später kam eine von ihnen zu uns an die Bar.

»Hey, Jungs, habt ihr Lust, zu uns an den Tisch zu kommen und für die Braut ein bisschen was Privates zu machen?«

Bingo!

»Du, kein Problem«, sagte ich völlig entspannt. »Das kann ich schon machen, aber nicht umsonst. Eigentlich dürfte ich das gar nicht, weil ich gerade schon aufgetreten bin, aber wenn ihr es keinem erzählt, mache ich es auch nicht. Es muss unser Geheimnis bleiben.«

»Ja, echt? Das würdest du tun?«

Sie strahlte über beide Ohren und hüpfte aufgeregt zu ihren Freundinnen zurück. Ich hörte nur noch, wie sie rief: »Er macht's, er macht's, er macht's!«

Ich blieb noch kurz mit Michi an der Bar stehen, genoss die erwartungsvollen Gesichter der Mädels und ging zwei Minuten später zu ihnen. Da sie annahmen, dass ich ein echter Stripper war, ging es sofort zur Sache. Sie hatten überhaupt keine Hemmungen. Alle wollten sich auf meinen Schoß setzen, mich angrabschen und küssen, Fotos machen – das volle Programm. Dann kam die Hübsche an die Reihe, auf die ich es von Anfang an abgesehen hatte. Ich lehnte mich gegen das Polster zurück. Sie setzte sich auf mich und bewegte sich leicht auf und ab, als ob wir in der Reiterstellung vögeln würden, nahm meinen Kopf zwischen ihre Hände und schob mir ihre Zunge in den Hals. So ging das den restlichen Abend weiter. Ich saß mit sieben Mädels und einer Braut am Tisch, konnte umsonst trinken und knutschen und wurde am Ende sogar noch dafür bezahlt. Die Hübsche fragte mich irgendwann: »Du, Michel, sag mal, nur so aus Neugierde: Wie lange machst'n das schon?«

Knutschen, Strippen, Frauenaufreißen, was meinte sie?

»Das Tanzen.«

»Ach so«, lachte ich. »Ist mein erster Tag heute.«

»Ja? Hat man gar nicht gemerkt.«

Und wieder steckte ihre Zunge in mir.

SO BEKOMMST DU IHRE NUMMER

Du kennst das sicher: Du hast ein tolles Mädel kennengelernt, ihr habt euch super unterhalten, hattet jede Menge Spaß zusammen, habt gelacht, vielleicht sogar zusammen getanzt oder aus dem gleichen Glas getrunken. Alles ist gut. Doch irgendwann kommt zwangsläufig der Moment, vor dem sich viele Männer fürchten: Der Abschied! Und mit dem Abschied die große Frage: Wie komme ich an ihre Telefonnummer?

Ganz wichtig: Vermeide es, dass sie sich überfahren fühlt. Sie darf auf keinen Fall denken, dass du nur ihre Nummer willst, weil du scharf auf sie bist und ohnehin nur vögeln willst.

Wenn du schon nach ihrer Telefonnummer fragst, bevor überhaupt eine Verbindung zwischen euch entstehen konnte, und wenn sie noch so klein ist, wirst du fast immer ins Leere laufen. Vielleicht gibt sie dir ihre Nummer sogar, aber oft ist es die falsche, oder sie schreibt dir nicht zurück, wenn du ihr am nächsten Tag eine Nachricht schickst. Um das zu vermeiden, kann ich dir nur raten: Take it easy! Nimm dir Zeit, und investiere mehr als nur fünf Minuten in das Gespräch. Lass echte Gemeinsamkeiten zwischen euch entstehen, hab Spaß mit ihr, und bring sie zum Lachen. Lass es nicht so aussehen, als seist du einer dieser Typen, der nur schnell ihre Nummer abgreifen will, um das gleiche Spiel auch noch bei zehn anderen abzuziehen.

Verlasse sie nicht sofort, nachdem sie ihre Nummer in dein Handy eingetippt hat. Eine Telefonnummer zu bekommen sollte eine schöne Nebensächlichkeit sein, auf keinen Fall dein Ziel. Jedenfalls darf sie niemals diesen Eindruck gewinnen. Deswegen achte stets darauf, dass der Nummerntausch keine große Sache ist, sondern eher beiläufig passiert. Wichtig ist, dass der Grund für den Nummerntausch nicht der offensichtliche ist: ein mögliches Date!

Sei einfach aufmerksam, und hör ihr genau zu. Mach dir im Kopf einen Merkzettel mit ihren Interessen, Hobbys, Leidenschaften etc. Wenn sie zum Beispiel erwähnt, dass sie sehr an Kunst interessiert ist, erwähne beiläufig, dass diese neue Galerie eröffnet hat, die sie unbedingt gesehen haben sollte.

Du: »Ich gehe da am Wochenende hin. Wenn du magst, komm doch mit.«

Sie: »Klar, gerne.«

Du: »Kein Ding, meld dich einfach!«

Sie: »Warte, ich gebe dir mal meine Nummer, dann können wir uns verabreden.«

Wenn sie dir erzählt, dass sie gerade ihre neue Wohnung einrichtet, da sie umgezogen ist, erzähle ihr von dem Antik-Flohmarkt, auf dem es die besten Schnäppchen der ganzen Stadt gibt.

Du: »Ich treffe mich dort am Sonntagmorgen mit ein paar Freunden. Wenn du Bock hast, komm doch einfach dazu. Ist immer total lustig.«

Sie: »Hört sich super an!«

Du: »Ist es auch. Schick mir einfach 'ne Nachricht, dann sag ich dir, wo wir uns treffen.«

Sie: »Da freue ich mich. Wie erreiche ich dich denn am besten?«

Wenn sie dir von ihrem letzten Italienurlaub vorschwärmt und von dem leckeren Essen, erzähle ihr von dem kleinen Italiener bei dir um die Ecke, bei dem es jeden Tag frisch gegrillten Fisch gibt.

Du: »Da sollten wir mal hin. Ist ein Stück Adriaküste mitten in Berlin. Würde dir megagut gefallen bei Giuseppe.«

Sie: »Oh, ich liebe frisch gegrillten Fisch mit Zitrone.«

Du: »Prima. Ruf mich einfach an, wenn du mal wieder Urlaub in der Stadt brauchst.«

Erkennst du den Unterschied? Schon bist du nicht mehr der Bittsteller (»Bitte gib mir deine Nummer«), sondern der Gönner (»Ich will dir nur Gutes«). Du holst sie in den Vordergrund und hältst dich selbst immer etwas zurück. Im Prinzip ist es egal, worüber du mit ihr sprichst. Hauptsache, es gibt mindestens ein Thema, das euch verbindet und woran ihr bei einem späteren Treffen anknüpfen könnt. So wird der Tausch der Telefonnummern auch viel wertvoller für sie, weil du sie nicht willst, um dich zu bereichern, sondern um ihr Leben zu bereichern. Damit wirst du gute Erfolge erzielen.

Meine persönliche Lieblingsmethode ist jedoch eine andere. Ich frage so gut wie nie direkt nach ihrer Nummer. Und zwar nicht, weil ich sie nicht haben will, sondern weil ich damit etwas tue, womit Frauen nicht gut umgehen können. Versetze dich einfach mal in ihre Lage: Ihr verbringt Zeit miteinander, unterhaltet euch, lernt euch kennen, habt Spaß, eventuell knutscht ihr sogar. Und dann, wenn der Abend sich dem Ende zuneigt, fragt der Kerl nicht nach der Telefonnummer. Das sind Frauen nicht gewohnt. Die meisten Kerle machen den Fehler, dass ihr Verhalten berechenbar ist. Sie denken sich: »Ich habe jetzt schon eine Stunde mit ihr geredet, ich muss zum Abschluss kommen und ihre Nummer abstauben, sonst war alles umsonst.«

Der viel effektivere Weg ist der, entspannt zu bleiben, sie nicht in die Ecke zu drängen und ihr eben nicht das Gefühl zu geben, ihre Nummer rausrücken zu müssen. Wenn du am Ende eures Gesprächs die Situation offen lässt und nicht aktiv um eine Fortsetzung des Abends »bettelst«, machst du dich auf der Stelle superattraktiv. Sie wird sich denken: »Moment mal! Wieso fragt er mich nicht nach meiner Nummer? War ich vielleicht nicht gut genug? Habe ich ihn gelangweilt? Habe ich ihm doch nicht gefallen?« Du stichst mit dieser Methode automatisch aus der Masse heraus, weil du anders bist als die anderen. Du forcierst nichts, erzwingst keine nächsten Treffen und bleibst für sie nicht zu greifen. Du strahlst Souveränität aus. Unterschwellig teilst du ihr damit mit: Es war ein schöner Abend, aber ich habe es nicht nötig, nach deiner Nummer zu fragen. Mein Leben ist auch so aufregend genug.

Natürlich willst du ihre Nummer. Die Kunst besteht nun darin, dass sie sie dir freiwillig gibt und du nicht explizit danach fragen musst. Sag ihr einfach, kurz bevor du gehen willst: »Es war echt schön, dich kennenzulernen. Hat richtig Spaß gemacht. Deine Mädels und du, ihr seid richtig gut drauf.«

Mehr nicht! Schau sie dabei an, und lass deine Worte für einen Moment auf sie wirken. Damit kreierst du eine kleine künstliche Pause, auf die sie nicht vorbereitet ist. Sie wird sehr positiv auf deine charmante Art reagieren und etwas antworten wie: »Ja, war wirklich total schön. Vielleicht sieht man sich ja wieder.«

Dann lächelst du einfach und sagst: »Ja, wer weiß.«

In fast allen Fällen wird sie darauf antworten: »Wir können uns ja mal schreiben.«

Sie schlägt also von sich aus vor, die Nummern zu tauschen, was dich automatisch in eine viel stärkere Position bringt. Plötzlich ist sie es, die etwas von dir will. Dann sagst du mit einem leichten Schmunzeln: »Du meinst, Nummern tauschen? Ja klar, können wir machen. Hier ist meine… meld dich einfach!«

Wichtig ist, dass du auch hier noch einmal klar signalisierst, dass sie sich bei dir melden soll. Nicht umgekehrt. Du lässt den Ausgang völlig offen, und genau diese Kleinigkeit macht dich besonders. Du kreierst damit ein kleines Mysterium. Wenn sie dann später mit ihren Mädels zusammen ist, wird sie über dich reden: »Der wollte nicht mal meine Nummer, aber jetzt habe ich seine. Ich schreib ihm morgen mal eine SMS. Mal sehen, ob er mir antwortet.«

Merke dir: Die besten Erfolge wirst du immer erzielen, wenn die Frau nicht genau weiß, ob du sie gut findest oder nicht; ob sie dich haben kann oder nicht. Wenn es am Ende darum geht, Nummern zu tauschen, kannst du ihr auch sagen: »Ich bin nicht so einer, der immer sein Handy dabei hat. Ich kann mir deine Nummer nicht einspeichern, aber du kannst dir gerne meine eintippen.«

Diese lässige Art beeindruckt die Frauen, weil sie das nicht gewohnt sind. Wer geht denn ohne Handy aus dem Haus? Du! Warum? Weil du einzigartig bist. Selbst wenn dein iPhone in deiner Hosentasche steckt, tu einfach mal so, als hättest du es zu Hause vergessen. Das kann ich dir sowieso raten: Wenn du in Clubs bist, lass dein Smartphone in der Tasche und schau nicht alle fünf Minuten auf Facebook nach. Das machen alle. Und es sieht bei allen affig aus. Wenn sie zu dir sagt: »Wir können uns ja bei Facebook connecten«, antworte: »Ich bin nicht bei Facebook. Ich stehe eher auf das richtige Leben.«

Wieder hast du ein Alleinstellungsmerkmal und hebst dich von all den anderen Kerlen ab, die ständig irgendwelche Frauen auf Facebook adden und vierundzwanzig Stunden am Tag erreichbar sind. In ihren Augen bist du also nicht darauf aus, neue Leute kennenzulernen, neue Frauen klarzumachen.

Ein sehr raffinierter Weg, um an ihre Handynummer zu kommen, ist die Schick-mir-mal-das-Bild-Methode. Das klappt am besten, wenn du mit einer größeren Gruppe unterwegs bist und einer deiner Kumpels als Wingman fungiert. Stell dir einfach vor, es sitzen viele Leute am Tisch, ihr habt Spaß, es wird rumgealbert, viel gelacht, viel getrunken. Du unterhältst dich mit dem Mädchen, das neben dir sitzt, alles läuft super. Irgendwann kommt immer der Moment, an dem lustige Partyfotos gemacht werden. Entweder die Situation entsteht von selbst, oder du gibst einfach deinem Wingman ein Zeichen. Der fängt dann an, reihum die Gruppe zu fotografieren. Bei euch sagt er: »Kommt schon, rutscht mal ein bisschen zusammen, ihr zwei.« Er macht dann ein paar Fotos, schaut sie sich an und sagt auffällig laut zu dir: »Die sind ja geil geworden. Warte, ich schick sie dir schnell rüber.« Du holst dein Handy raus und schaust sie dir an. Das Mädel an deiner Seite wird ganz nah an dich rücken, mit ihrem Kopf über deiner Schulter hängen, weil sie natürlich abchecken will, wie sie auf dem Foto aussieht. Ihr schaut euch zusammen die Fotos an, und in fast allen Fällen wird sie sagen: »Das eine Foto ist echt cool. Schick mir das mal weiter.«

Du: »Logo, kann ich machen. Sag an!«

Schon hast du ihre Nummer, obwohl du nicht mal danach gefragt hast.

WIE MAN UNVERGESSLICHE ERSTE DATES HAT

Der klassische Fall läuft so ab: Du lernst jemanden kennen. Ihr tauscht Nummern aus, schreibt euch zwei, drei Nachrichten und verabredet euch ein paar Tage später zu einem Date. Du findest sie anziehend, sonst würdest du dich erst gar nicht mir ihr treffen, und versuchst nun alles, dass sie dich mindestens ebenso attraktiv findet. Deine Erwartungshaltung ist riesig. Ebenso dein Stresslevel. Und schon tappen die meisten Jungs in die Falle, weil sie glauben, beeindrucken zu müssen. Sie entspannen sich nicht, sondern machen Dinge, die sie normalerweise nicht tun würden, die alle eine Spur zu übertrieben sind. Sie gehen mit ihr in ein superschickes Restaurant, in die Oper, besorgen VIP-Karten für ein besonderes Event etc.

Nehmen wir an, das Mädel ist zufälligerweise auch ein Fußballfan (ja, das soll es geben!), dann besorgt er keine Karten der dritten Kategorie, sondern haut gleich zweihundertfünfzig Euro raus, um direkt am Spielfeldrand zu sitzen. Das ist einfach zu viel. Sie wird das merken, ein schlechtes Gewissen wegen des Preises bekommen, und schon ist der natürliche Zauber verflogen. Es wirkt zu gewollt. Dabei ist die Idee, mit ihr ins Fußballstadion zu gehen, an sich schon cool, weil sie ungewöhnlich ist, denn – Hand aufs Herz – so gut wie alle Dates finden in Restaurants, Bars oder Cafés statt.

»Lass uns mal zusammen einen Kaffee trinken!«

»Lass uns mal zusammen auf einen Drink gehen!«

»Lass uns mal zusammen Abend essen!«

Wie oft haben Frauen das schon gehört? Ich finde es so schade, dass sich noch kaum jemand auf seine Instinkte verlässt. Anstatt sich treiben zu lassen und gemeinsam den Moment zu genießen, trifft man sich in einem Café, bestellt zwei Cappuccino – und das große Abtasten beginnt. Im Eilverfahren werden die wichtigsten Eckpunkte abgehandelt: Was machst du so? In welcher Szene verkehrst du? Haben wir gemeinsame Bekannte? Wie war dein Tag im Büro? Wo gehst du am Wochenende so hin? Was hörst du für Musik? Wo warst du im Urlaub? Bist du Vegetarier? Blablabla. Natürlich hat sie einen Notfallplan in der Tasche. Nach einer Stunde wird ihre Freundin anrufen, um sie eventuell zu retten. Alles wirkt wahnsinnig angestrengt. Beide haben das Gefühl, sie müssten eine Performance abliefern, den ersten Eindruck bestätigen oder sogar noch einen drauf setzen.

Ich war auch lange Zeit der Meinung, erste Dates müssten so laufen. Wie der Zufall es so wollte, lernte ich eines Tages eine Barkeeperin kennen – Belinda. Wir tauschten Nummern aus, telefonierten, und aus einer Laune heraus, ohne lange darüber nachzudenken, sagte ich zu ihr: »Weißt du was? Lass uns heute um neunzehn Uhr in der Stadt treffen und dann schauen wir einfach, wohin es uns verschlägt.«

»Echt?«, antwortete sie etwas überrascht. »Heute? Hmm, ja, okay, warum eigentlich nicht? Ist zwar sehr spontan, aber … abgemacht!«

Sie war von meiner Idee sofort begeistert.

Wir trafen uns am Marienplatz. Es war kurz vor Weihnachten. Die ganze Stadt war eingeschneit. Christkindlmarkt. Holzbuden. Glühwein. Auf der Eisbahn herrschte fröhliches Treiben. Der Duft von gerösteten Mandeln lag in der Luft. Kitschige Weihnachtsmusik. Ich hatte mir keinen Plan zurechtgelegt. Ich ließ mich von der Situation inspirieren. Da wir uns an der Eisbahn trafen, blieben wir erst mal dort stehen, redeten ein bisschen, sahen den Leuten beim Schlittschuhlaufen und den großen, weichen Schneeflocken beim Hinunterrieseln zu. Es war superkitschig, aber auch superromantisch.

»Und, wollen wir eine Runde drehen?«, fragte ich sie, aber sie schüttelte den Kopf.

»Lust hätte ich schon«, sagte sie, »aber diese ekligen Ausleihschlittschuhe … neee.«

Ich holte zwei Glühweine. Wir stießen an und machten uns eine Weile über die Eislaufkünste der anderen lustig. Wir tranken und lachten viel. Ein guter Start. Ich wollte dieses schöne Gefühl aber noch verstärken. Ich wollte, dass sie voll auf ihre Kosten kommt, also traf ich eine Entscheidung.

»Ich habe eine Idee«, sagte ich, nahm sie an der Hand und zog sie langsam hinter mir auf die Eisbahn. Wir hielten uns gegenseitig mit einer Hand fest, in der anderen den Glühwein, verschütteten ein bisschen was, rutschten ein bisschen zwischen den Schlittschuhläufern umher und lachten uns kaputt. Eine Szene wie aus einem Hollywoodfilm. Irgendwann standen wir mitten auf dem Eis, um uns herum bewegte sich alles, und wir schauten nach oben in den dunklen Himmel. Schneeflocken fielen herab und landeten auf unseren Nasenspitzen.

»Was für ein schöner Moment«, sagte sie.

»Was für ein schöner Moment«, sagte ich.

So etwas lässt sich nicht planen. Hätte ich vorher zu ihr gesagt: »Komm, lass uns schlittschuhlaufen gehen«, wäre dieser Moment niemals so schön geworden. Sie wäre darauf vorbereitet gewesen, hätte gewusst, was auf sie zukommt, und ihre Freude hätte sich im Rahmen gehalten. So war es spontan, kurzweilig und superromantisch. Alles ergab sich von selbst und aus der Situation heraus.

Nach einer halben Stunde spazierten wir weiter über den Weihnachtsmarkt in Richtung Innenstadt. Ein paar Indios spielten diesen typischen Panflöten-Chillout-Sound. Wir blieben stehen, grooven mit und genossen die Atmosphäre. Als ihr ein bisschen kalt wurde, nahm ich sie in den Arm. Wir standen bestimmt zehn Minuten da, ohne auch nur ein Wort miteinander zu sprechen. Wir hatten so viel Freude, einfach nur den Moment zu genießen, dass jedes Wort gestört hätte. Irgendwann wurde es ihr dann doch zu kalt, und wir gingen zum nächsten Glühweinstand, um uns am Heizstrahler zu wärmen. Hundert Meter weiter kamen wir an einem Straßenzauberer vorbei. Er begann mit seiner Show. Belinda war so begeistert, sie konnte nicht glauben, was sie dort sah. Als der Zauberer sie dann auch noch als »Assistentin« in die Mitte holte, sie ihren Auftritt vor der Menge hatte und sogar Applaus bekam, war das natürlich ein weiteres kleines Highlight. Wir hatten einen Riesenspaß. Innerhalb kürzester Zeit erlebten wir schon den dritten magischen Moment zusammen. Es wurde immer kälter, und ich schlug vor, uns irgendwo reinzusetzen. Als wir nichts fanden, sagte ich: »In die nächste Bar, die wir sehen, gehen wir rein.«

»Alles klar«, lachte sie. »Ohne Ausnahme?«

»Ohne Ausnahme. Augen zu und durch!«

Wir landeten in einer kleinen Kaschemme, in die ich freiwillig niemals hineingegangen wäre, bestellten zwei Drinks und beobachteten drei Touristen, die etwas unbeholfen versuchten, mit den Mädels an der Bar anzubandeln. Wir machten uns über die drei armen Kerle lustig, tranken aus und gingen aufgewärmt weiter. Mittlerweile war es schon dreiundzwanzig Uhr. Wir schlenderten Arm in Arm die Hauptstraße entlang und kamen nach ein paar hundert Metern an einem Kino vorbei.

»Weißt du was, Belinda? Wir sehen uns jetzt einen Film an.«

»Aber, was läuft denn?«, fragte sie.

»Ist doch egal. Lassen wir uns überraschen.«

»Ja, cool. Das machen wir.«

An der Kasse sagte ich zur Verkäuferin: »Zwei Karten bitte, aber sagen Sie uns ja nicht, in welchen Film Sie uns schicken. Wir wollen überrascht werden.«

Die Kassiererin war völlig baff.

»Na, so etwas habe ich auch noch nicht erlebt«, sagte sie.

»Ich auch nicht«, lachte Belinda.

»Dann hoffe ich, dass ich euch Glück bringe. Kino 3.«

Wir also rein, mit Popcorn und Cola, megagespannt, was uns gleich erwarten würde, als wir merkten, dass wir die einzigen Besucher waren. Die alte Dame an der Kasse hatte uns in einen türkischen Film geschickt – Originalton mit Untertitel. Wir verstanden natürlich kein einziges Wort, hatten aber den Spaß unseres Lebens. Der Glühwein zeigte seine Wirkung, und wir begannen, in einer türkischen Phantasiesprache miteinander zu reden, blödelten herum, bekriegten uns mit Popcorn und hüpften am Ende sogar auf den Sitzen herum. Noch so ein magischer Moment.

Nach dem Kino musste sie nach Hause, weil sie am nächsten Tag eine wichtige Prüfung an der Uni hatte. Ich konnte sie nicht nach Hause fahren, weil mein Führerschein zu der Zeit bei der Polizei lag, also suchten wir ein Taxi. Keine Chance. München war plötzlich wie ausgestorben. Wir machten das Beste aus der Situation und marschierten fast eineinhalb Stunden kreuz und quer durch die Stadt. Es fiel immer mehr Schnee vom Himmel. Wir begannen uns mit Schneebällen zu bewerfen wie kleine Kinder.

Es dauerte nicht lange, und wir landeten beide in einem großen Berg Schnee und küssten uns. Dass wir danach völlig durchnässt waren, spielte keine Rolle. Das war völlig egal. Am Ende saßen wir überglücklich im Taxi. Sie hing in meinen Armen, sah mich an und sagte: »Weißt du, Michel, das war das Schönste, was ich seit langer, langer Zeit erlebt habe. Der Abend hat unendlich viel Spaß gemacht.«

Was war passiert? Warum hatten wir so viel Spaß? Ganz einfach: An diesem Abend hatten wir, ohne es zu wollen, sechs verschiedene Dates auf einen Schlag:

– auf der Eisbahn
– bei den Indios
– beim Zauberer
– in einer abgewrackten Bar
– mit Überraschungsfilm im Kino
– die Küsse im Schneeberg.

Ich gab ihr das Gefühl, mit mir schon hundert Jahre befreundet zu sein, weil wir schon nach einem Abend so viele gemeinsame Erinnerungen hatten, es so viele Geschichten zu erzählen gab. Genau darum geht es beim ersten Date: Gemeinsamkeiten schaffen und der Zeit ein Schnippchen schlagen. Wir Menschen haben die Zeit erfunden, um uns im Leben besser orientieren zu können. Die Zeit ist ein künstliches Konstrukt, also kannst du sie in Momenten wie diesen für dich einsetzen. Indem du oft die Location wechselst, entsteht bei ihr automatisch der Eindruck, dass es mit dir niemals langweilig wird, dass die Zeit mit dir schneller vergeht, weil so viel um euch herum passiert.

Seit diesem Abend plane ich kein einziges Date mehr. Ich mache einen Treffpunkt aus und versuche in entspannter Atmosphäre so wenig Geld wie möglich auszugeben. Nicht weil ich geizig bin, sondern weil ich die Situation so natürlich wie möglich lassen möchte. Lieber eine Currywurst mit Pommes am See als ein Vier-Gänge-Menü im teuren Sterne-Restaurant. Wenn kein Druck aufkommt, entspannen sich die Mädels leichter und öffnen sich schneller. Und wenn sie sich öffnen können, haben sie auch Spaß mit dir. Erst dann gelangst du an den Punkt, an dem Gemeinsamkeiten entstehen können.

MEINE TIPPS FÜRS ERSTE DATE

Triff Entscheidungen!

Frauen lieben Männer, die in der Lage sind, Führung zu übernehmen; Männer, die alles unter Kontrolle haben und entscheidungsfreudig sind. Unentschlossenheit wird von Frauen als schwach und unsexy empfunden. Merke dir: Niemals zu viele Fragen stellen, niemals zu viele Optionen geben, sondern immer konkrete Vorschläge machen.

Falsch: »Worauf hast du Lust? Wo wollen wir hin?«

Richtig: »Lass uns ins Roxy gehen. Die Lasagne ist legendär.«

Wenn sie dich fragt: »Wo wollen wir essen?«, niemals mit den Worten »Mir egal« antworten. Mit dieser Antwort signalisierst du Schwäche. Sofort sinkt dein Attraktivitätslevel. Übernimm die Führung, und schlage etwas vor. Dabei kannst du ruhig übertreiben. Mach ihr gute Laune!

»Du hast Hunger? Sehr gut! Ich kenne einen Burgerladen, nur zwei Straßen von hier. Ich habe dort mal einen Philly-Cheeseburger gegessen – sensationell. Da habe ich jetzt Bock drauf. Let's go!«

Selbst, wenn es dort nur stinknormale Hamburger gibt, wird sie strahlen, sich gut fühlen und all diese positiven Emotionen am Ende mit dir verknüpfen. Ganz wichtig: Zögere nicht zu lange bei der Wahl deines Essens. Siehst du etwas auf der Karte, das dir gefällt, bestell es! Leg die Karte wieder auf den Tisch, oder ruf nach dem Kellner, um zu fragen, ob er dir heute etwas Besonderes empfehlen könne. Das ist okay, aber bitte niemals, wirklich NIEMALS stundenlang in die Karte schauen, selbst wenn dort hundert verschiedene Gerichte stehen, die du alle gerne probieren würdest. Nicht vergessen: Du bist nicht wegen des Essens hier, sondern wegen der Frau. Nichts ist unattraktiver als ein Kerl, der sich nicht entscheiden kann.

Achte auf die Kleinigkeiten!

Schon Sigmund Freud sagte: »Wer Augen hat zu sehen und Ohren zu hören, überzeugt sich, dass die Sterblichen kein Geheimnis verbergen können. Wessen Lippen schweigen, der schwätzt mit den Fingerspitzen; aus allen Poren dringt ihm der Verrat.« Wir alle versuchen, in welcher Situation auch immer, unsere schlechten Angewohnheiten zu verstecken und uns von unserer besten Seite zu präsentieren. Da geht es ihr nicht anders als dir. Deswegen achte auf die Kleinigkeiten, auf die unbewussten Handlungen, auf die kleinen Gesten, die scheinbar niemand mitbekommt. Wie sie auf dem Stuhl sitzt, wie sie mit dem Kellner/Barkeeper/anderen Gästen redet, wie oft sie ihren Lippenstift benutzt, wie sie sich kleidet. All diese Informationen werden dir helfen, ein Gefühl für ihre wahre Persönlichkeit zu bekommen.

Nicht zu viel reden!

Ich meine damit nicht, dass ihr euch anschweigen sollt, sondern dass du dich mehr darauf konzentrieren solltest, was sie von sich gibt. Sei ein aufmerksamer Zuhörer. Auch hier gilt die goldene Regel: Versuche nicht, sie zu beeindrucken. Auch nicht mit Worten. Fast hätte ich es vergessen:

Verkneife dir sarkastische und zynische Anmerkungen. Selbst, wenn sie dir auf der Zunge brennen. Lass es sein! Niemand mag Klugscheißer, die negative Energie aussenden. Schon gar nicht während eines Dates.

Halte dich mit Allerweltskomplimenten zurück!

Es klingt sonderbar, weil wir uns alle danach sehnen, besonders Frauen, aber sei vorsichtig bei der Wahl deiner Komplimente. Merke dir: Wenn du ein Kompliment machst, dann nur, wenn es von Herzen kommt und etwas individueller als »Du hast schöne Augen« ist. Verteile sie äußerst sparsam, sonst verlieren sie ihren Wert. Eure gegenseitige Anwesenheit reicht völlig aus und ist Wertschätzung genug. Du musst es nicht auch noch verbalisieren. Du wirkst aufregender, spannender und interessanter auf sie, wenn du sie, was deine Gefühle ihr gegenüber betrifft, im Dunkeln tappen lässt.

Nicht angeben!

Selbstbewusste Menschen haben es nicht nötig, sich selbst und ihre Taten auf ein Podest zu heben. Du hast einen tollen Job, verdienst viel Geld und fährst einen schicken Sportwagen? Gratuliere! Aber bitte: Mach es nicht zum Thema. Je mehr du über dich und dein außergewöhnliches Leben redest, desto unsympathischer wirkst du. Wenn sie dich danach fragt, schneide gewisse Themen kurz an, aber lenke die Aufmerksamkeit so schnell wie möglich wieder auf sie zurück. Erstens gibt ihr das ein gutes Gefühl – nämlich auch wichtig zu sein, und zweitens macht dich deine bescheidene Art nur noch sympathischer.

Hab keine bestimmten Erwartungen oder ein Ziel, von dem du glaubst, du müsstest es heute mit ihr erreichen. Das entspannt dich und damit die ganze Interaktion. Viele Jungs versuchen, einen besonderen Eindruck zu erwecken, indem sie zum Beispiel vorgaukeln, unglaublich cool oder witzig zu sein. Weil sie sich zu sehr darauf fokussieren, wirken sie unnatürlich, was die Mission unnötig erschwert.

Beeindrucke sie, indem du sie nicht beeindrucken willst.

Jeder möchte stets cool wirken. Weil man aber trotzdem aufgeregt ist, versuchen viele das zu kaschieren. Manche Dinge laufen jedoch unterbewusst ab und lassen sich nicht unterdrücken. Stell dir vor, du bist bei dir zu Hause und ein Kumpel kommt vorbei, ihr lungert auf der Couch rum und seht euch ein Bundesligaspiel an. Dabei achtet sicher keiner von euch darauf, wie er gerade wirkt, hab ich recht? Ruf dir das in Erinnerung und mach es dir bequem. Lehn dich zurück und nimm ruhig viel Platz ein. Dadurch wirkst du entspannter.

Lass dir von ihr erzählen, interessiere dich aufrichtig für ihre Persönlichkeit, ihren Charakter und ihre Motivationen. Mit »aufrichtig« meine ich jedoch nicht, dass du alles gut finden sollst, was sie dir erzählt. Was macht sie, warum tut sie es und welche Charaktereigenschaften könnten dem zugrunde liegen? Ein flüssiger Dialog, bei dem beide viel lachen und ihren Spaß haben, ist das Ziel.

Stell nicht zu viele Fragen, triff Aussagen. Das bringt dich in eine bessere Position und lockert das Gespräch weiter.

Beispiel:

Anstatt nur langweilig zu fragen: »Was machst du beruflich?«, sagst du: »Lass mich raten. Ich wette, du bist Kindergärtnerin.« Sie wird lachen und fragen, wie du darauf kommst, und sich womöglich rechtfertigen.

Verstehst du, was ich meine?

Hinterfrag sie ab und zu und unterstell ihr einfach Dinge, das bringt sie zum Lachen und fordert sie heraus.

Wechsle das Gesprächsthema, am besten in die »richtige« Richtung.

Beispiel:

»Ich kann mir so schlecht Gesichter merken, für mich war das also eine Art ›Blind Date‹. Zum Glück hat sich rausgestellt, dass du heiß bist.«

Das ist frech, direkt und sehr dreist. Richtig vorgetragen bringst du sie damit zum Lachen. Frauen lieben Männer, die selbstbewusst sind und Humor haben. Das macht dich schnell interessant und baut Attraktivität auf.

Wer jemandem näherkommen will, muss jemandem näherkommen.

Wichtig ist es, sich richtig anzunähern. Achte darauf, ob sie Körperkontakt sucht: Berührt sie dich, hält sie deine Hand? Ein guter Indikator für dich ist: Wie nah läuft sie neben dir, oder wie nah sitzt sie bei dir? Wenn du sie jederzeit umarmen könntest, sind die Chancen nicht schlecht. Achte auch auf die Ausrichtung ihres Oberkörpers. Ist er dir zugewandt, oder deutet er noch in die andere Richtung?

Sofern sie die beschriebenen Körperkontakte zulässt, wirst du schnell ein Gefühl dafür bekommen, ob du sie küssen kannst.

Im Zweifelsfall versuchst du es immer!

Denn wenn du eine Frau erst mal geküsst hast, gibt das eurer Beziehung viel mehr Wert als alles ewige Gerede. Sie fühlt sich viel stärker zu dir hingezogen, und die Chance, dass du sie wiedersiehst, steigt enorm. Solltest du es nicht versuchen, könnte sie meinen, du seist schwul oder sie nicht attraktiv genug. Beides willst du um alles in der Welt verhindern.

Sollte sie doch einmal einen Rückzieher machen, bleib cool, lächle und tu so, als ob nichts gewesen wäre. Unterhalte dich einfach weiter mit ihr, und versuch es zu einem späteren Zeitpunkt wieder. Selbst, wenn sie sich dir auch beim zweiten Mal entzieht, gewinnst du immer noch. Denn wenn sie danach einem weiteren Treffen mit dir zustimmt (und das wird viel häufiger geschehen, als du denkst), ist klar, dass du sie dann mindestens küssen kannst.

CHAMPIONS LEAGUE

Eines schönen Tages stolperte ich beim Stöbern durch die sozialen Netzwerke über das Profil von Tina.

Bis heute zählt sie zu den schönsten Frauen, die ich jemals gesehen habe. Und ich habe viele gesehen. Mein erster Gedanke war: »Lieber Gott, wenn ich diese Frau nur einmal küssen darf, dann darfst du mich holen.« Monatelang klickte ich immer wieder auf ihr Profil und kam überhaupt nicht damit klar, dass jemand so engelsgleich sein konnte. Sie kam aus Nürnberg, aber für sie wäre ich auch bis nach Kambodscha gefahren. Ich schrieb ihr immer mal wieder Nachrichten, aber es kamen nur sporadische Antworten zurück, die keinerlei Interesse ihrerseits signalisierten. Jedenfalls glaubte ich das. Neue Mädels tauchten auf, und sie verschwand wieder von meinem Radar. Bis sie mir ein Jahr später plötzlich eine Nachricht schrieb: »Hey, wie sieht's aus? Bin in München.«

Noch bevor ich antworten konnte, schickte sie mir ihre Handynummer. Sie wohnte mittlerweile in München. Ich wählte die Nummer, und wir verabredeten uns erstaunlicherweise noch für den gleichen Abend.

Als sie dann in mein Auto stieg, war ich überwältigt. Was für eine Frau! Ihr Anblick war einfach atemberaubend! Wir fuhren in eine Bar ganz in der Nähe, tranken einen Cocktail, aber nichts passierte. Ich war so von ihr beeindruckt, dass ich kaum ein Wort herausbrachte. Nach einer Stunde wollte sie bereits gehen, und ich setzte sie wieder vor ihrer Wohnung ab.

»Ich hätte dich ja schon ein bisschen mutiger erwartet«, sagte sie enttäuscht, stieg aus und verabschiedete sich mit den Worten: »Lass uns irgendwann mal wieder was machen.«

Der Todesstoß! Ich wusste natürlich, was das zu bedeuten hatte. Junge, vergiss es. Bitte ruf mich nicht mehr an!

Schade, dachte ich und fuhr ebenso enttäuscht nach Hause. Ich hätte ins Paradies eintauchen können, hatte es aber vermasselt. Wie heißt es so schön: Manchmal gewinnt man, manchmal lernt man.

Zwei Monate später saß ich zusammen mit hundert Leuten in einer Weiterbildungsveranstaltung. Um die Langeweile zu überbrücken, scrollte ich durch mein Handy und begann, irgendwelchen Mädels zu schreiben. Einfach so. Aus Spaß. Ohne Ziel. Dann entdeckte ich ihren Namen und schrieb auch ihr: »Hey, Gangster, wie sieht's aus? Muss am Wochenende ein paar Drogen verkaufen. Lust, mich zu begleiten?«

Prompt kam ihre Antwort: »LOL!!! Das ist gut. Wenn du damit Weggehen meinst, bin ich dabei.«

Ich grinste innerlich und schlug vor, am Samstag in die 089 Bar zu gehen. Sie schrieb, dass sie nicht wisse, ob sie dort reinkäme, und ich antwortete: »Mach dir keine Sorgen.«

Sie schrieb: »Perfekt. Macht's dir was aus, wenn ich noch eine Freundin mitbringe?«

»Deine Freundin darf auch mit«, schrieb ich, »aber nur, wenn sie heiß ist ;-)«

Darauf antwortete sie wiederum mit: »Mach dir keine Sorgen!« Wir schienen plötzlich eine viel bessere Basis zu haben. Viel besser, als ich es nach dem ersten Treffen vermutet hätte.

Wir waren für Mitternacht verabredet. Vor der Bar war die Hölle los. Aber Tina war kaum zu übersehen. Ihre endlosen Beine und langen blonden Haare überstrahlten alles. Seyla, ihre türkische Freundin, bildete optisch den perfekten Gegenpart zu ihr. Ich war im Rockstar-Modus, schnappte mir die beiden Mädels, Tina links und Seyla rechts, ging mit ihnen an der Schlange vorbei und begrüßte den Türsteher, den ich als Stammgast natürlich gut kannte. Als ich kurz mit ihm redete, hörte ich, wie Seyla zu Tina sagte: »Hattest recht. Der Typ ist echt heiß.«

Jackpot! Spontan kam mir die Idee: Schnapp sie dir beide! Das Problem war nur, ich hatte noch nie mit zwei Frauen gleichzeitig rumgemacht und brauchte einen guten Plan. Erster Schritt: An die Bar.

Die Barkeeperin begrüßte mich herzlich, zwinkerte mir komplizenhaft zu und spendierte uns ungefragt drei Wodka-Bull.

»Ach, so läuft das bei dir«, lachte Tina und schien beeindruckt.

»Das ist nur Show für euch«, winkte ich grinsend ab. »Ich habe die alle vorher bestochen.«

Mein Motto lautete: Auf Understatement machen und Ruhe bewahren. Nachdem wir den ersten Drink an der Bar überstanden hatten, wollten die beiden Mädels sich frisch machen. Ich nutzte die Gelegenheit und bestellte eine Flasche Sekt, einen Kübel mit Eiswürfeln und drei Gläser. Es war eine laue Sommernacht. Da tat eine kleine Abkühlung ganz gut. Die erste Stunde verbrachten wir mit Trinken, Tanzen und Reden. Wir hatten zwar hin und wieder Körperkontakt, aber es herrschte noch keine sexuelle Atmosphäre. Ich hielt mich bewusst zurück, um auf den passenden Augenblick zu warten. Der war gekommen, als Seyla zu Tina sagte, dass sie noch mal zur Toilette müsse. Normalerweise gehen Mädchen immer zu zweit – das weiß jedes Kind, aber Tina blieb einfach tanzend neben mir. Das war mein Signal. Ich machte sofort einen Schritt auf sie zu, tanzte sie an und legte meine Arme um ihre Hüften. Sie grinste, schlang ihre Arme um meinen Hals, und im nächsten Moment küssten wir uns. Ich schickte einen Gruß in den Himmel: »Lieber Gott, jetzt sind wir quitt.«

Dieser Schmollmund, diese Katzenaugen, dieser Geschmack von Sex. Sie trug ein kurzes schwarzes Sommerkleid und tanzte mittlerweile barfuß. Ich konnte nur schwer auf die Euphoriebremse treten, weil das Denken von Minute zu Minute schwieriger wurde. Meine Hände wanderten von ihrem Hintern über ihre Brüste zu ihren Haaren. Ich zog leicht daran, was sie aufstöhnen ließ und sie so antörnte, dass ihre Zunge nur noch tiefer in meinem Mund landete. Dann kam Seyla zurück. Völlig übermütig dachte ich mir: »Okay, alles oder nichts!« Ich schob Tina zur Seite, drehte mich zu Seyla, tanzte mit ihr, nahm sie, ohne ein Wort zu sagen, in die Arme und küsste sie auf den Mund. Als sie den Kuss erwiderte, öffnete ich die Umarmung wieder, ließ meinen rechten Arm aber an ihrer Taille und zog mit dem linken Arm Tina zu uns und küsste mit ihr weiter. Hätte ich in diesem Augenblick einen Herzinfarkt bekommen, ich wäre als glücklichster Mann aller Zeiten gestorben. Nach einer Weile gingen wir raus, um frische Luft zu schnappen. Die zwei standen sich gegenüber und rauchten.

»Kennt ihr den Spock-Griff?«, fragte ich.

Kannten sie nicht. Woher auch? Ich hatte mir das gerade ausgedacht. Ich packte also beide gleichzeitig am Haarschopf und zog sie nach hinten. Zuerst küsste ich Tina, zog sie weg. Dann küsste ich Seyla, zog sie weg. Dann nahm ich ihre Köpfe, führte sie zusammen, damit sie sich küssten, und zog sie wieder auseinander, um mich dazwischen zu positionieren. BÄÄÄMM, Dreierkuss! Meine Hände waren überall. Wir waren die Attraktion des ganzen Ladens, und die Mädels schienen diese Aufmerksamkeit sichtlich zu genießen, denn sie wurden immer wilder. Irgendwann hauchte mir Tina ins Ohr: »Seyla und ich würden jetzt gerne gehen und wir möchten, dass du mitkommst.«

So schenkte mir der liebe Gott meinen ersten Dreier.

Stell dir vor, ich hätte Tina nie angeschrieben. Stell dir vor, ich hätte ihr nicht diese zweite SMS geschickt. Stell dir vor, ich hätte mich nicht getraut, sie beide gleichzeitig zu küssen. Stell dir vor, ich hätte mich all die Male nicht getraut. Keines meiner Abenteuer wäre wohl jemals passiert. Heute lebe ich mit der Gewissheit, dass ich Frauen erobern kann. Das gibt mir Selbstbewusstsein für alle Bereiche des Lebens. Meine Beziehungen sind großartig, und mein Leben erfüllt mich.

Stell dir vor, du kannst das auch haben, jetzt sofort, wenn du deine Angst überwindest und deine Reise beginnst. Du musst bereit sein, Risiken einzugehen, denn die Momente, die du dadurch erlebst, sind die, die das Leben lebenswert machen. Ich bin diesen Weg gegangen, und wenn ich das kann, kannst du es auch!

Jetzt bist du dran!

DAS KAPITEL FÜR FRAUEN: SPRICH IHN AN!

Mal ehrlich: Ihr Frauen habt ja keine Vorstellung, was es für uns Männer an Überwindung kostet, euch anzusprechen. Ihr kennt diesen Gedankengang nicht, weil ihr in der Regel diejenigen seid, die angebaggert werden. Für euch ist das normal. Weibchen erobern nicht, sondern werden erobert. Die Natur hat das so eingerichtet. Ob bei Hirschen, Enten oder Seeottern, es ist immer der Mann, der sich bemühen muss, damit etwas passiert. Was aber, wenn der Mann vor Aufregung das Gaspedal nicht findet oder zu große Angst hat, es durchzutreten? Dann passiert gar nichts, und alle gehen unbefriedigt nach Hause. Alleine.

In den letzten Jahren sind immer wieder Frauen mit dem gleichen Problem zu mir gekommen. »Michel, mir reicht's«, sagten sie halb verzweifelt, halb genervt. »Ich will nicht länger warten. Was kann ich tun, um endlich mal einen Kerl kennenzulernen?«

Die Wahrheit ist: Männer haben enorme Schwierigkeiten damit, Frauen anzusprechen. Okay, das wissen wir mittlerweile. Wer aber noch größere Schwierigkeiten damit hat, sind Frauen. Eine Frau würde niemals auf einen Mann zugehen, auch wenn er ihr noch so gut gefällt. Im Gegenteil: Frauen setzen sogar alles daran, ihr Interesse zu verbergen. Er soll ja nicht merken, dass sie ihn gut findet. Frauen sind wahre Meisterinnen, wenn es darum geht, ihn zu ignorieren, wegzuschauen und sich umzudrehen, sobald er in ihrer Nähe ist. Und dann, wenn sie sich nach zwei Gläsern Wein doch überwinden und aus ihrer Sicht eindeutige Signale aussenden (ihn zufällig am Arm berühren, seine Nähe suchen, ihn anlachen etc.), passiert meistens trotzdem nichts, weil er die Annäherungsversuche entweder gar nicht erst mitbekommt oder falsch interpretiert. Die Frauen denken, er habe kein Interesse an ihnen und geben auf. Nein! Der Mann hat ihre Signale einfach nicht verstanden.

Eine Frau geht nicht mal eben so auf einen Kerl zu und sagt: »Hey du, ich find dich süß. Lust auf einen Espresso?« Frauen wollen auf keinen Fall als bedürftig, leicht zu haben, wahrgenommen werden. Sie möchten stets einen positiven Eindruck hinterlassen. Die Tatsache an sich, einen fremden Mann anzusprechen, reicht schon aus, um dieses Gefühl bei ihnen herbeizuführen.

Wenn sie es dann doch mal wagen, dann unter den hanebüchensten Vorwänden. Ich selbst war ein Meister darin, all diese Zeichen zu übersehen. Wenn ich früher abends unterwegs war, wurde ich immer mal wieder von Frauen angesprochen, ob ich Geld wechseln könne, eine Zigarette hätte, ihnen Feuer geben könne oder eine Empfehlung für ein Getränk hätte. Fragen, die ich immer mit einem »Ja, hier!«, »Bitte!«, »Ich rauche leider nicht« oder »Ich trink Wodka Bull« beantwortet habe. Die Mädels schauten mich an. Ich schaute zurück, checkte rein gar nichts und sah dabei zu, wie sie wieder verschwanden. Mir war einfach nicht klar, dass dies Versuche waren, Kontakt mit mir aufzunehmen. Und das ist der Grund, warum es äußerst selten zu einer erfolgreichen Interaktion kommt, wenn sie von der Frau ausgeht. Die Männer sind entweder verunsichert oder sie empfangen die Signale nicht, die Frauen senden.

Ein Beispiel: Drei Freundinnen sind zusammen unterwegs und eine von ihnen findet mich attraktiv. Was passiert? Ganz oft positioniert sie sich mit dem Rücken zu mir und lässt sich von ihren beiden Freundinnen berichten, was ich mache, mit wem ich spreche, ob ich zu ihr rüber blicke. Ich, als normaler Kerl, würde denken: Sie sieht mich nicht an, also will sie garantiert nichts von mir. Wir Männer rechnen im Leben nicht damit, dass das Mädel uns vielleicht gut finden könnte, weil wir gar nicht so raffiniert denken können. Frauen sind da wesentlich feinfühliger und senden viel unterschwelligere Signale aus. Ihre Methoden sind eigentlich gar nicht so kompliziert. Man muss sie nur einmal verstanden haben. Im Club passiert es zum Beispiel ziemlich oft, dass Frauen näher an einem Mann vorbeigehen, den sie gut finden, als sie unbedingt müssten. Wenn du dieser Mann bist, spürst du für einen kurzen Augenblick, wie sie in deinen privaten Raum eindringen und dich vorsichtig am Arm oder an der Schulter berühren. Eure Blicke treffen sich. Nur kurz. Sie lächeln. Du kannst sogar ihr Parfüm riechen, weil sie sich für eine Sekunde etwas zu weit zu dir beugen. Das sind ihre Signale. Sie wollen damit sagen: »Hey, heißer Typ an der Bar. Hier sind wir. Du darfst uns jetzt ansprechen. Aber mach schnell, sonst sind wir wieder weg.« Die Männer verstehen das nicht, gehen traurig und verzweifelt nach Hause und fragen sich, warum es nicht eine Frau da draußen gibt, die sie toll finden. Und den Frauen geht es nicht anders.

Ich kann allen Mädels nur mit auf den Weg geben: Wenn ihr einen Kerl seht, der euch gefällt, solltet ihr euch einer Sache stets bewusst sein: Männer haben ein ebenso großes Geltungsbedürfnis wie Frauen. Auch sie suchen nach Bestätigung. Die meisten Männer, die ich kenne, werden schlicht und ergreifend nicht von Frauen angesprochen. Aus eben erwähnten Gründen. Also: Wenn dir ein Typ gefällt, ist das Beste, was du machen kannst, direkt auf ihn zuzugehen und ihn anzusprechen, und zwar so, dass er es auch versteht. Keine Geheimsprache, keine Frauenlogik, kein Chinesisch! Sei in deiner Wortwahl klar und unmissverständlich. Je einfacher, desto besser: »Hey, du gefällst mir. Wie heißt du?«

Ich garantiere dir, dass der Kerl auf deine Ansprache immer positiv reagieren wird. Was du gerade getan hast, passiert ihm vielleicht drei oder vier Mal in seinem ganzen Leben, und die Wahrscheinlichkeit, dass ihm noch nie jemand ein Kompliment dieser Art gemacht hat, ist relativ hoch. Er wird wahnsinnig fasziniert davon sein, Bestätigung von einer Frau bekommen zu haben. Noch viel wichtiger ist: Du beeindruckst ihn durch den Mut, den du bewiesen hast. Als Mann weiß er nämlich, was es bedeutet, diesen einen Schritt zu gehen. So bist du ihm automatisch sympathisch und kannst ab diesem Moment quasi nichts mehr falsch machen. Er wird sich so gebauchpinselt fühlen und sich so darüber freuen, dass du ihm gerade den schönsten Tag des Jahres verschafft hast, dass er dir niemals einen Korb geben wird. Selbst, wenn er eine Freundin hat oder du auf den ersten Blick nicht sein Typ bist, er wird dich nahezu immer, wie eine Königin behandeln. Probier's aus! Sei die Erste, und die Lorbeeren gehören nur dir. Mach dich unsterblich.

Zur Erinnerung: Wir Männer empfinden das nicht als billig, ganz im Gegenteil. Wenn du uns zusätzlich zu deinem Mut auch noch optisch gefällst, werden wir ein Podest für dich bauen und dich für immer auf Händen tragen. Wir Männer wünschen uns ebenso mutige Frauen, wie ihr euch mutige Männer wünscht. Erinnerst du dich an die Geschichte von der Autobahn? Die Dame hat es mit dieser außergewöhnlichen Aktion in mein Buch geschafft. Du kannst dich also unsterblich machen, wenn du auf ihn zugehst und den ersten Schritt machst. Zu wissen, dass dich der Typ, egal, wie es am Ende ausgeht, ein Leben lang nicht vergessen wird, ist zumindest ein Anfang, oder? Sei die Nummer eins. Das wollt ihr Frauen doch immer. Nummer eins sein.

Also, hier ist deine Chance!

Du siehst beispielsweise einen Kerl, gehst hin und provozierst ihn, indem du ganz beiläufig eine herausfordernde Bemerkung fallen lässt und dich wieder umdrehst. Du könntest sagen: »Hey du, weißt du was? Du siehst richtig gut aus. Wenn du jetzt noch ein bisschen mehr lächelst, klappt's vielleicht auch mit den Frauen.« Dann zwinkerst du ihm zu, grinst frech und gehst wieder. Oder du sagst: »Hey, du siehst richtig gut aus. Mach was draus!«

Die Männer werden sichtlich beeindruckt sein. Du hast ihnen die Bestätigung ihres Lebens gegeben. Dadurch, dass du dich aber sofort von ihnen abwendest, haben sie jetzt Angst, dich wieder verlieren zu können, und werden dir immer hinterherkommen: »Hey, warte doch mal. Bleib mal da. Wo willst du denn hin?« Schon ist es so, als hätte der Mann dich angesprochen. Du schubst ihn lediglich in die richtige Richtung. Ein bisschen ist es wie mit kleinen Kindern. Du musst ihnen genau zeigen, wie sie es tun müssen. Dass du ihn ausgetrickst hast, wird er gar nicht merken. Dafür ist sein Adrenalinspiegel viel zu hoch. Durch diesen kleinen Trick bringst du dich in eine wahnsinnig starke Position: Erstens hast du sein Selbstbewusstsein gestärkt (er denkt sogar, er hätte dich aufgerissen) wie selten jemand zuvor. Zweitens hast du durch deine freche Art mächtig Eindruck bei ihm hinterlassen. Ganz wichtig: Lass dich von deiner Selbstwahrnehmung nicht täuschen. Nicht jeder Mann steht auf dünne Models oder Daniela-Katzenberger-Blondinen. Wenn du also ein paar Pfunde zu viel hast, vielleicht etwas molliger bist als das gesellschaftliche Klischee der ultimativen Traumfrau, und einen heißen Kerl siehst, von dem du annimmst, er sei viel zu attraktiv für dich, sprich ihn trotzdem an. Die Wahrscheinlichkeit, dass er dir seine Nummer gibt, ist höher, als dass er dir einen Korb gibt. Warum diese Chance verstreichen lassen? Mir ist es auch schon passiert, dass mich Frauen angesprochen haben, die nicht unbedingt eine Top-Figur hatten, dafür aber ein superhübsches Gesicht und eine tolle, selbstbewusste Art. Denke immer daran: In dem Augenblick, in dem du deine Unperfektheiten vollständig akzeptierst, kann sie niemand mehr gegen dich verwenden. Sei, wer du wirklich bist, und du wirst den Spaß deines Lebens haben. Diese positive Energie lässt sich übertragen. Und während das Topmodel immer noch arrogant an die Decke guckt, bist du diejenige, die im Handumdrehen zwanzig Kerle am Start hat. Und zwar die Schönsten. Männer wollen immer Frauen kennenlernen. Immer! Ob für einen One-Night-Stand oder für eine feste Beziehung. Was daraus wird, liegt in einer Zukunft, die niemand vorhersagen kann, aber den ersten Schritt, den kannst du jetzt gehen. Und zwar sofort!

Also: Sprich ihn an! Du wirst immer Eindruck hinterlassen. Wir Männer müssen uns da schon ein bisschen mehr ins Zeug legen, aber ihr Frauen könnt quasi mit dem Finger schnipsen. Außer ihr geratet an einen, der dieses Buch gelesen hat. Aber dann spielen wir ja quasi in einem Team. Ist auch eine coole Art, sich kennenzulernen.

Er: »Deine freche Art, hmm! Sag mal, hast du auch dieses Buch von Michel Vincent gelesen?«

Sie: »Hab ich.«

Er: »Und jetzt?«

Sie: »Zu mir oder zu dir?«

DANKSAGUNG

Ich hätte nie gedacht, eines Tages die Möglichkeit zu haben, wichtige Menschen auf diesem Wege würdigen zu können. Ich möchte dies mit einer Widmung tun, dieses Buch ist für euch.

Meiner geliebten Mutter. Das ist dein Triumph!

Meinem geliebten Vater. Einen Vater zu haben, ist großes Glück. Danke für alles!

Meiner geliebten Schwester. Ich vermisse unsere Zeit.

Meiner Cousine Diana. Ich liebe unsere besondere Verbindung.

Meinem Onkel Mimo. Danke für das Vorbild, das du mir stets warst. Bitte werde niemals alt.

Meinem Onkel Sali. Du bist wahrhaftig der größte Frauenheld, den es jemals gab. Danke für die »Ausbildung« ab meinem 14. Lebensjahr.

Meiner Cousine Giovanna. Thanks for being a soulmate over the years. I love you.

Meiner großartigen Familie.

Diana, Rita, Lia, Fabio, Sana, Marielu, Mimo, Sali, Giovanna & Frank, Dina, Vito, Paula, Dina, Salvatore, Salvo, Salvucco, Josie, Peter, Ludwig, Elena, Davide, Christl, Peter, Angi mit Vincent, Felicia, Lucia, Opa & Oma.

Meinen besten Freunden, Michael und Thomas. Danke

für euren Beistand. Ihr seid die großartigsten Menschen überhaupt.

Für Tina: Die schönste Frau der Welt. Ich bin stolz auf uns.

Für Susanne »Joelle«: Ich wäre gerne derjenige gewesen. Love.

Meinem Manager Benjamin Ahlborn, der an mich geglaubt hat und der mit unendlichem Fleiß, mit Ehrlichkeit und Loyalität über die Jahre Großartiges für mich geleistet hat.

Für meine Freunde:

Sarah, Sandra, Laura & Nina, Nathalie, Marie & Patricia, Manuela, Julia, Yvonne und Uli, Jan, Andre, Felix, Verena, Jule, Nicole, Basti und Martin »Magic«, Jenny, Phil, Felgenralle, Batch, Chris, Liv, Alex Männermodel, Steffi und Sabine, Christine, Bernhard, Berti und Familie, Roland und Marie, ich warte auf eure Hochzeit, Gianni und Jenny, ich warte auf eure Hochzeit, Thomas »Lenbach«, Sascha »Rockstar«, Konny, einer der aufrichtigsten Menschen überhaupt, Coach Tom, Michael Appleking, Izzy & Markus, Stefan und Family, Hans & Angelika, Ands, Robat, Darius A. Diekmann, Martin J. Krug.

Meiner Agentur Landwehr und Cie sowie dem Piper Verlag:

Manchmal braucht es im Leben nur eine Chance und jemanden, der an einen glaubt.

Danke, dass IHR es wart. Danke für die unglaublich gute Zusammenarbeit.

Thomas Schmidt. Vielen Dank für deinen grenzenlosen Support.

Marcel Hartges & Anne Stadler. Herzlichen Dank für die tolle Zusammenarbeit.

Es ist mir eine unendlich große Ehre, mit Ihrem renommierten Hause zusammenarbeiten zu dürfen.

Allen Frauen, denen ich jemals begegnet bin und noch begegnen werde.

Alles, was passiert, ist aufrichtig!

Allen Seminarbesuchern, Klienten und Freunden.

Das Größte, was man erreichen kann, ist, das Leben anderer zu verbessern und Menschen glücklicher zu machen.

Ich danke jedem Einzelnen für die Chance, die er mir und vor allem sich selbst gibt.

Nichts macht mich so stolz wie euer Erfolg!

MICHEL VINCENT SEMINARE

Es gibt Männer, die eine unwiderstehliche Anziehungskraft haben, die Frauen fasziniert und begeistert. Sie verfügen über die Kunst, Frauen zu verzaubern und zu überzeugen. Sie besitzen die Fähigkeit, positive Gefühle in ihnen auslösen zu können.

Eine positive Ausstrahlung, Energie und Sicherheit, verbunden mit Wissen, sind die besten Voraussetzungen für Erfolg, egal, ob es sich um den beruflichen Werdegang oder um ein glückliches Privatleben handelt.

Durch Charisma öffnen sich Türen wie von selbst, es entstehen leichter Kontakte und tiefe Beziehungen.

Eine überzeugende Persönlichkeit mit Kraft und Zuversicht, voller Begeisterung und Motivationskraft, wirkt auf die tieferen Schichten der menschlichen Seele.

Niemand kann sich charismatischen Menschen entziehen, jeder sehnt sich nach ihnen.

Seit 2007 helfe ich mit meinen Kursen Männern jeden Alters, Hemmungen im Umgang mit Frauen zu lösen und mit einer neuen Ausstrahlung die Erfolge beim schönen Geschlecht maßgeblich zu verbessern.

Besuch auch Du meine Seminare und werde zum charismatischen Mann, zu dem Frauen sich hingezogen fühlen und dem sie mit höchstem Respekt begegnen.

Alle Termine und weitere Informationen sowie meinen kostenlosen Newsletter mit wertvollen Tipps erhältst Du unter:

www.besseredates.com